家住垃圾山

Love and Loss in the Municipality of Castaway Belongings

Mountain Tales

孟買拾荒者的愛與失去

Saumya Roy
索米雅・羅伊 ——— 著
黃意然 ——— 譯

推薦序

觀見經濟發展陰影下，生命韌性猶自勃發

程敏淑　國際NGO工作者、《邊緣印度》作者

二〇〇八年初訪印度而抵的城市就是孟買，我在那裡首次見識到「居住在街上的人」（pavement dwellers），震驚於這生存樣態的普遍性，以及貧富落差在街頭誇飾般地互諷。那趟旅程引發了太多探問，促使我其後數年多次訪問印度，愈發投入關注邊緣弱勢人群。

回顧自己訪談德里無家者女性的初衷，原是希望實存卻被忽視的她們留下口述的生命史，讓她們為自己代言，不再只是被政府等相關單位扁平化地呈現；卻因此進入、甚而吸收了她們內在的創傷，感受到父權力量在她們身上的宰制作用。曾有位朋友說她讀完《邊緣印度》後充滿無力感，那是身為作者的我所不願導引讀者至的方向，然而我想是自己的潛意識滲進了作品裡，透露出我對自己的涉入未能帶來更具體影響之懊悔與反省。

彷彿作為一種對照般，原是記者的索米亞，先創立了一微型貸款機構，欲藉此協助邊緣人群靠做小本生意脫貧，卻在認識迪歐納的拾荒者後，理解到這類努力常還來不及轉化這些赤貧者的脆弱，他們的脫貧路就又因為生命中的危機或突發事件而前功盡棄。於是，她終止與他們的借貸關

係，退回自己熟悉的場域，單純進行訪談，想透過發表雜誌文章來吸引眾人關注此議題。卻在涉入越深後發現箇中複雜，最後投入八年時間，與他們相處，溯源歷史文件，至法院旁聽審判，勾勒出此地區及其居民的生命軌跡。

而與我的作品所不同的是，索米亞在序言就清楚表明她會從章節中隱身，以第三人稱視角去呈現這群人的愛與失落。她以冷靜自持的筆觸為眾人搭上一層防護罩：讀者不用聞到酸腐的味道，吸入有毒的暈輪，無須弄髒褲管，擔憂被垃圾絆倒而受傷，不須親眼看到被眾人丟棄的人與物，甚至不用進入她的內在掙扎，就能從她吹出的透明泡泡中，俯瞰迪歐納山區拾荒者的生活如何映照我們的生活。

你是否願意去理解那些你不熟悉，甚至可能會引起你如恐懼、厭惡或不適等負面情緒的人與故事？

如果你的答案是肯定的，本書會幫助你看到迪歐納垃圾山自殖民時期的沼澤地以來，逐漸被「開發」的過程。你也會看見：當城市擴張便等於垃圾增加，當經濟起飛則象徵欲望增加，也意味著垃圾的增加，這便是現今地球上人類所打造的「發展」曲線。這本書更逼迫我們去思考，在沿用《聯合國永續發展目標》（SDGs）語彙去展望未來之時，我們是否意識到自身慾望的不永續性及其所隱含的矛盾悖論？

和同在助人領域的B談起書中場域，他說：「如果可以選擇，誰會選擇待在那裡，過那樣的生活？」我知道他想表達的是，我們需要為改變那些環境做出更多努力，但我想，真正的幫助一直都是建基在理解之上，而索米亞清楚地意識到了這點。不是要否定前者論述，而是作為一種補充資料，她描繪出維貝塔為垃圾山的生意機會努力籌資；法札娜採集從垃圾堆中長出的蔬果；赫拉將過期食材加工成美味無比的甜點，她們在匱乏中努力豐富生活。儘管垃圾山區充滿人們認為不值而丟棄的東西，拾荒者卻能把握其中價值，將其當作寶物來對待。

這也再次提醒我在選擇助人工作的行動方針時，首要是承認邊緣人群比我們更具韌性。即使該區平均壽命僅三十九歲，在沒有什麼選擇的條件下，活著的人仍用盡精力去適應和克服各種挑戰。就像丈夫捲款離家，雅絲明仍守護孩子，用自身肉體作籌碼，去陌生城市參加祕密的醫療試驗。那些擁有特權之人無需經歷的，並非不存在，我們身處的體系、享受的各種發展背後有著這樣的黑暗面，請不要將頭轉開。

藉著拉長時序，索米亞讓我們看到多個主角的立體性，雖然我們不若在虛構小說中有如上帝般的全知視角能洞悉每個角色的心路歷程，但透過他們的行為，我們不再只是輕易地論斷對錯，而能看到「愛在垃圾山的陰影中發揮了強烈、錚亮的光芒……這是他們一無所有時唯一擁有的」。更重要的是，與其直接探問我們能怎麼改變這群人的生活，本書中或許更想召喚各位思考的是：「我們如何帶有更多覺知的生活？」畢竟我們無心的行為，都有其影響的力道。

獻給

我身為教授暨詩人的祖母，她寫了——

我的朋友，你看到了嗎？
在漆黑如墨的雨雲覆蓋的山巔，
有時會出現雪白得照亮四周的雲朵？

還有我的舅舅普拉尚・康德，
他雖然看不見，卻指引我如何發現
照亮四周的雲朵。

目次

主要人物簡介

垃圾山區

海德・阿里・謝赫家

海德・阿里・謝赫：迪歐納垃圾山上的拾荒者，是法札娜和她八個兄弟姊妹的父親。
夏奇姆・阿里・謝赫：海德・阿里的妻子。
潔哈娜・謝赫：海德・阿里與夏奇姆的女兒，是九名子女中的老大。
傑漢吉爾・謝赫：海德・阿里的長子，在所有子女中排行老二。
拉綺拉・謝赫：傑漢吉爾的妻子，和他育有三名子女。
阿蘭吉爾・謝赫：海德・阿里的次子，為垃圾車司機。
雅思敏・謝赫：阿蘭吉爾的妻子，和他育有兩名子女。
莎哈妮・謝赫：謝赫家的次女。

伊斯梅爾．謝赫：莎哈妮的丈夫，在垃圾山區打零工。

阿芙莎娜．謝赫：法札娜的三姊，是謝赫家唯一結婚後搬離山區的孩子。她從事裁縫工作，育有兩名子女。

法札娜．謝赫：海德．阿里與夏奇姆的女兒，在九名子女中排行第六。

法哈．謝赫：排在法札娜之後的妹妹，兩人經常一起拾荒。

珍奈特．謝赫：謝赫家的么女。

拉姆贊．謝赫：海德．阿里的么子。

莫哈蘭姆．阿里．西迪基家

莫哈蘭姆．阿里．西迪基：拾荒者，以在夜間工作及在垃圾山中找到寶物而出名。

雅絲明．西迪基：莫哈蘭姆．阿里的妻子。

赫拉．西迪基：莫哈蘭姆．阿里家的老大。漂亮、跋扈，是這些巷弄中少數上高中的女孩。

夏里布．西迪基：莫哈蘭姆．阿里兩個兒子中的老大，經常逃學到山上拾荒。

薩米爾．西迪基：莫哈蘭姆．阿里的小兒子。

梅倫．西迪基：莫哈蘭姆．阿里與雅絲明的二女兒。

阿施拉．西迪基：西迪基家的老么。

薩爾瑪．謝赫家

薩爾瑪．謝赫：拾荒者，三十多年前丈夫死後，她帶著蹣跚學步的長子、背著出生才百日的小兒子來到垃圾山工作。

阿斯蘭．謝赫：薩爾瑪的大兒子，娶了席娃為妻，育有四個兒子和一個女兒。

阿里夫．謝赫：阿斯蘭的四個兒子之一。

維塔貝．坎伯勒家

維塔貝．坎伯勒：據說是山上數一數二年長的拾荒者。她在七〇年代中期與丈夫、孩子一起來到山區邊緣生活。

納吉許．坎伯勒：維塔貝的長子。十歲時開始在山上拾荒，直到變成大腹便便的中年人。

芭比塔．坎伯勒：維塔貝的女兒。

罕兄弟

拉菲克．罕：垃圾商。

阿提克．罕：拉菲克的弟弟。

法庭

桑迪普・雷恩醫生：住在靠近垃圾山邊緣的上流社區，經營一家心臟科醫院。於二〇〇八年提出蔑視法庭的申訴，因為在一九九六年的訴訟之後，市政當局沒有遵照法院指示關閉垃圾山。

達南杰・錢德拉楚德法官：在邦貝高等法院負責裁決雷恩醫生的案子。

拉吉・庫馬・夏爾瑪：在距離山區不遠的一處綠樹成蔭的地區長大、生活。於二〇一五年十二月向法院提出訴訟，要求改善垃圾山區。

阿貝・歐卡法官：負責審理夏爾瑪案件多年的法官。

序

二〇一三年四月一個溫暖的午後，維塔貝．坎伯勒初次來到我的辦公室。她在城市邊緣的垃圾山上工作，需要向基金會貸款，這基金會是我和父親於二〇一〇年設立，提供小額低利貸款，協助市內最貧窮的居民發展事業。在此之前我當了將近十年的記者，我想做的不僅是撰寫文章報導印度日益成長的經濟，還有不斷擴大的貧民窟與垃圾的陰影。人們消費，甚至為了添購新玩意、度假旅行、舉行婚禮而借貸，因而刺激了印度的經濟成長，但我也曾撰文報導過銀行的電話行銷專員聯絡到貧民窟的人時往往會掛斷電話。[1]

我們將辦公室設在孟買市錫永區一條住宅巷弄的盡頭，巷子裡有許多漫無止境、晾不乾的曬衣繩。起初，唯一的聲響只有火車駛經後面鐵軌的聲音，但是隨著我們業務的消息傳開，城裡的魚販、水果販、街頭食物小販、午餐店老闆、鞋匠、裁縫擠滿了辦公室，淹沒了火車的聲音。我認識了用大蒜交換家庭垃圾再轉賣的小販，還有製造城裡的鞋子、衣服、玩具的商人後，我慢慢有了新的想法。我看見了一座與我居住多年的城市截然不同的地方。我問他們如何從往往好幾種、收入微薄的生意中獲利，只引來茫然的目光，他們並不確定。

但是我透過基金會認識的人之中，幾乎沒有一個人像維塔貝在那個夏日午後那樣地令我著迷。

她蜷縮著身子挨近我坐的薄床墊，露出滿是褪色傷疤的手腳，這些疤痕勾勒出她在日漸增加的垃圾上度過將近四十年的記憶。她的髮色在垃圾山上逐漸變淡，我看見那雙銀邊眼睛裡躍著追逐被遺忘的寶物的激動。她大膽無畏的幹勁，以及她在逐漸擴展的山區度日的回憶，點亮了我令人倦怠的午後。

我擔心她要如何用她那奇特的生意來償還借款。「如果你只能賣雙手收集到的東西，那我們的貸款要如何幫助你發展？」我用馬拉地語（Marathi）問她。「Kachra kadhi kami honar ka?」維塔貝迅速反駁。垃圾會減少嗎？*她說，她在孟買飛快成長的產業工作，並表示願意帶我去看他們開採的無窮無盡的山丘。她自己無法收集到的東西，她會利用貸款向別人買來再轉售給垃圾商。她迅速將我引進迪歐納鎮區的世界，在她到來前我對此地幾乎一無所知，但是很快就會上了癮。

首先，在借到款之後不久，維塔貝就帶她的女兒芭比塔過來。幾星期後，我在她矮小的身軀後面，看見海德．阿里．謝赫瘦削的肩膀和深邃的眼睛，他們走過我用車庫改造而成的狹長等候區。她帶來海德．阿里、莫哈蘭姆．阿里．西迪基，及住在附近的阿夫塔布．阿蘭，他們形成一個小組，與她的兒子納吉許一起承擔借款。倘若他們其中一人無法按週分期付款，將由其他人償還。

海德．阿里在我對面鋪著薄墊的地板上無精打采地伸了個懶腰。陽光照射在他臉上，他開口說：「Hamara gaon, Laluji ke bagal ka hai.」提及東部比哈爾邦的前任首長。他所屬的村莊在拉魯．亞達夫的城鎮隔壁，拉魯．亞達夫**以幽默和輕鬆自在的笑聲、經常嘲諷自己著稱。我看完他的貸款申請表後抬起頭來。「Aap jante the?」我問。你認識他嗎？他側著頭點了點表示不認識。「Mile

The?」我再試一次。你見過他嗎？他再度側頭點了點，瘦削的臉上突然綻放笑容。但是我明白這就是他想說的關於自己的事，是那張填滿個人資料冗長的表格中沒問到的。我也開始將幽默及無拘無束的笑聲與海德・阿里連繫在一起。

與維塔貝和她家人不同，海德・阿里說他並不想繼續做垃圾生意。他往後靠，把手放在淡黃綠的地墊上，幾乎沒注意到地毯壓在他發紅手掌上的條紋，他告訴我他進入垃圾山陰影的歷程，和他想要走出陰影的夢想。他想用這筆錢開一家刺繡工坊，他年輕時待過的那種。他會從他的村子裡找來繡工，製作新娘服裝到城裡賣，賺取傭金。他希望這麼做能讓他離開垃圾山，逐漸增加他家的財富。

我跟著維塔貝、納吉許、海德・阿里，和其他人回去垃圾山，看他們奇特的生意是否會讓我們收不回借款。不過我也是去見識這個奇特的地方，我雖然聽說過，但是和大多數孟買人一樣從未見過。我發現了一處廣闊的垃圾鎮區，顯而易見地正在無形地擴大，這些山超過一百二十英呎高[2]，一邊是阿拉伯海，另一邊則是一連串的定居點。

這開始了我與迪歐納山及其居民長達八年多的糾葛。我目睹了四個家庭的生活與事業在垃圾山的陰影下展開。最重要的是，我看著海德・阿里十幾歲的女兒法札娜・謝赫成長，她的生活似乎與

---

* 編按：馬拉地語為書中人物的使用語言。作者以馬拉地語描寫人物語言，並以英文翻譯；繁體中文版從之。

** 譯註：Lalu Yadav，比哈爾邦的前任首長。

垃圾山一樣令人難以相信；我也目睹那些山隨著城裡閃爍、消逝的欲望陡然上升。這本書描寫的是法札娜的故事，也是她家人、鄰居的故事，我很感謝他們允許我寫出來。

我漸漸像拾荒者那樣看待這些山：帶來城市的二手運氣，將褪色的財富存放在鎮區棘手的山路上。我參加過數百小時打算控制城市垃圾的庭審，每次都心想這些山將要搬移了。我收集檔案文件以澄清從拾荒者那裡聽到的謠傳。「Kachra train ni yaycha.」早先我在山區行走時，有一次維塔貝告訴我。垃圾以前是火車載來的。這說法感覺很不真實，如同在這些難走山坡上的許多傳說與生活方式一樣。專門載運垃圾的火車？然而，這是真的：幾年後，我自己在牛津大學著名的波德利圖書館發現了，我在殖民時期的記載中讀到邦貝*的垃圾以前確實是由專車載送到迪歐納。

二〇一六年夏天，我們開始減少貸款，不久便停止借貸給山間巷弄的居民。我去拜訪只是為了會見拾荒者，聆聽他們的人生故事並寫下來。有些人對無望拿到低利貸款的談話毫無興趣，但是大多數人沒完沒了地暢談、哭泣，或者邊說邊激動起來。「Bolne se nahi samjhega ham khaadi pe kaise jiye, video le ke aao.」在那裡工作了將近四十年的薩爾瑪．謝赫告訴我。光是談話無法說明我們如何在垃圾場生活，你必須帶一臺攝影機來。

在這八年間，我與這些人建立了關係，對他們產生了感情，對他們感到失望。然而迪歐納垃圾山的世界是個與外隔絕的世界，即使我長期造訪也不過是個過客。在書中，為了帶讀者進入這個拾荒者所創造出來、我們未曾造訪的世界，我會站到一旁，好讓讀者能夠走入他們生活的鏡像中。

迪歐納垃圾山鎮區有獨特的歷史，然而無論我到世界上哪個地方，欲望的吸引力都是同樣的頑強、短暫，產生了許多與迪歐納差不多的垃圾山。一位新聞記者朋友曾寫過莫斯科郊外的「垃圾聖母峰」。[3]就在我研究比起迪歐納較為穩固的其他垃圾山時，德里據說幾乎和泰姬瑪哈陵一樣高的垃圾山[4]，如雪崩似地倒塌下來壓死人，其他在可倫坡、阿迪斯阿貝巴、深圳的垃圾山也發生過類似的事件。我聽說過紐約市一則很有名的都會傳奇，據說有艘駁船漂離岸邊，上頭載滿了城市的垃圾，沒有一州願意接收、掩埋。[5]後來我認識了前市府官員，他縮短假期協助駁船回到城市岸邊，船上垃圾最後運到安頓在史坦頓島上的佛瑞許基爾垃圾城。

在山區行走多年的經驗告訴我，儘管從迪歐納垃圾鎮區浮現的故事令人難以置信，然而許多都是真實的。其中有些部分以各種不同的形式展現在世界上大多數城市中。大量的垃圾甚至漂到海上，形成島嶼。我開始將這些垃圾山視為我們現代生活的表露，顯現出我們無盡地追逐欲望以填滿自己。我們的追求只是讓垃圾山不斷擴大，提供拾荒者賴以謀生的原料，留下無法饜足的我們，只想尋求更多的東西，看不見我們丟棄的物品所創造出的世界。接下來的故事描寫的是，迪歐納的垃圾山鎮區，以及在其長長陰影下生活的人生，同時也是在其他地方發生的故事。

---

* 譯註：孟買的舊稱為Bombay，翻成邦貝以便區別。

第一章 隨垃圾沉浮的小鎮

一個炎熱的四月下午，法札娜·阿里·謝赫在山間一處空地翻找。太陽曬得她的頭發熱，眼前豔麗的色彩彷彿在旋轉。腐壞明蝦的氣味從垃圾山裡飄上來。她用長長的垃圾叉將半透明的魚鱗、裂開的明蝦殼、內臟、動物糞便推到一旁，鏟起剛被傾倒在空地上的破玻璃罐。

堆高機鏟走玻璃後，濃煙和熱氣立刻上升，模糊了法札娜的視線，讓她看不清散落在四周的垃圾，並且聞到混合著腐敗肉類的燒焦惡臭。腐食性鳥類俯衝到她旁邊尋找內臟。法札娜眼睛緊盯著玻璃，將叉子插進那團混亂當中，熱切地想拿到玻璃。她通常不在這座被稱為「jhinga」，也就是明蝦彎的垃圾山工作。這座山主要是由動物遺骸組成，遺骸來自城裡的市立屠宰場、遼闊的港口區和其他地方。但是那天下午她們等垃圾車等了很久，之後她和十五歲的妹妹法哈追著一輛垃圾車蜿蜒爬上明蝦彎不穩的斜坡，這裡也稱為「gobar」，亦即牛糞彎。

法札娜迅速工作，鏟起從垃圾車上掉下來的玻璃罐、碎片和生理食鹽水袋，放進她拖著的大塑膠袋。這輛卡車八成來自醫院，裡頭裝載的東西可以賺不少錢。零落分散的拾荒者們逐漸聚集在她周遭，也渴望拿到玻璃。但是十七歲的法札娜身材高大健壯、無所畏懼。她的眼睛已經訓練到能夠一眼發現塑膠瓶、金屬線、玻璃、德國銀（一種用於製造器具和機械的金屬合金）和破布。她搶在其他人之前撿走她的外快。

法札娜抬起頭來確保法哈在附近撿拾。她心想，父親鐵定快要帶午餐來了。她將叉子再度伸進玻璃堆中，發出哐啷聲響，這回撈出一個沉重的藍色塑膠袋。法札娜認為袋裡肯定裝滿了小玻璃瓶，那些小玻璃瓶通常能夠賣個好價錢。她蹲在暖和的斜坡上，蒼蠅盤旋在近旁，她解開細繩，輕輕地將袋子翻過來，預期易碎的小藥水瓶會叮叮噹噹地掉出來，在陽光下閃閃發光。然而，只有一個大玻璃罐咚地一聲掉在空地上。她彎下身子查看罐子裡的東西，看到了胳臂、腿、腳趾，和光禿禿的小頭在裡面漂浮。她瞇起眼睛再看仔細，然後尖叫起來。幾個朋友聚集過來檢視那個塞滿漂浮四肢的罐子。

法札娜打開蓋子，幾乎撈出了一個小女嬰，只比她自己骨瘦如柴的大手掌略大一些。城市持續不斷將死胎（通常是女嬰）和其他的消耗品一起送到垃圾山。有些母親不忍告訴家人她們生了女兒，便會把嬰兒扔進垃圾堆。法札娜在翻查破爛時偶爾會發現。但是她將女嬰從罐子裡拉出來的時候，兩個男嬰也跟著上來；他們的腹部和女嬰的連結在一起。她心想，他們三個的死因大概是無論有沒有彼此都無法生存。法哈說，她聽說月蝕會導致未出生的嬰兒在子宮內分裂或變形。她告訴群眾，這些嬰兒必定是三個連體出生，才會來到這裡。

法札娜伸出雙臂抱住已無生命的嬰兒。她輕輕地抱著他們，小心翼翼地走下搖搖晃晃的斜坡。垃圾山在她身後聳立，像座搖搖欲墜的龐然大物，由孟買碎石堆上的泥土固定而成。

她等待朋友們跟上來。從下一座山峰的高處，他們可以看見幾座令人看了頭暈的垃圾山環繞著他們，一直延伸到遠處。這些山丘捲曲起來，有如一彎長長的月牙。在一堵破牆的另一邊，深入垃圾山區，有許多縮了水的房舍，以碎布、塑膠布、破紗麗*、浸水的竹竿，及滿是破洞的的金屬板搭建而成。在外緣，一條閃著微光的小河蜿蜒流過山區。這條小河最後流入環繞孟買島城的阿拉伯海。像法札娜這樣的拾荒者將這群垃圾山稱為「khaadi」，在北印度語中是小河的意思。沒有人確切知道這名字的來由，不過站在山間空地高處，的確會覺得自己彷彿漂浮在連綿起伏、發臭的垃圾海裡，這片垃圾海最後消失在遠方一望無際、波光粼粼的藍色大海中。法札娜繼續走在高低起伏的垃圾之間。

等走近小河後，法札娜的朋友將垃圾叉挖進鬆軟的沙地，垃圾斜坡在那裡逐漸消失在小河中。幾名拾荒者從蓋在木樁上的屋子走出來，這些木樁屋子在退潮時高於垃圾，漲潮時則幾乎淹沒於浪潮之中。他們走過來看嬰兒，幫忙法札娜的朋友鏟沙。潮水逐漸上漲，平緩的波浪慢慢向他們逼近。破衣服和塑膠袋從小河邊緣的紅樹林樹枝垂落，在水中輕輕上下晃動。法札娜感到一陣微風從水面吹拂過來。風颯颯地吹過老樹，穿過樹葉和掛滿枝頭的塑膠袋，吹得她打了一個寒顫。

她將嬰兒放進淺淺的墓穴，她的朋友用沙覆蓋住嬰兒，然後低聲祈禱。他們通常在傍晚來這裡，在漲潮時涉水游泳。法札娜喜歡一直待到夕陽幾乎消失在臭氣熏人的山丘後頭，將山丘抹上灰濛濛的粉紅光芒，使波浪散發出金屬的光澤，那是她認為群山看起來最美的時刻。

---

* 譯註：saree，南亞國家婦女的傳統服裝。

臨時的葬禮結束後，她們匆忙越過山丘走回去尋找父親，他正餓著肚子等著。海德・阿里站在靜悄悄的山坡上，身材瘦高而憔悴，他咧嘴露出菸草熏黃的笑容。他們坐下來用餐。姊妹倆都穿著莎爾瓦卡密茲*，外面套著棉質夾克以防泥土和垃圾沾上衣服，長髮鬆鬆地綁著，幾縷散落的髮絲從頭巾露了出來。法札娜因為青少年的彆扭而易怒寡言，法哈則仍保有笑咪咪的娃娃臉。在吃著父親從家裡帶來的午餐時，她把她們早上的冒險經歷告訴他。他一反常態地用簡短生硬的口吻要求她們不要再冒險靠近墳墓。「Ye sab cheez chhodta nahi hai.」他說。這些東西自有辦法纏住你。

——

海德・阿里是在法札娜出生前幾個月才搬到垃圾山的陰影中居住。他十幾歲就從將近兩千公里外的比哈爾邦村落來到孟買，擔任繡工的助手多年。他喜歡把布料緊緊地平鋪在框架上，靜靜地用蕾絲狀圖案繡滿布料的漫長時光。當他蜷縮在框架下睡覺時，繡到一半的花卉、往上爬的藤蔓、沒有翅膀的鳥兒就在他的臉和四肢上投下陰影。之後他娶了夏奇姆為妻，緊接著生了五個孩子，迫使海德・阿里不得不到構成他世界的刺繡室之外謀生。

他聽說在山區永遠不乏工作，這些廣大的垃圾場位在城市邊緣，所有孟買消耗的殘餘都送到這裡報廢。沒有東西被製成堆肥、焚化或回收利用，而是留在迪歐納，加入臭氣沖天、不斷滋長的垃圾山。海德・阿里從朋友那裡聽說這些山比在山上工作最老的拾荒者還要古老，規模比全國最大的垃圾山還要大。山群占地三百二十六英畝[1]，有些高度超過一百二十英尺，永久見證該市正式居民不斷增加的短暫欲望。

海德．阿里的朋友們成天在山坡上搜羅，將收集到的垃圾賣給垃圾商，商人再把垃圾轉售出去重新製造。他們搜尋可以壓成薄片或拉成細絲的破損塑膠，他們買賣可以重新裝入新飲料的玻璃瓶、可以融化再製成小機械裝置新零件的金屬，還有可以填充玩具、被褥或縫成衣服的破布。海德．阿里聽說在這些山坡上能夠賺很多錢，而且山坡的邊緣可以騰出空間，為他逐漸壯大的家庭打造一個居所。他還聽說這些山坡支持著拾荒者、餵養他們，提供他們可以賺大錢的寶物，激起競爭與野心。

於是在一九九八年，他舉家搬到垃圾山區，一處順著山勢而下的排水溝與繞著山坡蜿蜒的巷道交會的地方。他們住的巷子被稱為班加拉巷，也就是吉普賽巷，因為住在這裡的流動居民離開後，來自城市的漂泊者取而代之。幾個月後法札娜誕生，接著又有兩個女兒和一個兒子出世，填滿他們建在這些變化多端的山麓邊緣的房子。

起先海德．阿里尋找刺繡的委託工作，由夏奇姆用長圍巾將法札娜綁在背後，艱難地走入垃圾山鎮區。可是靠自己尋找刺繡的委託工作很困難，因此沒多久他就跟著她一起走進布滿垃圾、綿延起伏的山間。起初，山區散發的惡臭令海德．阿里作嘔。他瘦削的雙手發出臭味，在他吃飯時，感

---

* 譯註：salwa kameeze，由一件長版上衣和寬鬆長褲組成的傳統套裝。

覺雙手將垃圾的氣味傳到嘴巴送進胃裡，讓他感到噁心。大量的垃圾彷彿在他眼前旋轉。連續好幾天他都吃不下睡不著，原本就已骨瘦如柴的身軀更加消瘦，肚子餓得頭暈目眩。

海德·阿里發明了一種技巧以保護他的雙手和食慾，他用腳趾緊抓住破布，同時用另一隻腳在不穩的斜坡上搖搖晃晃地保持平衡。他緊抓著碎布彎曲膝蓋抬起腿，將碎布放進夏奇姆為他打開的垃圾袋子裡。在做這種特技動作時他經常失去平衡，臉朝下地摔在黏滿爛泥、圍著一大群拾荒者的垃圾中。倘若他撿拾得不夠快，其他人就會撿走。到最後，他不得不放棄這種屈腿技巧，用雙手以便工作得快一點。由於被玻璃和金屬絆倒，他的手腳上布滿了割傷和瘀青，同時學會閃避為了爭搶垃圾而追逐他們的野狗和鳥兒。海德·阿里、夏奇姆和他們的孩子，堅持不懈地緊跟著土黃色與橘色的卡車，這些車子持續不斷地將城市破舊的物品傾倒在日益擴大的山間空地上。

海德·阿里喜歡對法札娜和她的兄弟姊妹說，他在這座雜亂延伸的大墳場裡搜羅的時候什麼都見過了。所有賦予孟買人生活意義的東西，從壞掉的手機到高跟鞋，生了壞疽、支解過的人體四肢，最後都到了這裡。他和大多數拾荒者一樣，相信被送到這裡草草埋葬的人和物的靈魂在迎風的山坡四周徘徊。當他將垃圾堆中找到的烏都語（Urdu）書送去給神職人員時，聽到他們說神創造了人，也創造了靈魂，其中邪惡的靈魂則稱為撒坦。儘管看不見、聽不到卻確實存在，這些惡靈據說顯現了人們卑劣的本性及日益膨脹、永無止境的欲望。他們抓住人們，為的只是將他們引入歧途。

神職人員警告過海德·阿里，撒坦住在骯髒的暗處，會從無煙的火焰中出現。的確，火經常偷偷地在山區層層腐爛的垃圾裡面醞釀。他見過煙從垃圾山深處燃燒的火中升起，也見過無煙的火焰在跳躍。有些時候，火焰噴發，如閃電般劃過山丘，冒出翻滾的濃煙，煙與火一同舞動。海德．阿里差點被這些不斷移動的火焰包圍困住。拾荒者相信，撒坦必然會出現在垃圾山區，這些部分饜足、欲望的堆積物令人眼花撩亂，籠罩在火與煙之中。他們相信，撒坦從垃圾山中出現，埋伏等著占據新的家園和年輕人。

海德．阿里聽說有朋友在穿過撒坦埋伏的小徑時，在山坡上跌倒了。其他人警告他遠離某些山坡，或者聲稱他們在垃圾山麓邊緣以塑膠破布搭建的縮水屋子裡，遇見在伊斯蘭神話中高大、飄浮，名為卡比斯的靈魂，向他們要求租金。海德．阿里聽朋友莫哈蘭姆．阿里說，每次他走近他在山坡上收集的那堆疊得整整齊齊的白色破布時，總會聽見有個女人在呼喚他，要求他將裹屍布還給她。

海德．阿里知道，在他的九個孩子中，法札娜最愛待在山上。她是他們之中第一個在山腳下出生的，並且在垃圾山麓的緩坡上學會走路。法札娜才剛能離家走一小段路，就馬上搖搖晃晃走向垃圾山，從此以後，要讓她遠離垃圾山就注定是場敗仗。起初，夏奇姆派他去找法札娜回來，擔心她會被掩埋在卡車倒空時噴發的大量垃圾下。她聽說有孩子被狗咬傷、摔下垃圾懸崖，或者滾落山坡。海德．阿里經常發現法札娜在廢棄的汽車擋泥板上盪來盪去，或是正在挖掘埋在垃圾中的玩具。他把啼哭的法札娜送回家，再回到山坡上工作，但是很快地法札娜又再度逃跑，跟在他後面。

連續好幾個月，法哈和法札娜都記得她們埋葬嬰兒的那天，因為她們挨了一頓打。她們回到家時，大哥傑漢吉爾一臉怒容地等著她們。「Mardaani ho gayi hai? Bache gaad rahi hai?」他提高了嗓門問道。你們以為自己成了男人了嗎？竟然埋葬別人的孩子？傑漢吉爾比法札娜大八歲，他不等她們回答就先甩了法札娜一記耳光，再給法哈一巴掌。他問她們為什麼沒叫他。他說，那天下午他在附近的空地，他會處理這件事，或者找市政府官員去處理。他大吼，別蹚這些渾水，這種事從來沒有什麼好結果。

法札娜無法回答，眼淚令她說不出話來。況且，和傑漢吉爾爭論向來不是什麼好主意。家裡所有人都知道他們精瘦結實、個性認真的哥哥脾氣火爆。

在成年前的那個漫長、炎熱的夏天，法札娜在飄過山坡的煙霧，不時燃燒的火焰和刺鼻的氣味，雨雲逼近時變得潮溼的熱氣，甚至在山區小鎮霧濛濛的外緣巡查的新進警衛之間工作。

她冷淡地告訴海德．阿里，一切就快結束了。熾熱的太陽將會被孟買漫長的暴雨季節取代，傾盆大雨將會浸溼燃燒的小鎮，撲滅大火。那年夏季也會在神聖的齋戒月（Ramzan，在其他地方稱為Ramadan）結束，齋戒月期間會有整日的齋戒和占據大多數夜晚的盛宴。在第一次齋戒的三天前，也就是二〇一六年六月二日，法札娜將滿十八歲。

海德．阿里後來相信，在這個漫長、炙熱、等待的夏天，法札娜發現裝滿死嬰的玻璃罐時，山區靈魂就進入了他女兒的身體，只是當時他們並不知道。

第二章　長影

海德·阿里依靠在山上發現的東西維生，可是迪歐納山區的陰影遠比他知道的還要長，事實證明要脫離陰影比他想像得更加困難。他經常向住在同一條巷子幾間屋子外的維塔貝·坎伯勒求助，請教如何逃離這裡。他頭一次見到她時，她像山丘上滾動的一團灰，身上披著寶石色的紗麗，正在追逐抵達的垃圾。拾荒者說她是山坡上數一數二老的人，她見過這些山變成山之前的模樣。她談到飄浮在暈輪中的傳說，據說這些山比年紀最老的拾荒者還要歷史悠久。和大多數傳說一樣，有些是真的，有些不是。

「在一八九六年七月六日的早晨傳來一股強烈的氣味，似乎是有硫化氫在島的北部生成，尤其是來自跨越馬通加的運鹽通道及北邊的空地。那氣味似乎在最北邊最濃，」邦貝的衛生官員T·S·威爾博士在每年市政專員精心編纂、寄給倫敦的施政報告中寫道，「當時，在蘇利一帶觀察到老鼠的遷徙（蘇利是在島城東部沿海地區的住宅區），我相信那氣味是由腐爛的死老鼠而來，因為後來在郊區發現了大量的老鼠屍體。那天上午，警察總長和我剛好因為安排了視察通往邦貝道路的交通情況而到島的北部，我們試圖查明原因。那味道非常難聞，汙染了各處的空氣。

「九月、十月的傍晚經常能夠看到藍色的薄霧和彩虹，但我在邦貝已經很久沒看到了，」威爾繼續寫，「在此季節，癩子非常普遍。九月九日颳起了大風，天空看起來像是雨季的暴風雨。到了傍晚，下起雨來。不久之後就在西邊前灘發現了死老鼠。」[1]

幾天後，在城內印度區行醫的阿卡西奧・維加斯醫師被叫去照料幾名發燒的病患。在看診期間，維加斯找不到病人發高燒、無精打采的原因，只發現了一小塊紅腫。[2]隔天他還診斷不出病情，病患就突發高燒、死亡。他利用從病患腫塊抽取出的液體，確認這病是淋巴腺鼠疫，從此他開始在報紙上看到越來越多人死於瘟疫的消息。

到了十九世紀，鴉片與棉花的貿易徹底改變了邦貝，從十七世紀英國自葡萄牙人手中接收的多岩捕魚島嶼，變成帝國極為雄偉重要的貿易港。英國人建造了一座堡壘，並填海造地將島嶼連接起來，然後在這片浮現的土地上，蓋了帶有印度裝飾、富麗堂皇的歐式建築。英國人住在堡壘牆內發展起來、微風習習的熱帶倫敦裡；牆外的巷弄則擠滿了印度移民，他們受到工作機會的吸引從全國各地來到這裡。垃圾和傳染病接踵而至。不久，威爾開始接到每天有數百人死於瘟疫的報告。法國開始對印度的旅客和貿易施加限制。[3]

官員認為，疾病是隨著朝聖者從印度北部的宗教慶典帶回這座城市的。[4]後來殖民地報告推斷瘟疫發源於中國雲南，隨著香港的商船抵達該市，透過在氾濫的汙物中行動的老鼠傳到堡壘外的巷道。[5]隨著時間推移，瑪哈拉克希米的垃圾場幾乎已擴張到附近的住家，孟買人多年來都將垃圾傾倒在此，滋生臭味，老鼠和疾病，使居民生病並威脅到貿易。然而，威爾博士計畫控制疫情的行動卻讓殖民政府與邦貝居民之間變得緊張。「只有一種措施預期能夠發揮作用，那就是隔離。」[6]他寫道。

隨著瘟疫病例增加，英國軍隊開始限制抵達該市的旅客留在隔離營地。他們進入堡壘四周狹窄的印度人巷道，拆除瓦片屋頂讓光線照進黑暗的房屋，清空堆放了好幾個月的物資的糧倉，用海水沖洗排水溝和下水道，這些水最後又湧回屋內。回流的水帶來死老鼠、垃圾，和所有排水溝應該清除的東西。士兵搜索房屋找尋病人，讓居民在外面排隊，以便他們檢查是否有淋巴腺紅腫。他們燒掉病人的所有物，用石灰刷洗並隔離他們的房子，讓他們的家人在醫院待上數個星期。[7]就連瘟疫受害者的墳墓也撒上一層生石灰或木炭，以防止帶原的跳蚤跑出來。

恐懼和謠言籠罩了整座城市。許多印度人將病人藏在櫥櫃裡，用刀保護他們，以免他們被帶去醫院，擔心他們被送去那裡只會孤獨地死去。[8]一名瘟疫患者從載他去醫院、正在移動的救護車上跳下來，後來被人發現他在走了很長一段路後死亡。[9]「他們有種想法，認為救護車會給他們足以致死的電擊。」威爾在市政報告中寫道，「有人對我說：『你們認為我們像瘋狗，你們想要把我們當成瘋狗一般殺掉。』」[10]

有天深夜，邦貝的市政專員P．C．H．史諾穿過這日益擴大的裂縫，進入印度人的巷道。他發現了一座在不知不覺間發展起來的城鎮，裡頭擁擠不堪，瘟疫必然會快速傳播。史諾發現有十九個男人、二十一個女人和十七個孩子睡在同一間房間裡。「事實上，那間房間是條過道，夾在兩堵封閉的牆壁之間，前面有扇門……我們所做的一切有什麼能夠幫助裡面受苦的人嗎？」[11]他寫道。

隨著該市對抗瘟疫的預算盈餘已完全用罄，瘟疫進一步蔓延，開始觸及這座受限的島城邊緣。史諾寫道目擊病患神智不清地走在城市街道上，然後倒在路邊。[12]有些可以復元，但有些早已死亡。根據報紙報導，在那年剩餘的時間裡，每星期有超過一千九百人死於瘟疫。最近剛建好的維多利亞終點站擠滿了準備離開邦貝的居民。

十月十四日，由於瘟疫控制措施更加嚴格，一群印度人寫信給史諾要求放寬規定。他們寫道，強制執行法規只會加速居民離開的浪潮。[13]逃離的病人已經將瘟疫帶到鄰近的歷史名城浦納和更遠的地方。在兩座城市裡，那些留下的人經常激烈地抗議，因為帝國及其士兵檢查他們的房屋、身體和宗教活動。

一八九六年十月三十日深夜，史諾、威爾與警察總長H．G．文森在他壯觀的石砌辦公室裡見面，辦公室對面是該市有電燈照明的繁忙市場。店鋪早早就關門，附近漆黑的巷道裡擠滿了憤怒的群眾。辦公室裡，文森懇求放棄防疫措施，否則他擔心將會引起暴動。他和威爾擔憂「Halalkhores」，也就是垃圾清潔工，會加入離開邦貝的人群。這可能會加劇「民眾的恐慌、造成大批人離開」這座城市，史諾寫道。[14]「不出幾天，邦貝就會變得不宜居住，在一大堆汙水、垃圾和汙染中發臭，手邊沒有人做每日例行的公共衛生工作，更不用說採取防疫的措施了。」[15]當晚，三名市政官員撤回了隔離病人的措施。

相反地，他們讓該市各種不同的團體湧入他們自己的瘟疫營地、醫院、墓地，並開始將城市裡日益累積的垃圾推出去。藉由這些措施，他們希望能夠消除民眾的不滿，同時消滅他們對抗多年的疾病，包括瘧疾、痲疹、流行性腮腺炎、水痘、天花、霍亂、結核病。

一八九七年初，英國統治者在遙遠的迪歐納海邊村莊發現了一片八百二十三英畝的沼澤地，他們計畫從此將邦貝的垃圾送到那裡，取代庫爾拉及瑪哈拉克希米已經滿載、鼠滿為患的垃圾場。當年五月，政府就從地主阿德希爾．科賽吉．卡馬手中買下了那塊地。[16]

一八九九年六月七日，滿載城市廢棄物的「喀奇拉」（垃圾）火車開始抵達迪歐納垃圾場，這裡的建設之所以延遲是因為顧慮到經過附近的客運列車。他們認為垃圾的氣味會讓乘客想吐。[17]市政當局僱用工人清空貨運車廂的垃圾，填滿那片遼闊的土地，那塊地部分淹沒在海中，上頭散布著矮樹和無邊無際的雜草。「由於垃圾中含有大量的破玻璃和舊鐵器，工人在清空車廂時腿腳經常受傷，」一篇市政報告中敘述道，「傷勢往往非常嚴重。」因而耽誤了清理車廂及返回城裡的行程。工人出現發燒、眼部感染的症狀，而且由於新的垃圾必須放置在距離鐵軌終點更遠的地方，因此工作只會變得更加困難。慢慢地，工人學會了忍受垃圾和傷害，兩列由二十五節車廂組成、載滿垃圾的火車開始每天抵達這裡。

迪歐納垃圾場的邊緣築起了一道堤岸，防止海水滲入場地、垃圾流入小河。[18]那年市政專員的報告中說，官員預計這片泥濘的沼澤地將在二十三年內被垃圾填滿，成為「寶貴的市政府地產」，將可以從農民那裡收取十萬盧比以上的租金，農民會開墾因腐爛垃圾而變得肥沃的土地，形成這座擴張的城市的新邊緣。「他們認為藉由此方法，一大片荒地，一塊有害的溼地，可以轉變成肥沃的農業用地。」報告作出結論。[19]

隨著邦貝繼續發展，城市的殘留物和陰魂確實緩緩填滿遙遠的迪歐納沼澤，減少城市的垃圾，疫情也逐漸平息。官員在英國堡壘外的曼德維區挖掘街道以修復排水溝、擴建下水道、拓寬街道、開闢海風的通道、為日漸增多的移民人口建造住屋。他們在街道下方發現了年代久遠的垃圾，這些垃圾可能堆放了四十年之久，在城市建成之前就存在了。喀奇拉列車運走垃圾，持續將城市的碎石堆置在迪歐納將近九十年，在那裡垃圾既顯而易見，又在人們的視線之外。這項安排讓城市與垃圾之間勉強維持了一段平靜的時期，直到一個多世紀後再度爆發為止。

一九六〇年，邦貝成為新成立的馬哈拉什特拉邦的首府。邦立法機構、證券交易所、天文館、公寓大樓等新建築開始從清空的貧民窟湧現，城市倉促擴展的邊緣從海及建在垃圾地基上的農場升起。這塊土地在英國行政官員離開這個國家十多年後實現了他們的計畫。雨水有時會將這塊地盡頭的垃圾沖進海裡，再漂回城市，但是縮減的土地很快又會重新填滿。

大約在這個時候，一九六〇年代中期，維塔貝．坎伯勒這位新手媽媽來到邦貝。她和丈夫在邦貝市中心的人行道上用塑膠布和紗麗搭起自己的家，對面就是國營電視頻道新蓋好的攝影棚及其聳入雲端的天線。當風吹開他們如浪般洶湧起伏的頂棚，細長的天線差點成為他們屋子的一部分，也

帶來邦貝的幻夢，幫助維塔貝從富有人家指引回家的路；她在那裡洗碗盤，她丈夫則打些零工。她的孩子在電視塔陰影下的家裡相繼出生，維塔貝相信她在這裡實現了邦貝夢。

像維塔貝住的這種移民定居點不斷膨脹，從史諾幾十年前寫到的廉價公寓溢出，出現在城市的鐵道上，順著延伸的水管線越過人行道和馬路。然而城市卻極度渴望將這些移民定居點排擠出去。

有一天，維塔貝收到一份文件，說市政當局給了她一小塊地，立刻讓她提升到地主的地位。這份文件成為她最珍貴的財產。她將兩個蹣跚學步的孩子、丈夫、家，和那份土地分配的文件全都塞進市政府的卡車，他們驅車穿過市區，直到城市逐漸變成鹽田和紅樹林。當她看見散發惡臭的垃圾場，以及那區用粉筆標示著屬於她的瓦礫堆時，維塔貝擁有自己房屋的夢想就在她的眼前破滅。

其他貧民窟居民和維塔貝不同，他們竭力對抗市政當局想將他們搬遷到迪歐納的嘗試。在那些年裡，市內以布和塑膠搭建、雜亂無章的定居點經常遭大火焚毀，當居民試圖在將熄的餘燼中重建自己的家，市政當局就趁機將他們重新安置在迪歐納。許多人向法院提起訴訟，指控是有人故意縱火，目的是要將他們的定居點交給開發商，以便建造公寓和辦公大樓。[20] 遭到邦貝不斷擴張的混凝土夢想驅逐，卡車滿載著外來人口和他們的失望抵達垃圾場，以幾乎和載著廢棄物到來的火車一樣的規律；與此同時城市繼續擴展，在他們原本的家上面興建起來。

市政當局幾乎沒辦法遷走貧民窟的居民。那些年的報紙報導說，邦貝的街道和人行道依舊充斥著垃圾，人們和他們的臨時居地以隨著該市猛烈的季風反覆地翻飛、平息而著稱。城市街道上的垃圾在一天之內堆得越來越高，孳生蚊蠅、散發臭味，令居民作嘔。喀奇拉列車早晚各開一次，軌道沿線的居民都知道要關上窗戶，阻絕飄過來的氣味。隨著時日過去，市政當局創立了喀奇拉車隊，用拖車、驢子、牽引機來補老化火車的不足。這些車隊共同合作，日以繼夜地用垃圾填滿迪歐納的溼地。

對於那些拒不讓步的人，市政府將垃圾場邊緣定位成規劃給窮人的社區。報社記者報導了寬敞的道路和混凝土的房屋。那裡有編號的街區、柏油馬路，每十人有一間廁所，還有可供他們做小生意的寬大工坊。[21]

然而，維塔貝和大多數其他人一樣，並沒有得到像報紙上所說的那種房子。她得到一小塊瓦礫堆成的土地，邊緣用粉筆標示，以確保她不會侵入鄰居的地，造成紛爭。空氣中充斥著遠方城市的垃圾氣味，她記得那時的情況比後來幾年糟糕得多。事實也可能是她已經習慣了：她已經適應了那種味道和身上的眾多傷口——那些傷，都是她和邦貝為了夢想騰出空間而丟棄之物的陰魂緊密擠在一起所造成的。

貧民窟居民的新定居點，將垃圾場兩端長滿鮮花的溼地變成了蓮花住宅區和帕德瑪鎮，也就是「蓮花鎮」。一連串小村莊在這中間發展起來，深入垃圾場，形成一條新月形的弧線。你從市區來到這裡的話，首先會到蓮花住宅區；接著是巴巴鎮，以曾經在荒涼的沼澤地遊蕩的神祕主義者命名；沒有人確定在這條弧線上，拉菲克鎮（又稱為拉菲鎮）在哪裡與尼蘭卡里鎮相接；然後是位在山區新月彎最深處的桑傑鎮，其名字來自於七〇年代的一位政治家，他以拆除德里貧民窟來建設現代化城市而聞名；法札娜和她家人居住的班加拉巷屬於桑傑鎮，實際上被拆除過好幾次；沒有人知道香緹鎮，也就是「寧靜小鎮」的名字從哪裡來的，因為在這小鎮後頭是一堵牆，卡車在牆的另一端永無休止地哐啷哐啷前進，在山丘上清空垃圾後折返；香緹鎮之後是帕德瑪鎮，到此整個垃圾鎮區結束。附近還有班甘瓦迪（茄子村）、班德拉區，其名字來自當地居民在被重新安置前所住的高檔郊區，還有其他村落是以該地區過去的鄉村風情，或是迷人的新城市名來稱呼。

垃圾場在填滿並擴大的同時，開始產生有毒的暈輪。沒有任何東西離開這裡；所有的東西到此之後只會留下來慢慢腐爛腐敗。當邦貝開始被稱為夢想之城的時候，迪歐納不斷地向外拓展，變成那些夢想殘骸的墳場，一個有毒而不可思議的世界。這裡腐壞的空氣和水，與城市的空氣和水無形地混合在一起，成為唯一與城市連結的事物。

維塔貝返回城裡工作最快的方法是坐在發臭、敞篷的喀奇拉列車上。但她和其他人卻開始搬空車廂裡骯髒的財富，囤積起來再賣出。維塔貝在那片不斷縮小的沼澤地中跋涉尋找寶物，不時被動物屍體或從泥巴中突出的玻璃碎片絆倒。「Panyat mele lekra bhetayche.」她說。我們在水裡發現了死嬰。她經常轉身發現大兒子納吉許跟著她，她女兒跟著步上後塵。他們被城市遺忘，依靠城市吐出的一切過活。

———

一九九二年，寒涼的冬風猛烈吹襲山區時，由於巴布里清真寺的拆除，城裡爆發了騷亂。這座清真寺位於印度北部，印度教教徒相信那是羅摩神誕生的地方。維塔貝是印度教教徒，直到這時才注意到周圍的鄰居都是穆斯林，她在家裡躲了好幾天。她聽說暴民打扮成警察，鄰居失蹤，死者被扔下山坡，生者和死者躲在一起。等她終於出來時，有些鄰居已經回家了，被揍得傷痕累累，還有一些人開始無休無止地尋找他們下落不明的親人。

印度教教徒意識到所住巷弄的氣氛不和，於是開始搬離。有些人越過小河，搬到新成立的新邦貝市，或是其他偏遠但逐漸仕紳化的城市外圍地區。原本在邦貝的巷道一切都相互依靠為生，語言互相碰撞形成了「邦貝腔」，烹調風格也融合在一起，但在暴亂過後全都隔離開來。穆斯林遷移到堅固、偏僻的飛地，至於連那裡都住不起的人，就占據垃圾山區四周的巷道。

「Naapaki mein rehna to Shaitan ko neota dena hai.」接收海德．阿里在垃圾堆中找到的書籍的那位神職人員告訴他。生活在不潔與汙穢中是在招惹撒坦。神職人員說，當人們安頓下來，為撒坦或惡靈居住的廢墟、山區，和社會邊緣的骯髒暗處帶來光明和清潔，撒坦就會離開。但是由於無處可去，移民和城市的貧民窟居民不斷來到垃圾山區的陰影中討生活，住在山間巷弄裡，這裡即使住滿了人依舊動盪不定。維塔貝一心想要尋找被忽略或丟棄的寶物，因此也留了下來，她的日子隨著日漸增多的卡車只有變得愈加瘋狂。

她先打電話給垃圾車司機，詢問他們在繞行城市時載了什麼。倘若垃圾車肚子裡裝滿了來自旅館、醫院、婚宴廳的垃圾，而且沒有先被大的垃圾商訂走，維塔貝就請他們只傾倒給她。卡車一進入鎮區，她就叫兒子去將垃圾車趕進安靜的山間空地，然後自己一溜煙地衝向垃圾車。她從繫在肚子上用破紗麗製成的腰包拿出鈔票付給警衛，請他們在她挑撿垃圾車裡的東西時裝作沒看見，也付錢給推土機司機，請他們在她挑完之前不要將垃圾鏟走。然後她將撿拾的東西裝進小兒子桑托斯——他是在垃圾山邊出生的——開的敞篷小貨車，把垃圾載去她女兒芭比塔的卡塔店（kata shop），垃圾在那裡分類過後按重量賣給垃圾商，他們會把垃圾轉售出去重新製造。

——

在二十一世紀初，海德·阿里剛到此地不久後，迪歐納大概就成為世界上最大的垃圾鎮區，這裡的所有東西都不曾離開或處理過。這些山已經上升到如二十層樓的公寓大樓那麼高。孟買的範圍已經延伸到戈萊和馬拉德的小型垃圾場。馬拉德的土地被歸還給開發商，他們迅速在上頭蓋了玻璃與鋁合金的建築，提供電話服務中心和娛樂公司的辦公室使用，那裡的行政主管罹患頭痛，電腦很快就生鏽。這就是所謂的「病態建築症候群」：科學家發現從倉促關閉的垃圾場所散發出的氣體經年不止。[22]這些氣體會滲透到上方興建的建築物中，讓裡面的人生病、器械故障。

孟買陷入了日益嚴重的僵局。以前堆放在今已關閉的馬拉德垃圾場的垃圾轉送到迪歐納山區，整個山區逐漸被越來越多遭城市遺棄的人所包圍，他們只會更加深入，挖出更多他們賴以為生的垃圾。市政當局噴灑草本消毒劑和除臭劑，以對付垃圾場噴出的汙濁空氣和煙霧。城市街道與人行道上的垃圾必須清除，否則會導致和英國報告中所記載同樣的傳染病，而且規模難以想像。然而垃圾群山開始侵入這座忽視它們已久的城市。官員擔心，倘若垃圾山再堆得更高，部分區域可能會在危險的垃圾坍方中倒塌。飛到孟買的航班可能會撞上垃圾山頂。垃圾山高度漸漸超過一百二十英尺，而城市拉長的垃圾車隊仍不斷將廢棄物傾倒在逐漸增高的山頂上，讓縮減垃圾山變得愈加困難。

第三章　淘山熱

法札娜最早的記憶，是看著她家崩塌在泥濘的垃圾中，隔幾天又在原地重建起來。海德・阿里教她的哥哥姊姊在他外出工作時，留意執行驅逐行動的市政官員。法札娜幫忙清空房子，然後大一點的孩子解開他們從山上帶回來當房子骨幹的竹竿。最後兄弟姊妹站在一旁，咯咯笑著觀看他們收集來搭建房子的塑膠和錫板嘩啦啦地倒成一堆。

一九九五年，邦貝改名為孟買。[1]市區內原本在社會主義時代以在狹小空間擠進很多東西而聞名、四四方方的公寓，如今變成門禁社區，帶來第一世界的便利設施，包括垃圾滑槽。在這個世界裡，一直延伸到郊區的建築物是以樹木來命名，例如雪松、橡木、樺樹，都是在該市悶熱天氣裡從未見過的樹木。購物中心、健身房、多廳影院接連出現，讓孟買隨著印度漸增的財富而光彩奪目。這些建築物裡都充滿了新東西，其殘餘物則送到垃圾山區，唯有透過拾荒者的幫助才能重生。

不斷擴增的欲望帶來裝過濾水的塑膠瓶、裝了半份未見過食物的外帶盒、髒尿布，以及新裝置上的金屬線。印度人從賦予事物許多生命，轉而擁抱小包裝的洗髮精、染髮劑和番茄醬。即使在那些以把物品世代相傳為傲的家庭，這些消耗品也帶來新的刺激。塑膠袋，以及用層層箔紙、紙張、塑膠壓實製成的盒子，取代了玻璃和金屬的容器，當內容物清空後，這些容器離開了家，卻永遠留在垃圾場。空虛、悲傷、渴望、抱負：這一切全都可以靠消費和擁有來平抑。

在迪歐納鎮區，卡車噴出的越來越多東西中，垃圾可能只是垃圾，也可能是黃金。作風閒散的海德·阿里只找到一些水泥地板材料的碎片，他的朋友莫哈蘭姆·阿里——和他一起貸款的那位——卻找到了最近進入孟買住宅中的長大理石板。孟買市日漸增加的財富滾滾流入山區，海德·阿里與莫哈蘭姆·阿里在上漲的浪潮中漂浮。

二〇〇〇年九月，法札娜滿兩歲的三個月後，印度環境部首次制訂了廢棄物管理法規。[2]在全國各地日益增高的垃圾山驅使下，最高法院要求該部門控制垃圾，尤其當別處的垃圾很少像在迪歐納那樣以令人暈眩的速度急遽增加。在眾多規定中，像法札娜一家這樣的侵占者將被禁止進入垃圾鎮區，以便官員守衛管理垃圾。市政當局接到必須達成這些規定的任務，於是在他們的巷道加強驅逐行動，這種行動已經斷斷續續實行多年。

但是只要警察一轉身，拾荒者的棚屋就又搭建起來。追逐從城裡不斷運來的廢棄物成了違法但毫不動搖的癮頭，被遺忘的寶藏似乎總是近在咫尺。壓扁的塑膠瓶捆成一堆，以幾乎和拾荒者身材同樣大小的量賣給垃圾商，好讓他們能度過一天。海德·阿里聽說有人找到手掌大小的綠寶石，只要一顆就能夠完全改變他們的生活。他看見「水池拾荒者」（houdhi）在山坡上築堤，把垃圾包圍起來，再將圍場灌滿水，在潮溼的沙子中篩選混在城市塵土中的沙金。「Kisi ka kachra kisi ka bhangaar hota hai.」海德·阿里說明他的工作與小鎮時說。一個人的垃圾是另一個人的殘羹剩飯。而這一切持續不斷地到來，讓垃圾山區日益擴展，拾荒者囤積、販賣這些破爛，睡在垃圾上頭，吃喝拉撒都離不開這些垃圾。

法札娜還在蹣跚學步時，就在家中擺滿的寶石色破布堆中搖搖晃晃地爬來爬去。夏奇姆、海德．阿里和大孩子在山坡上收集這些碎片，塞成大大一捆頂在頭上，扛下山時碎布就在他們眼前晃蕩。他們家中的布堆是用城裡裁縫作坊奇形怪狀的廢布堆成，很快就會賣去供人塞進枕頭、被褥、玩具裡，然後新顏色的山丘又會在他們家地板上重新堆起。法札娜在家中這個地帶邁出最初的步伐，為聳立在他們家後面的垃圾山預先練習。

從法札娜剛學會走路沒多久，每當海德．阿里在山坡上找不到大孩子時，就將發現的有用物品放在她的頭上。她把用來填滿排水溝的泥巴搬下來，那條排水溝從山上沿著班加拉巷流下。她搬運點綴著褪色的綠色、橘色的水泥板，或銀色的玻璃，或者七、八〇年代孟買公寓地板所鋪的深色石塊。有時市政府的警衛會追趕她。法札娜跑下不穩固的斜坡以免被追上時，經常跌倒或者弄掉地板。她成功運回家的山區碎布會被賣掉，或是扔去填滿他們家下面鬆軟的沼澤地。

法札娜五歲時，海德．阿里讓她進入附近的市立烏都語女子小學就讀。每天早上，法札娜和姊妹阿芙莎娜、珍奈特一起走路上學。每天下午，微風開始從小河往內吹，將一股山的氣味吹進他們家，吸引她上山。法札娜站在山頂上，吸進大海及海風無拘無束的味道，一面尋找在那裡工作的其他姊妹莎哈妮、潔哈娜、法哈的蹤影。不久天平自學校偏向山群，將她越來越拉往垃圾山。午後，她和姊妹們在小河裡游泳，收集破布，以擴增父親在山邊堆起的布堆。

即使處於正在倒空的垃圾車周圍瘋狂爭搶的人群中，海德·阿里走路的樣子都像是正聽著隱形耳機播放的柔和音樂。「Khaadi mein koi bhooka nahi jaata.」他曾聽年長的拾荒者這麼說過。這裡從來沒有人挨餓。這安慰的話語加劇了他懶散的作風。每次海德·阿里將一天拾獲的東西運到他堆積在山坡上的破爛堆時，那堆小山總是看起來比他離開時要來得大。孩子們幫忙維持家裡的生計，他沒辦法讓他們遠離山坡。

海德·阿里的大兒子傑漢吉爾從來沒上過學，他和父親抗爭，要求讓他妹妹遠離垃圾山、待在學校。傑漢吉爾如飢似渴地追逐他父親所得不到的祕寶。他越深陷進這令人眼花撩亂的垃圾山癮中，就越想讓他的妹妹遠離這一切。他從山坡趕她們回家或上學，學校的四層樓建築物正對著山，黯淡地襯托著垃圾山病態的魅力。隔天下午她們又回來了，跟在卡車後面。

法札娜長得四肢發達，姊妹們稱她「aadha dimaag」，也就是頭腦簡單。她們認為是日益堆高的垃圾山滲透到她的腦袋裡。隨著山峰增高，每到雨季雨水就傾洩得更為猛烈，將垃圾沖進他們家裡。法札娜在嘩啦嘩啦的雨聲中睡著了，醒來時看見拖鞋漂近她身邊，混在從山坡流下來的不明物體中。她睡眼惺忪地將莎爾瓦捲到膝蓋上，涉水去取回漂過鄰居家的書和鞋子。

接著她走上吧唧作響的斜坡，沒去上學。她和姊妹們拖回發臭的木板，傑漢吉爾和九個孩子中排行第三的阿蘭吉爾將木板釘在家裡的牆壁上，把滲透的家用物品堆到木板上頭。晚上，他們爬上去睡在家當之中，浮滿垃圾的水在底下晃蕩。雨停後，法札娜幫忙夏奇姆把垃圾扔出去，將他們潮溼的物資和儲藏的垃圾、變得爛糊的東西，拿到外面狹長的小巷中曬曬略微探出的陽光。她拿出水漬斑斑的筆記本，她學過的一切都變得模糊不清。

試圖趕上課業進度是白費力氣。「Vaise bhi uske man mein gobar bhara tha.」她的朋友雅思敏這麼說，她比法札娜大幾歲，住在巷子另一頭。她的腦袋裡裝滿了牛糞！雅思敏外表纖弱、說話直率——她日後會嫁給阿蘭吉爾——只有假期才回家。她父母親讓她進入隔壁古吉拉特邦的伊斯蘭學校就讀，讓她遠離山區留在學校。後來，海德．阿里曾經請她教法札娜讀《可蘭經》，但是法札娜的腦中完全不留《可蘭經》的一絲痕跡。她滿腦子只有垃圾山，她的朋友也是。她們在學校所學的，全部傾倒在山頂上。

莫哈蘭姆．阿里的女兒赫拉跋扈、漂亮，是班加拉巷少數唸到中學的女孩之一，遠赴市區就讀。她只比法札娜大兩歲，幾乎不曾撿過垃圾。下午法札娜走去工作時，總是看見赫拉去上她母親為她報名的阿拉伯語、電腦、裁縫課程。「Unke ghar mein safai kitni thi.」法札娜回憶道。他們的房子非常乾淨。

莫哈蘭姆．阿里高大、瀟灑，山上的空氣讓他的生活比社區大多數人都改善得更多。法札娜聽說過垃圾山如何將財富交到他手中的事蹟。她父親把莫哈蘭姆．阿里稱為「惹麻煩先生」（Shaitan Singh），因為他具有積聚高品質垃圾的天賦。他是一小群夜間拾荒者之一，這群人是山區最汲汲營營尋寶的人物。垃圾車徹夜到來，但是唯有最大膽的人能夠在它們慷慨的贈予中撿拾。山坡上燈光昏暗，只有幾盞燈安裝在高高的桿子上；拾荒者走上山坡時，邊緣尖突的玻璃和金屬碎片割傷他們，深色的垃圾從倒空的卡車中如雨般一堆堆傾洩在他們身上。莫哈蘭姆．阿里在反戴的棒球帽上裝了手電筒，在月光下撿拾垃圾，避開白天爆發的爭搶。

在月光照耀的夜晚，小河、小溪、鹽田在群山周圍形成了一圈光亮透明的鑲邊。莫哈蘭姆．阿里走到垃圾山頂時，感覺自己好像和他在遠處看見的漁船一起漂浮在小河裡。天氣好的時候，船隻整夜逗留在外，用拖網在小河裡捕魚。他覺得漁船陪伴著他。他緩緩地左右移動頭部，用手電筒的光揭露出寶物。在夜晚的寧靜幽黑中，他曾找到過一尊印度教女神的銀製神像和一個塞滿鈔票的枕頭套，埋在垃圾堆中。

他離開山區時，經常撞見來上工的早班拾荒者。海德．阿里和其他人會揶揄他，要他留點東西給他們。等太陽升到頭頂上時，莫哈蘭姆．阿里經常回來追逐不斷到來的卡車。他說，他就是這樣才越來越喜歡這些山。「Ek insaan ke jaisa lagaav tha. Khaadi hum logon ko bulati thi.」我對它們產生依戀，就像你喜歡一個人一樣。它們呼喚著我。

他告訴海德．阿里，他父親是村子裡的聖徒陵墓的「管理員」（Mujawar），他的村子位在印度北部。他們家裡擺滿了發霉的書，封皮顏色很深但已褪色。莫哈蘭姆．阿里和他父親除了模糊不清的價格——幾便士——外，一個字也看不懂。他父親執行的儀式是祖父傳下來的，大概連家中的書也是。他吟誦著禱文，禱告聲迴盪在房間各處，房間裡瀰漫著醉人的氣味，飄蕩著煙霧，讓祈求者陷入催眠的狀態。等一切消退時，那些遠道而來祈求奇蹟的信徒經常會發現自己的病痛痊癒了。莫哈蘭姆．阿里學到了他父親溫文儒雅的舉止和歷久不衰的儀式。他告訴海德．阿里，祈禱讓鬼魂遠離他，並且將山區的寶物交到他手中，這增添了惹麻煩先生在街頭巷尾的傳奇色彩。

為了尋找莫哈蘭姆．阿里的好運，傑漢吉爾也曾試過在夜間工作。當時他十歲，但是傑漢吉爾沒有找到山區寶藏，卻遇到了巫婆，一個心願未了就死掉的女鬼。他看見她略微飄浮在漆黑、幾乎空無一人的山坡上，身披白衣，雙腳向後。於是他退回到白天工作，開始和一些年紀較大的男孩子、惡霸鬼混。他學會了抽菸，大罵他聽過他們吐出的穢語汙言。

他開始拿錢回家，而海德．阿里似乎永遠沒有足夠的錢來顧家。父親設法不去問他的錢是怎麼得來的。法札娜在山區聽說傑漢吉爾被拉進幫派，捲入爭奪地盤和隨垃圾而來的的激烈鬥爭中。在家裡，傑漢吉爾認為他的錢給了他對家中決策的發言權；海德．阿里卻不這麼想。

兩人幾乎對每件事的意見都分歧，但最主要的還是為了法札娜。在姊姊莎哈妮輟學到山上工作後，九歲的法札娜和大她兩歲的阿芙莎娜成為學校裡年紀最大的兩個孩子。男孩子們則從來沒上過學。阿芙莎娜想要繼續上學，法札娜並不想，但傑漢吉爾和海德．阿里爭論，要讓法札娜留在學校，讓她可以過上遠離垃圾山的生活。「Paak saaf rahein.」他告訴海德．阿里，重複他從神職人員那裡聽來的話。他們應該保持純潔乾淨。然而，法札娜每天下午放學後還是待在山坡上。

莫哈蘭姆・阿里的妻子雅絲明和他們的孩子幾乎不曾在山上工作過。雅絲明下午都待在家，用他們在卡塔店買的二手電視機看烹飪節目。她請朋友將垃圾堆中撿來的過期麵糊混料拿給她，試做她看過的食譜。她把冷凍豌豆丟到米中做抓飯。赫拉和雅絲明練習將滿匙的米和扁豆糊與優格混在一起，倒進平底鍋慢慢地旋轉，製作出像紙一樣脆的薄餅。她們還借來模具將麵糊蒸成鬆軟的白米糕。

至於甜點，赫拉請朋友幫她收集從垃圾車掉出來的粗麵粉混料包，以便製作玫瑰奶球。在漫長、緩慢的午後，她們將溼潤的麵糊揉成麵糰球，炸過後再浸入她們製作的溫糖漿。她們將金黃色的熱玫瑰奶球塞進嘴巴，糖漿從嘴裡噴出，一面咯咯笑著閒聊。她將剩下的保存起來，留待她有時幫雅絲明烹煮精緻晚餐時吃，而莫哈蘭姆・阿里幾乎都趕不及回家，無法吃到這些美食。

有天早晨，法札娜正要出門上學時，一個朋友突然過來說莫哈蘭姆・阿里在垃圾堆裡找到一條金項鍊。海德・阿里一臉驚訝，他已經好幾天沒見到莫哈蘭姆・阿里了。海德・阿里走去他家，問他是否真的在山上挖到了金子。

莫哈蘭姆・阿里說他一直待在家，因為他病了一星期，直到前天晚上才退燒。屋子裡瀰漫著蒸飯鬆軟、香噴噴的味道，但是雅絲明不準備開飯，除非他把能賣的垃圾帶回家——她已經煮了最後的補給品。

「Gaali de ke gaya to kuch to lana hi tha.」莫哈蘭姆·阿里咧嘴笑著說。我帶著羞辱離開家，非帶些東西回來不可！於是他走上山坡，希望能夠輕易找到些東西，也許是一個塞滿破布的袋子，然後回家吃飯。他打開手電筒，懶洋洋地將垃圾叉插進斜坡裡，結果撞上了一個柔軟、淡黃色的東西。他挖掘四周，拉出一個黃褐色的女用皮製手提包。

他拉開口袋拉鍊翻找裡面，探索女人連丟掉皮包時偶爾都會忘記清理的隱蔽世界。莫哈蘭姆·阿里曾經發現過以捲曲的筆跡所寫的信、精美的迷你香水瓶、印有花押字圖案的手帕，可以洗乾淨當成白色碎布販售，有時甚至找到從緊縮的家用預算中節省下來、過於謹慎地存放而皺巴巴的鈔票。

那天晚上，莫哈蘭姆·阿里摸索拉鍊打開內袋時，有什麼東西在光線下閃爍。一條刻有花卉圖案的金項鍊，以黑珠子串成，那是印度教已婚婦女的標誌。他把項鍊塞進口袋，抬頭張望是否有人看見他閃閃發光的發現。拾荒者的燈光在他四周移動，每個人都在埋頭尋找被忽略的寶物。他把手插在口袋裡離開。

莫哈蘭姆·阿里回到家時，雅絲明和五個孩子都餓到萎靡不振了。他將冷掉的晚餐推到一旁，從口袋裡伸出手來，叫雅絲明看看這條項鍊是真的金子，還是巷子裡的婦女所戴的那種廉價金屬。由於她無從判斷，因此他們的興奮與想像持續了一整夜。

數星期後，海德·阿里聽說莫哈蘭姆·阿里開了自己的卡塔店，達到了拾荒者一直以來追求的目標：成為小型垃圾商，或是運氣好的話，甚至開始垃圾生意以外的工作。有些人貸款開了過多的卡塔店，還有些拾荒者在屋子上搭起鐵皮閣樓。陡直的金屬樓梯爬進這些充滿陽光的閣樓，他們希望這會是擺脫垃圾的起點。這些房間懸在山丘上，可以看到城市廢棄物的全景。太陽曬乾的紙張和塑膠在外面微風吹拂的山坡上飄蕩。房間裡擺滿一排排半自動縫紉機，拾荒者購買這些機器來縫製一疊疊預先裁好的襯衫或牛仔褲，還有些房間堆滿了鞋底，準備縫到閃亮的鞋幫上。這些東西大多是在孟買令人眼花撩亂的繁忙街市裡販售。海德．阿里無窗又經常無人的閣樓裡排著成堆色彩鮮豔、輕薄的布料。他總說，這些布料很快就會覆滿亮片。

與他身後不斷上升、堆滿家中的垃圾不同，刺繡的委託工作很難找到，更難完成。繡工經常為了更高的報酬離開海德．阿里的作坊。他總說，他們在下一個節日後會馬上回來，但是說了好幾個月，節日一個又一個地過去。他努力教傑漢吉爾和二兒子阿蘭吉爾這需要耐性的刺繡技術，讓他們成為他僅有的助手。

在那些年裡，阿蘭吉爾讓海德．阿里的刺繡生意勉強維持，傑漢吉爾則和山區的幫派混在一起。「Naak ka baal to bachpan mein hi jal gaya tha.」他說。小時候垃圾山的臭氣就把我的鼻毛燒壞了。他無處可去。漫長的午後法札娜都在山坡上走來走去。市政當局和警衛、警察漫不經心地威脅著垃圾鎮區，將拾荒者留在他們被遺忘的世界和堅持不懈的追逐中。到了法札娜十歲，四年級結業那年，整個冗長的夏季每天都待在山區。

「Padhne mein man nahi hai. Ghar mein reh ke kya karegi?」一天下午，他們獨自在黑暗、擁擠的屋子裡時，海德．阿里咕噥地對夏奇姆說。她在家裡要做什麼？她根本不想念書！夏奇姆嘀咕著說她在聽他說話，儘管她一邊在煮飯區小心翼翼地將剛洗得發亮的薄邊鋼盤一個一個疊起來。

「Apni galli koi theek hai kya?」海德．阿里提高音量說。你覺得我們住的巷子很安全？「Nahi.」夏奇姆說，聲音非常輕，他在盤子掉落的嘈雜聲中幾乎聽不見。不。她再度開始小心地將盤子疊起來，高高地疊靠牆上，盤子在房間裡閃爍著倒影。「Kharche mein madad kar sakti hai.」海德．阿里繼續說。有些開支她可以幫忙。他說，他的作坊仍在摸索。傑漢吉爾走進來拿東西。一看到他，海德．阿里反覆無常的脾氣就失控了，大聲吼著說要是他不想讓法札娜去工作，他就得自己補貼那些錢。十八歲的傑漢吉爾放棄了與父親爭執。不久，將滿十歲的法札娜加入成天囤積山坡垃圾的非法陣營。

第四章 肺裡隆起的山

二〇〇八年夏天，法札娜輟學開始鎮日在山區工作時，一場正在醞釀準備縮小垃圾山及其暈輪的戰役達到了沸點。桑迪普・雷恩醫生住在靠近垃圾鎮區邊緣的上流社區，他以市政府未能縮減迪歐納鎮區為由，提起蔑視法庭的訴訟。十多年前，鄰近一棟大樓的居民提起訴訟，要求縮小垃圾山區，減少其煙霧和臭味。他說，即使法院命令要求改進，垃圾山依舊只有增長；後來法院的觀察報告說，他還提交一些照片「顯示出垃圾上方籠罩著一層氣體」。[1]

十五年前，雷恩在山區陰影中開設心臟科診所時，他預期會看到患有冠狀動脈疾病的年長病人，然而他的候診室卻擠滿了罹患氣喘的兒童。他懷疑他們的肺部充滿了他醒來時看見從附近垃圾山升起的煙霧。雷恩知道，一九九六年八月，附近一棟大樓的居民向邦貝高等法院遞交訴狀，要求改進垃圾山及其有毒的煙霧。

居民在向法院提出的申訴中說，他們看見傍晚時垃圾山被火光照亮。漆黑的煙雲整晚飄進他們家裡，阻礙他們呼吸。[2]火焰升起，濃煙飄送，一直到黎明。他們聽說垃圾商叫撿破爛的人點火，這樣一來較輕的塑膠、紙張、布料等垃圾就會熔化，留下山區所能發現最高價的垃圾：銅、銀、鉛和其他金屬供他們販賣。大火焚燒後留下了有毒化學物質的細小顆粒——或者稱「懸浮微粒」，密密地懸浮在山區空氣中，濃度高出規定所允許的七倍之多。[3]這些微粒進入拾荒者和附近居民的肺部及血流中，導致他們難以呼吸，並且深深扎根在他們的內臟中。焚燒在山區空氣中留下的鉛含量超過一般允許的兩倍，可能會造成吸進這些空氣的兒童腦部損傷。[4]

當時市政當局的回應宣稱這些山是「自燃」的：緩慢分解的垃圾釋放出甲烷，甲烷遇到山區熾熱的太陽後起火燃燒。官員寫道，這些自燃的大火即使在沒有傾倒新垃圾的山區也會燃燒，暗示大火是東西快速堆積在一起所必然引起的，並非他們的錯。[5]官員還說，上訴者家中夜間的煙霧和霾也來自於拾荒者為得到金屬而點燃的火堆，以及經過他們家的高速公路上日益增多的車流。

自從一九九六年的申訴以來，後繼的法官都要求市政府在別處設立現代化的垃圾鎮。在目標達成前，法官們一直試圖讓迪歐納老化、蔓延的鎮區遵守廢棄物法規。他們要求在這堆髒亂的垃圾上加蓋，再用泥土壓緊以固定位置，塑造出分布均勻的山丘。他們制定了時間表，要在山區蜿蜒的泥土路上鋪柏油，安裝路燈，加強暗淡的邊緣地帶的警備，以免拾荒者進去生火。他們要求消防車及水車巡邏，遏止這些幾乎不斷燃燒的大火和升起的煙霧。[6]他們努力推動垃圾鎮區改革，讓垃圾鎮區輝映現代城市；這些現代城市的欲望餵養著垃圾鎮區，而垃圾鎮區則是這些現代城市的黑暗倒影。

當時雷恩被任命為法院委員會的一員，於是高大堅毅的他每星期三都坐在垃圾場內的活動式小屋中，多年來一直在監督讓垃圾山區符合規定的計畫。他看著海德．阿里與其家人所屬的非法陣營遍布山坡。

從以前喀奇拉列車運送城市丟棄物品的終點站、市府辦公室附近開始，一座座垃圾山丘逐漸小心地形成。第一座最靠近辦公室，主要拿來堆放雜碎垃圾。其他的沿著小河的弧線隆起，堆滿了城市丟棄的其他所有東西，中間夾了一層層的泥土，最後到達第八座，其陡峭的山崖墜入水中。

雷恩看著電線桿和電線運到鎮區以便安裝路燈，然而燈卻沒有亮起。他聽說拾荒者偷這些東西去買毒品，而電纜被垃圾的重量壓斷，或是遭垃圾車輾斷。後來，有幾盞燈裝在高高的桿子上，為夜間拾荒者投下隱約的光亮。

由於廢棄物法規的要求，市政當局開始斷斷續續地量測懸在山區空氣中的化學物質，這些化學物質形成的暈輪刺激肺部和眼睛，導致了山區周圍的呼吸道疾病。

山區附近的醫生說，他們超過半數的病人都患有呼吸道的毛病。他們罹患氣喘、支氣管炎、持續性的咳嗽。拾荒者虛弱的胸腔使他們成為結核病與抗藥性結核病容易滋生的溫床，這種透過空氣傳播的傳染病在山區附近巷弄裡狹窄的房屋深處蔓延。[7]拾荒者還患有間質性肺病，此疾病會讓肺部周圍的組織增厚，讓患者呼吸困難、不停咳嗽，五年內耗盡生命。罹患慢性阻塞肺疾病的病人肺泡變弱，呼吸道嚴重發炎，雖然可以活得久一點，但是醫生都知道這兩種情況都無法治癒，只會惡化。醫生開了氧氣泵的處方，但他們很清楚病人負擔不起。

「問題是你無法判斷一個人生病是否因為住在垃圾場附近，這需要專家才能判定。」那不勒斯的環境史學家馬可．阿米耶羅解釋道。他所在地區的黑手黨叫做卡莫拉，他們從義大利北部搬來有毒的工業廢棄物，遍撒在垃圾掩埋場以及空曠的鄉間道路與那不勒斯的農場上，那不勒斯的農場以農產品著稱，宜人的第勒尼安海空氣讓這些農產品變得鮮美。司機從大老遠就能看見篝火的火焰，這些篝火是以電線堆成，用來提取裡面的銅，就像法札娜用她撿來的微量物品所做的那樣，使得這地區被人稱為火之國。那時候，此地某些癌症的發病率高達全國的兩倍，為這地區帶來另一個名字：死亡三角。[8]

——

孟買的法院聽證會多年來持續進行，市府律師描述市政當局如何努力讓垃圾鎮區局限在城市範圍外，以防止毒素滲入該市的空氣和水中，然而垃圾山還是漸漸逼近。官員估計，迪歐納垃圾場有將近一千三百萬公噸的垃圾。要如何按照法規要求在垃圾場底下鋪地板呢？這些山丘綿延超過三百二十六英畝。要如何搭個頂棚，阻止空氣吹進市區呢？他們說，在層層垃圾上建造邊界牆不會牢固，肯定會倒塌。律師請求延長時間。

雷恩有時聽說市政當局按照法院要求，進行了一些焚化垃圾以發電的測試，如同世界上其他城市所做的那般。然而，孟買的垃圾由於雨水而太過潮溼，因為腐壞的食物而過於黏稠，導致焚化爐無法運轉。儘管市政當局試圖縮小垃圾鎮區，但鎮區的範圍仍然擴大。同時，這座狹長島城的空地都已經填滿了。郊區不斷雜亂無序地擴展，就連原本可能可以興建垃圾場的偏遠地方都變得鄰近住家，其居民將會被惡臭熏得作嘔。他們不希望攢錢多年所買下的公寓附近的空地，被拿來堆滿城市的髒亂東西。農民不希望垃圾汙染他們的田地。所有市政當局找到的空地都伴隨著對抗的索賠人。

在一九九六年的申訴過後幾年，要求符合廢棄物法規及法院命令的最後期限來了又去，但這些垃圾山幾乎一動也不動。廢棄物法規禁止他們，山區的煙霧讓他們生病，然而海德·阿里和他的同類，迪歐納的亡命之徒們，仍舊占據群山，帶走所有具有價值的東西。成群的蒼蠅遮蔽了他們的身影，加上警衛盯著他們的目光呆滯無神，讓拾荒者可以不為人注意地繼續尋找孟買財富的殘渣。隨著這座海水包圍的城市慢慢興起，垃圾山區及其暈輪也步調一致地跟著擴展。

二〇〇六年初，在法院的壓力下，市政當局委任了一名私人顧問，他遞交了一份報告，說明如何解決迪歐納鎮區、規模較小的穆倫德山區及關閉戈萊垃圾山等問題。該報告說，迪歐納年代久遠的垃圾可以製成肥沃的堆肥：一座垃圾堆肥廠可以縮減垃圾鎮區的規模。為了達成這個目標，市政當局得在三座垃圾場上花費一千零五十億盧比（十四億七千萬美金），其中將近半數用於縮減迪歐納鎮區、興建廢棄物處理廠、淨化鎮區排放出的汙濁空氣和水。[9]這是自超過一世紀前迪歐納垃圾場設立以來，孟買市政府最雄心勃勃試圖管理城市垃圾的一次。

顧問及官員為這些計畫招標。官員擔心私人公司是否真的能夠管理迪歐納鎮區，那裡的拾荒者散布在山坡上，他們的家逐漸逼近垃圾山，幫派分子為垃圾起爭執。[10]沒有一家投標爭取改造迪歐納機會的公司符合技術條件，因此合約並沒有發出。垃圾依舊持續不斷地運來再被偷偷摸摸地搬走，運抵的垃圾遠超過拾荒者可以拿走的。垃圾在山區慢慢堆高，湧入小河，悄悄地壯大了鎮區。

在等待垃圾山移走或縮小了十多年後，雷恩醫生累了。二〇〇八年夏天，他提出了蔑視法庭的訴狀。他說，在這十二年中，孟買不斷潰爛的物品所產生的有毒煙霧只有日益增多。雷恩指出，這些煙霧稠密地籠罩在群山周圍的市政地區，在那裡四分之一的死亡都是呼吸道疾病造成的；相較之下，在更遠的地區，比例則不到百分之一。[11]他提出醫學研究證明這些霧霾中含有大量的致癌化學物質甲醛。[12]另一項研究顯示山區空氣中的另一種致癌物質苯也愈發惡化，較作者在世界上其他地方的垃圾掩埋場所觀察到的要高出很多倍。[13]該研究的作者迪潘佳麗・馬中達說，儘管這含量落在有些國家設定的可允許範圍內，但是那些限度是針對短期接觸，而不是像迪歐納的拾荒者那樣終生吸入。她說，他們的接觸是長期的，所造成的健康風險相當大。那些住在垃圾山暈輪當中的人平均壽命是三十九歲，僅略微高過其他印度人的一半而已。[14]

山區逐漸變濃的暈輪也危害到城市。「垃圾掩埋場排放的氣體和空氣中其他的汙染物，利用大氣廚房中的陽光製造出其他一系列有害的灰塵和氣體，」馬中達說，「這些在大氣中製造出的汙染物稱為二次汙染物，會導致嚴重的空氣汙染，甚至可能會造成氣候變遷。」

為了尋求解決辦法，雷恩開始經常在殖民地時期風格的法院那不斷延伸、稜角分明的走廊上行走，因為針對他請求改進垃圾山區的聽證會重新展開。「我是那種一旦瞄準目標就絕不放棄的人。」他後來說。市政當局請求延長時間，但達南杰．錢德拉楚德法官逐漸失去耐心，他的命令滲入一絲不耐煩：「泛濫、缺乏規範的傾倒垃圾仍在繼續，儘管法院發出了命令，市政府卻沒有認真努力去紓解這個問題。」[15]

當人家問起身陷在垃圾山區致命的氣味中是什麼感覺時，海德．阿里挺起瘦骨嶙峋的胸膛。「Hamko kya hua hai?」他會反駁說。我有什麼問題嗎？他常說，即使在日益增加的垃圾堆上工作了二十年後，他還是比他認識的任何人都要來得健康。他見過朋友默默地由年幼的孩子代替他們在山上工作，自己退回小巷裡，因結核病而日漸衰弱。還有些人離開此地去呼吸鄉村的空氣以幫助他們恢復健康，再也沒有回來。他走上山坡去工作時，經常經過嘔吐的拾荒者。他們生病的胸腔連緩和地爬坡也無法再承受。有些人消失在霧霾中，在永無休止地追逐城市的破舊寶物中，無人注意到他們消失。然而海德．阿里和朋友們不認為這個產出寶藏的鎮區，以及養活他們的生計與疾病有任何關係。

第五章 垃圾中的節氣

二〇〇八年六月，新學年才剛剛開始，孟買長達數月的雨季也跟著到來，但是法札娜成天都到山上工作。大多數早晨，她一抵達垃圾山頂就開始收集熟爛的番茄和茄子，這些是跟著丟棄的食物一起來，或是因為雨水而從垃圾中長出的。她等著朋友模糊的身影出現在高低不平的斜坡上，然後將撿拾的東西朝他們扔過去，在他們衣服上弄出一點一點溼漉漉的深色汙漬。他們疼得轉身，感到困惑不已，等瞧見法札娜後，她的朋友就急忙找尋番茄。他們在前一晚運抵的垃圾中翻找西瓜或雞蛋的碎片，朝她扔去。他們一手拿著腐爛的水果，在陽光普照、搖晃不穩的山坡上互相追逐，咯咯笑著玩番茄大戰。笑聲與光芒折射在被遺忘的群山的暈輪中。

等打鬧逐漸平息，漸乾的菜泥與汗水混合在一起，因陣雨之間瀰漫的沉悶溼熱而緊黏在他們身上。法札娜跑到安置在丘陵鎮區的水車漏水的龍頭下洗澡。她加入其他的家庭成員一起工作，他們要求她不要那樣骯髒地歡迎及完美地擊中他們。法札娜和她大膽的精神在山區漸濃的煙霧與日益擴大的陰影中一起成長。「Main pehle se hi aisi thi.」每當人家問起她無畏和冒險的精神是從哪裡來的，她都會輕鬆活潑地說。我向來都是這樣。

她邁入十歲時，雨季的烏雲掠過，籠罩著垃圾山峰。她看著卡車從外邊的山坡駛來。舊垃圾覆蓋在長滿青草的肥沃泥土下，山腰發出綠寶石的光芒。

法札娜被風雨淋得溼透，走在雲霧之間，這些雲霧也飄浮在填滿山間溝槽的水池中。起初，水看起來很清澈，好像能賣到最高價格的厚塑膠牛奶袋。法札娜收集壓扁的塑膠瓶，瓶子在水池的蓮花間漂浮，宛如氣泡。

隨著大雨持續猛烈衝擊小鎮，雜草叢生的翠綠山坡變得泥濘不堪，山頂也變成熔融的褐色。法札娜也因為蹚過深及大腿的泥漿而變成褐色。牧牛者將牛群帶來此地在水裡洗澡、吃草，她閃過成群的牛，溜進水池，撈出漂浮在水池內的瓶子、手套，或玻璃。她浮上來透氣，渾身都是泥水，然後看見朋友們冒了出來，身上也滴著爛泥。她又再潛下去打撈更多東西。

袋子裝滿後，法札娜走下坡，一邊採集菠菜、黃瓜，和其他蔬菜當作晚餐。她找尋在雨水浸溼的垃圾底下生長的南瓜，看著木瓜依附在從垃圾堆長出的高大細長的樹木上。法札娜聽說不是每個人都吃在垃圾堆裡生長的蔬菜。有些人會採下她不認得的植物的茂盛葉子，抹在傷口上療傷，或者咀嚼葉子讓自己亢奮起來，以便在山坡工作更長的時間。

雨勢逐漸減弱後，法札娜和姊妹們就開始等待排燈節*，雖然他們和山間社區大多數人一樣是穆斯林。在山坡上，排燈節連日帶來微風輕拂的冬季和從垃圾車上掉出來的甜食，這些糖果色的甜點含有大量奶油，上面撒了番紅花絲、碎豆蔻、開心果片，或者銀箔。城裡的甜食店製作了數百公斤的甜點，並且聲明必須在一天內食用完畢，否則製作甜點的新鮮奶油將會發酸；在店裡賣不掉的，就來到迪歐納的山頂排燈節派對。「Hamara har shauk poora hua khaadi mein.」只是來收集美食的赫拉後來回憶道。這些山滿足了我們所有的欲望。

溫和宜人的冬天很快又被無止境的夏天所取代。小鎮在熾烈的陽光下變成金黃色，法札娜看到垃圾在周圍被太陽烤乾、波狀起伏的山坡上閃閃發光又消褪，山坡邊緣的小河波光粼粼。植物很快就枯萎了，留下一大片乾掉的泥巴與垃圾。日子漫長而炎熱，只有靠延長游泳時間，或是在垃圾中發現塞滿過期已久、鼓脹的冰淇淋杯白盒才能補救。

當一大串長了斑點的紅色荔枝開始從倒空的卡車上掉落，法札娜就知道夏天即將結束。她用牙齒咬破荔枝鱗片狀的果皮再撕開，裡頭的汁液順著下巴滴下來。她在嘴裡旋轉著果實，吐出長形的黑色種子，吞下半透明的白色果肉感到一絲涼快，甜蜜滋味盤繞著汗涔涔的夏季最後的殘渣。

法札娜突然長高了，像她爸媽一樣高，並且像她母親一樣體格健壯。她將活蹦亂跳的幹勁投注在追逐該市從不間斷的垃圾車隊。她看著垃圾車東搖西晃地緩緩爬上布滿碎石垃圾的斜坡。當車隊到達山坡空地後，她趕在其他拾荒者之前跑過去，在卡車停下來開始傾倒前爬上側邊的欄杆。她倚靠在卡車的邊上以免跌落，把兩手伸進去，搶在其他人之前先拿走垃圾的精華。當燃燒的垃圾從卡

* 編按：Diwali，印度教節日，又稱「屠妖節」或「光明節」。

車倒出時，她緊抓住欄杆扭身閃到一邊，這些垃圾點燃的原因是薄薄的塑膠袋塞得過於緊密，裡頭又有仍在冒煙的菸蒂。她拿出煮熟的雞蛋或一袋袋的洋芋片。她和姊妹們圍成一圈，坐著吃這些點心。吃不完的東西法札娜就伸出雙臂一把抱起來，帶下山給弟弟妹妹吃。

海德．阿里和女兒不一樣，他擔心城裡人的殘留物，包括他們消散的欲望，以及那些從欲望而生、被放逐到山區的鬼魂。對他而言，這些鬼魂是無時不在的危險，不為人察覺地在山坡四處徘徊，只想將他女兒誘入陷阱。他告訴法札娜，他在垃圾山與小河交會的垃圾場邊緣，看過無人認領的屍體從傾卸式卡車裡傾倒出來。他看過孟買火葬場的灰燼堆放在山頂上。

海德．阿里將他多年來在山區累積的法則傳授給法札娜，提醒她遠離撒坦的路徑。有一次，法札娜和法哈等卡車等了一整天，大雨浸透了小鎮、城市和她們。等到天快黑的時候，她們終於聽說卡車在城裡耽擱了，很快就會抵達。夜幕降臨，日班的拾荒者開始離去，但是法札娜聽說卡車正在路上，決定繼續等下去。晚上十點半左右，她看見卡車的燈光出現在鎮區漆黑的道路上。她跟法哈撿拾了從卡車上掉落的破布後，暢行無阻地迅速跑下泥濘的斜坡，心裡想著要將破布放到海德．阿里的布堆上。就在這時她們看到了一個身穿白衣的女人，飄浮在破布堆上，就像傑漢吉爾告訴過她們的巫婆。法札娜和法哈緊抓住袋子直接回家，隔天早上回來堆放破布後再去追更多的卡車。

「Usko bolenge nahi karna hai, to Farzana ko karna hi hai.」她姊姊莎哈妮回憶道。她咧嘴一笑，畫了眼線的杏仁眼睛泛起笑意。如果你叫法札娜別做什麼事，她就一定會去做。

有時一大早，大家都還在睡覺時，她朋友就來她家找她。法札娜會帶著她可以喚醒的姊妹和他們一起離開。他們跑上卡車從孟買豪華飯店或機場載來垃圾的空地，坐在山頂上吃飯店的早餐。赫拉後來指著阿里夫說，他們吃的麵包和他一樣長。阿里夫是他們十四歲的朋友，因患結核病而身材瘦小。他們用潔淨的航空公司包裝裡的餐具切開早餐麵包捲，再塗上大量自助早餐丟棄的單份包裝奶油、果醬或番茄醬。早餐後，赫拉去上學，法札娜跟她的姊妹則去追逐到來的垃圾車。

當孟買人開始穿店裡賣的成衣，不再穿量身訂做的衣服，碎布便逐漸從山坡消失，於是法札娜開始收集塑膠、銅線、德國銀，而不是海德·阿里教她追逐的那種鮮豔的邊角料。法札娜將袋內的東西倒在巷子裡，她積攢了一圈又一圈長長的電線，並從塞滿孟買家庭的小裝置裡回收緊密的線圈，這些裝置才剛買不久人們就覺得過時，再加上在含鹽的近海空氣中腐朽，不得不丟棄。她燒掉電線取出銅，再把壞掉的電視機、生鏽的吊扇、錄放影機裝進粗麻布袋，用石頭猛敲這些電子設備，然後迅速摀住耳朵掩蓋爆裂的聲音。她在破裂的碎片中篩選，取出可賣的電視機金屬框。

她花了幾天的時間，收集到十公斤的塑膠和抖動的銅線或德國銀，可以賺得三百盧比。法札娜賣掉她的收穫，把錢交給海德·阿里，他賣一公斤的碎布只賺到幾盧比，由於破布的供應量日益減少，加上他懶散的態度，以及在工作中遇到朋友就長時間休息聊天的作風，使得他的收入逐漸縮水。他們告訴他現在碎布都直接從紡織廠到他們巷子裡的垃圾商人手中。

垃圾山堆得越高，想要移山就更加困難。二〇〇九年四月左右的法院聽證會上，錢德拉楚德法官要求矮小結實、博學多聞的孟買市政專員傑拉吉．法塔克，到迪歐納鎮區親眼看看這個遭遺忘的世界。[1]

法塔克是名工程師，最近剛完成經濟學博士學位，他在一群市政官員的隨行下，看見了雷恩所拍攝的環繞山區的暈輪氣體，海德．阿里和法札娜就在那裡面工作。「人家告訴我這煙霧不是由撿破爛的人放火造成，而是因為垃圾裡的甲烷氣體在無人在場的情況下自燃，釋放出煙霧。」法塔克在給錢德拉楚德的報告中寫道。

隨著蔑視法庭的庭審逼近，法塔克回到辦公室，快速翻查他勤勞不懈積累的勵志語錄。他挑選了一條西奧多．羅斯福的名言，寫在袖珍日記本中：「在任何決定的時刻，你所能做最佳的是正確的事，次佳的是錯誤的事，最糟的是什麼都不做。」

在他參觀完垃圾山區幾個月後，市府律師宣布他們已經就一項計畫達成協議。幾週後，他們在法庭發表簡報，法庭還為此關上燈。幾間天花板挑高的崇高法庭才剛安裝了第一批空調設備，原先壓過庭審聲音的長柄吊扇的呼呼聲響終於安靜下來。經年敞開以通風、嘎吱作響的木條窗戶也關上了。

在法庭安裝的螢幕上，一個新的迪歐納鎮區出現了。官員展現了在山間蜿蜒的柏油馬路，從垃圾山頂突出的排氣口釋放出困在裡面的火苗，還有一間將垃圾製成堆肥的工廠。官員說，一半的山丘將被鏟到一邊，騰出空間興建堆肥廠，為孟買日漸衰落的花園提供肥料。乾燥的垃圾也可以燃燒，為附近工廠的機器供應燃料。該工廠將會為垃圾山上的拾荒者創造出市政府的正式工作機會，讓他們可以獲得正職、津貼和一些安全保障。如果一切奏效，孟買的垃圾將變成堆肥，在一個多世紀以來首次合法地離開山區。

蔑視法庭的庭審日益接近，法塔克和同事重新審視了兩年多前通過初審的兩家公司所提的投標書。

二〇〇九年十月，市政當局將迪歐納的契約給了聯合磷化，這家是世界上規模數一數二大的種子與肥料公司，條件相當符合。聯合磷化迅速召集了兩個合作夥伴成立了一家公司，取名為塔特瓦。[2]

起先，海德．阿里並不擔心市政府的計畫。拾荒者並沒有拿那些在山上緩慢腐爛的食物去賣。此外，他只看到垃圾山越堆越高，更進一步延伸到小河裡。他認為城市送來的垃圾足以供應拾荒者和市政府的計畫。

他和孩子每天從川流不息到來的一千多輛卡車中選擇。長而蹣跚的垃圾車隊載滿了曾在城市裡閃爍、饜足過的欲望殘骸，傾倒在山頂上，好讓人們展開生活的公寓大樓和郊區可以堆積更多的東西。法札娜和姊妹們在山頂上彎下腰，讀著底下經過的土黃與橘色相間的卡車前窗上貼著的字母，字母顯示出車隊來自城裡的哪一區。她們飛快地奔向來自富裕地區、載滿了易銷垃圾的卡車，悄悄地深入團團圍住卡車、渾身泥濘的拾荒者當中。

法札娜拿出所有她需要販售的東西後，經常從逐漸消退的混亂人群中冒出來，拖著來自綠樹成蔭的地區所砍下的樹枝或裂開的竹竿。她和姊妹們將樹枝或竹竿埋進土裡，使其直立在寧靜的山頂上，然後用粗麻布、塑膠，或長而乾枯的棕櫚葉覆蓋在上面，造出躲避毒辣太陽的遮蔽處，與男孩子比賽看誰能建造出更大、更好的小屋。

即將邁入青春期的法札娜突然喜歡上在卡車到來之間的間歇期，待在小屋裡閒聊。她和朋友從卡車搜出米或泡麵，辛苦地用她們生的小火烹煮，然後邊吃邊聊。城裡的垃圾中有山區周邊市場從未見過的細長米粒。有時她們會湊錢買香料和絞肉來煮，搭配城裡的米飯，並邀請朋友過來。年輕的警衛時常參加她們的聚會，或是到小屋裡躲避烈日。他們告訴法札娜和她的朋友們，他們不久就會離開，新的警衛將會取代他們。

二〇〇九年十二月，法札娜的確開始看到新的警察、警衛和機構設置在山上，市政府的職員則撤退到迪歐納垃圾鎮區入口的辦公室，他們在那裡監督開進鎮區深處的垃圾車重量。廢棄物被鏟起來，成堆放在小河邊緣，為工廠騰出空間。謠言在山間四處流傳，很難判斷哪些是真哪些是假。山區生活在市政府欲縮減鎮區所遭遇的延宕與挫折的迷霧中一直持續發展，因此當海德．阿里察覺到他們的生活即將改變時，他深陷的眼睛驚訝得亮了起來。但是就在他觀察的同時，垃圾山丘開始縮小了。

拾荒者的家和垃圾之間開闢了一條狹長的空地，接著在空地上築起了一道牆。這道牆將成為鎮區的邊界，標明牆內的山丘是塔特瓦的領地，不再屬於拾荒者。塔特瓦的高層人員在四周的巷弄中設立了攤位，提供在即將興建的工廠裡工作的機會。傑漢吉爾與大多數的男孩都登記了，希望擁有市政府的工作能夠讓他們在山區合法生活。傑漢吉爾與表妹拉綺拉結婚，不久後生了個女兒。有份正式工作的夢想浮現在他眼前。

—

然而，當塔特瓦的職員發現了法札娜所生活的這個惡臭、祕密的世界，他們就明白這裡很難管理。他們寫信給市政府官員尋求協助。他們寫道，這些垃圾山時常焚燒，噴出煙霧。山坡上到處都有大批的非法拾荒者，牛群和牧牛者在此橫行，山區偏遠的邊緣都是暴力幫派之間爭取的地盤。在尖峰時段，每小時有兩百多輛垃圾車抵達，所運送的垃圾量是市政府要求塔特瓦每日處理的兩倍。拾荒者與垃圾商都認為這些垃圾屬於他們。他們問，他們怎麼有辦法開始處理這樣的情況？

山區外，一場風暴正在集結。幾乎從創立以來，塔特瓦就捲入環繞著他們得標情況的爭議中。騷動傳到了邦議會，該邦首長下令調查。

在迪歐納，塔特瓦繼續工作，進一步延伸邊界牆，把拾荒者困在外面。一開始，法札娜沿著牆走，從裂縫溜進去工作。但是這堵牆似乎毫無止境，她很快地便無法再進去了。拾荒者的工作陷入停滯。法院命令及廢棄物法規終於來到了垃圾鎮區。

法札娜被難倒了，在牆外徘徊了好幾星期。她焦躁不安地沿著牆來回踱步，直到她開始看到固定在嶙峋石頭邊緣的繩索。她模仿她所看到的其他拾荒者，拉著繩子攀爬過去，開始工作。一天下午稍晚的時候，她在逐漸縮小的垃圾山中發現了一條藍色牛仔褲，筆挺地擱在山上未經過濾的太陽下。她撿起那條牛仔褲，拿在身上比劃。她坐在公車或人力車上緩慢經過蓮花市場時，曾經看過電影海報上的女演員穿著牛仔褲。隨著時間推移，蓮花市場內到處都是店舖、手推車和貨攤，這裡是一條通道，將他們的小鎮傳送到城裡，再從市區運送新東西給他們。法札娜和她的姊妹們一樣，大多穿著莎爾瓦卡密茲，圍著遮住頭髮的長頭巾。但是她把那條牛仔褲帶回家反覆清洗，留待海德·阿里偶爾帶他們全家出遊時穿。在此期間，她不斷地攀牆進去工作，看著裡面的山丘漸漸縮小。

雷恩醫生也看到牆壁延伸、山丘縮小。「我要求的一切都實現了，」他回想道，「我看見部分垃圾場關閉，不再可以傾倒垃圾。」二〇一一年一月，他撤銷了訴訟。

同年九月，調查塔特瓦得標情況的報告出爐。報告中說招標過程有重大的瑕疵。[3]拿到報告後，市政府官員寫信給專員詢問現在是否要重新考慮或解除與塔特瓦的契約，但是並沒有收到回應。烏雲籠罩著垃圾山縮減計畫、回收工廠，以及市政府的正式工作。

第六章　無人在此終老

二〇一一年雨季初期，傑漢吉爾在山上工作時，有人過來告訴他，他的胖老闆——垃圾商賈維德·安薩里，更廣為人知的名字是夏努·拜——手持刀子正走向他家。傑漢吉爾跑回家去，法札娜、莎哈妮和其他的兄弟姊妹緊跟在後。他們看著夏努割開構成他們屋子牆壁的塑膠布。屋頂坍塌後，夏努走進那堆曾經是他們家的破損塑膠中，撿起他們從山上搬回來鋪在地板上的石頭，扔到小巷裡。

夏努和其他垃圾商為了積聚鎮區的垃圾一直爭鬥不斷。當塔特瓦努力在迪歐納建造工廠時，垃圾商人們在邊界牆上砍出裂縫，更加深入其中，控制住垃圾山和空地，積聚卡車傾倒出的一切，再轉售出去。拾荒者則只在一小片山區工作，但是垃圾商的跟班也索要他們袋中的東西，只付給他們少許錢或甚至一毛不付，然後拿到他們的卡塔店轉售以獲利。在山區的巷弄中，這些垃圾商的存在無可避免，他們提供非法的電力、供水、有線電視，並收取費用。垃圾商為爭奪垃圾山、鎮區及周圍巷弄的控制權而展開的爭鬥日益激烈。

法札娜住的小巷傳說夏努幾年前被指控為了留在最靠近他們山丘上的垃圾所有權，謀殺了競爭的垃圾商。當法庭無法證明對夏努的指控後，他回來將傑漢吉爾納入他的幫派，宣稱這片山區地盤屬於他。透過毆打和虐待，夏努訓練傑漢吉爾去恐嚇其他的拾荒者，用他提供的刀和別的幫派打鬥。「Shanoo ne hamare liye kya kiya? Hamne uske liye kiya.」傑漢吉爾後來說。夏努為我們做了什麼？是我們造就了他。

傑漢吉爾有個骨瘦如柴的朋友米亞·罕，人們更常稱他為巴布，他待在夏努幫裡的時間幾乎和傑漢吉爾一樣長，他們為了載滿飯店殘餘物的卡車與其他幫派起的衝突尤其大。在城裡，飯店舉行的婚禮、宴會、會議開始持續數天之久，將日漸增多的剩餘物帶到山區。拾荒者會轉售彎曲的叉子、塑膠包裝，留下食物和酒精。為了將這些卡車引導到各自空地的衝突變得非常激烈，因此市政當局試圖把發自飯店的卡車從迪歐納轉移到穆倫德垃圾場。在傑漢吉爾與巴布帶回大量藏匿物的夜晚，夏努會和他們一起坐在漆黑的垃圾山頂，將酒瓶傳給他們，對他們講述他在山區見過的所有故事。

好幾個月來，夏努懷疑傑漢吉爾為他的對手賈維德·庫雷希占據垃圾車，賈維德·庫雷希是山區新興的勢力。夏努看到庫雷希的山丘一點一點地接近他自己的地盤，便開始懷疑法札娜、莎哈妮、法哈將垃圾也賣給他。因此那天晚上，夏努劈砍他們的房子當作懲罰。夏努離開後，在昏暗的光線下，雨下得愈加猛烈，將他們的房子變成泥濘的水坑。他們冒險走進去，涉入深及膝蓋的水中，從他們儲存的垃圾當中找出新的塑膠布，用細繩將塑膠布圍在四周，睡在塑膠布脆弱的保護中。

法札娜的姊妹都遠離夏努，偷偷摸摸地拾荒。但是她經常走在她們前面，在牆壁剛修好沒有裂縫可鑽的日子，叫那些徘徊在牆壁四周的男孩推她翻過牆。到了牆內，她和他們一起追逐卡車。若是傑漢吉爾發現她和男孩子一起玩彈珠，她會咧嘴一笑，向他們攤開手，告訴他們她會馬上回來，然後跟著傑漢吉爾回家，到家後傑漢吉爾會用皮帶抽打她。她太常和男孩子鬼混了，這是她事後對他毆打她的解釋。「Mujhe to vo bahut chahta hai.」她會眉開眼笑地說。他很愛我。這是他從夏努那裡學到的愛。

塔特瓦獲准建廠的兩年期限在二〇一一年冬天到期，然而市政當局仍未獲得邦政府的許可，無法租借土地以便開始建造。工廠尚未建成，付款期限就已經到了。塔特瓦的高層人員說，市政當局延遲付款。協商持續進行。在二〇一二年五月和七月，塔特瓦寫信給市政當局，提醒他們要租借廣闊的鎮區，好開始興建工廠。[1]孟買市政府轉而再度寫信給邦政府，要求邦政府允許出租迪歐納鎮區給塔特瓦。邦政府並沒有回應孟買市政府，於是市政府也就沒有答覆塔特瓦。

二〇一二年十一月，不久前由於他毆打的一名垃圾商提起訴訟，夏努遭到放逐，住在新孟買，卻死於一場交通事故。他的家人和幫派成員將他帶回來埋葬在迪歐納公墓。墓地距離山區不遠，葬滿了貧窮的穆斯林，他們在一九九二年的宗教騷亂過後搬到這區域，在日益增高的垃圾山坡上尋找臨時的家和無限的工作。「Chori ka paani, chori ki bijli, aur ek gareeb ko chahiye kya?」一位跟隨早期移

民來到這裡的幫派老大曾經說。偷來的水、偷來的電，窮人還想要什麼呢？這裡是生活的地方，也是死亡的處所。

新來到迪歐納的人填滿了垃圾山日益擴大陰影中錯綜複雜的巷道，並在山區邊緣的墓地結束一生。掘墓人找尋小塊的空地來埋葬每天湧入的死者。他們挖起融入土裡已經半毀的腿和手，以及仍從屍體長出的長髮。掘墓人迅速用撒了鹽或鉀的泥土重新填滿墳墓，再去別處挖掘，希望原本應該在四個月內化為塵土的屍體能夠在兩個月內就消失。疾病與暴力這對雙胞胎籠罩著山坡，意味著掘墓人時常用年輕、新的屍體填滿尚未老化的墳墓。「Yahaan boodha ho ke to koi marta hi nahi.」這地區的神職人員想到他主持過的葬禮，曾經沉思著說。這裡沒有人活到老。

為了夏努的葬禮，山區邊緣各處的幫派老大在這天將彼此的鬥爭暫且放在一邊，湧入凌亂不堪的迪歐納墓地。他們看著他十來歲的手下在蔓生的矮樹、墓碑和破損的長椅間穿梭，安排一系列的活動。離開時，幾位幫派老大都叫傑漢吉爾保持聯繫。「Collar upar.」巴布記得聽見這句話，當時他因為午後三點左右的高溫悶熱，以及對未來的不確定而感到萎靡不振。其中一個人告訴巴布，把你的襯衫領子豎起來，打起精神。巴布比傑漢吉爾小一歲，他曾經穿著校服逃課到山上工作，最後退了學，開始從早到晚和夏努一起工作。那天下午，巴布為了拉長身形小心翼翼梳成光亮尖角的頭髮軟綿綿地垂落在他臉上。他的襯衫也被汗水浸透，黏在背上。

夏努死後，傑漢吉爾需要一份新工作：他在十二月九日二度成為父親。他報名登記了在工廠的合法工作，卻由於塔特瓦與市政府的協商而耽擱，永遠在地平線上徘徊，但是他的花費卻一直在增加。夏努的幫派在他遭放逐時已經漸趨式微，在他死後就完全解散了。於是，傑漢吉爾開始獨立開創新事業。他向山坡上的拾荒者購買玻璃，並且賄賂警衛或與警衛交好，以便從牆壁逐漸擴大的裂縫中搬出成堆的玻璃。法札娜和他其他的姊妹負責清洗、擦淨玻璃碎片，好讓他能夠賣出更好的價錢。傑漢吉爾看著賈維德和他的老大阿提克與拉菲克・罕在山區接管越來越多的地盤。他到賈維德・庫雷希的卡塔店賣他發現的東西，賺的比夏努付給他的要來得多。

—

拉菲克與阿提克・罕兄弟是在一九七五年還是小孩子的時候來到垃圾山區，當時這裡還是介於垃圾場與小河之間的一片水澤森林。阿提克是兄弟倆中的弟弟，他記得十歲剛搬來此地時擔心會掉進溼地。「Log daldal mein gir ke mar jaate the.」他回想道。有人掉進溼地死了。儘管如此，他父親和其他人還是放下橡膠輪胎、塑膠布、硬紙板，在迪歐納的溼地和垃圾山坡的邊緣建立起拉菲克鎮。警方和市政府官員拆除了他們的房子，但是他們不斷重新安置，直到市政當局終於承認了這個定居點，修建了極為狹窄的道路，並在山坡上興建了一所傾斜的幼兒園。

罕兄弟的父親在蓮花市場開了一間餐廳，兄弟倆起初在那裡當服務生。他們用山上的泥填滿紅樹林，在上面搭建塑膠布的房屋出租或出售。但是他們很清楚，這裡所有的財富都來自垃圾。在二〇〇五年左右，阿提克說服父親在一段面山的道路上開一間卡塔店，當時那裡已經擠滿了卡塔店。

當拾荒者頭上頂著一小部分的垃圾山從山坡下來時，卡塔店的店主們互相爭奪他們的東西。垃圾商不擇手段地擊敗競爭對手，重新調配這些垃圾，然而阿提克與拉菲克的凶猛卻是前所未見。

二〇〇九年十月，罕兄弟的對手卡迪爾．謝赫在垃圾山及他們的卡塔店之間一條狹長的泥土路上，遭人刺傷身亡，現場甚至有一小群人旁觀，嚇到動也不動。阿提克回憶道，他母親拒絕收屍，除非阿提克與拉菲克被控謀殺了她的兒子。[2]可是當警方找尋目擊證人以立案時，卻無人看見、聽聞過卡迪爾的謀殺案。在警方繼續調查時，阿提克被拘留了一個月，最後釋放了他，將罕兄弟的形象塑造成垃圾山區的老大之一。有關威脅和暴力的指控越來越多，但是大多無法證實，兩兄弟從未被定罪。

卡迪爾死後不久，罕兄弟的隨從賈維德．庫雷希開始出現在山間空地上，兩兄弟則在山區邊緣的辦公室工作。罕兄弟的名號與命令控制著拉菲克鎮以及周邊山區巷弄裡的生活。那些窄巷裡的房間通向潮溼、不見天日的小巷，或是逐漸沒入海浪中的雜亂、陽光普照的垃圾山坡。走在巷道間可以看見為酬金比賽而聚集的公雞，泡棉溢出的回收沙發，蹲在遮擋陽光的縮小門框邊上的老幫派分子。有線電視、水、垃圾、工作：構成巷弄生活的一切據說最終都是由罕兄弟及其他幫派所控制，他們在山區邊緣如洞穴般的棚屋不斷地擴張。

隨著工廠興建一次次延遲，山區逐漸退回到隱形狀態，而幫派對山區及周圍巷弄的控制則日益擴大。罕兄弟的手下開始巡邏他們的地盤，並且在領地上掛了成串的攝影機，將侵入者的影像傳回總部。傑漢吉爾的財富跟著賈維德增加，賈維德借錢給他為妹妹阿芙莎娜舉行婚禮。傑漢吉爾把玻璃拿到城裡賣給垃圾商，垃圾商再將玻璃轉賣出去，熔成新的形狀或重新裝滿飲料。「Vo ek number ka aadmi hai.」傑漢吉爾後來會誇張地稱讚賈維德。他是一流的人才。

傑漢吉爾給他的小女兒取名為熙法，意思是「治癒」。他相信她改善了他的運氣。他與賈維德的生意發展迅速：隔年，傑漢吉爾就用幾呎長的磚塊替換掉他們家的塑膠布牆，就是夏努劈開的那些牆，頂部再鋪上幾層長長的錫板。他建了一間閣樓，他和妻子拉綺拉跟女兒們一起住在那裡。「Iske aane se na unki kismet badal gayee.」談到熙法，拉綺拉這麼說。她為他的生活帶來好運。隨著生意成長，傑漢吉爾僱用拾荒少年來清理他的玻璃堆。每隔幾星期，他就把他們和他的姊妹們一起塞進駕駛室，準備賣給城裡垃圾商的碎片在後面叮噹作響。等他將山區寶物賣給垃圾商後，就放他們到喬巴蒂海灘遊玩。

遠離山區時，法札娜戴著太陽眼鏡、遮陽帽，穿著長版寬鬆上衣搭配牛仔褲。她在海裡戲水，周圍環繞著幾乎和垃圾山一樣高的建築物。當姊妹們用風吹砂堆起城堡時，法札娜沿著和緩彎曲的海岸散步，走到前面很遠的地方，把腳壓進沙裡留下腳印。她走在這個她只透過其殘餘物所認識的世界裡，每隔一陣子就轉身背對太陽，看看自己走了多遠。

他們在上午十點左右抵達海灘後，法札娜看著大學生背著裝得滿滿的背包逃課過來，或是小心地保護慢慢建立起的關係不受窺探。隨著午後時間緩緩推移，成群的婦女身穿印花、類似布卡*的麗姮或紗麗，拎著搖搖晃晃的手提包，她們是在狹小得令人幽閉恐懼的廚房裡，辛苦地應付不得妥協的進餐時間之間的空檔，來這裡喘息一下。一整天，法札娜看著海灘成排樹木搖曳，網眼狀的樹影落在穿戴珠寶的新婚夫婦和情侶身上。他們都在熱鬧的海灘和不足的陰影中，設法逃避孟買擁擠的住家。

一時間，法札娜覺得自己好像屬於這個世界，在這世界裡人們的生活充滿了物品，他們丟棄垃圾，而不是囤積垃圾。傑漢吉爾來帶他們回家時，她不可避免地懇求他再多待一會兒。他們看著逐漸加深的粉紅色天空襯托著不斷升高的天際線，海水泛出紅光，古銅色的太陽緩緩融入海中，熄滅了海的光亮。然後他們回到卡車上，在蜿蜒的車陣中行駛，幾乎是循著城市垃圾到達他們身邊的同一條路徑。

——

垃圾車經常滿載著矮胖的舊建築的殘磚破瓦，越來越多舊建築遭到拆除，以騰出空間建造閃亮簇新的摩天大樓。孟買永不停息的建築業所產生的破瓦殘礫大多應當掩埋在偏遠的採石場。水泥、石棉、生鏽的金屬，以及這些東西所釋放出的化學物質會懸浮在城市的空氣中，沉澱在居民的肺部，導致他們生病。

可是在二〇〇九年，卡迪爾死後不久，罕兄弟中的哥哥拉菲克據說開始提供可以繞過這些冗長、昂貴的採石場行程的方法，這些採石場行程耽擱了新的建設，因為通常要等到拆除的建築物處理完畢才允許重建。夜班的市政府官員看見城裡來的卡車在黑暗中抵達迪歐納，從鎮區官方入口另一端的牆壁上的洞溜了進去。[3]他們看見由灰色混凝土堆組成的祕密郊區拔地而起、高過牆壁。當瓦礫堆堆得過高、搖搖欲墜時就起火燃燒，水車將火澆熄，推土機把燒焦的殘留物剷平。瓦礫堆又再升起。這方法讓城市可以立即再造，據說也提升了阿提克與拉菲克的財富。

沿著垃圾山破損的邊界牆再往前有一大片雜亂的土地，那裡的廢棄物來自孟買一些大型醫院，據說是阿提克與他的夥伴賈維德的勢力範圍。阿提克的跟班們所放行的拾荒者收集厚塑膠手套、生理食鹽水袋和瓶子，讓他們的地主轉賣。在阿提克與拉菲克兩人的地盤上，賣不了多少錢的薄塑膠布、購物袋、垃圾袋都被收集起來裝上卡車。拾荒者聽說這些東西都被送到遙遠城鎮的工廠，在那裡壓成微小的塑膠顆粒，銷往全國各地和國外。

傑漢吉爾的生意隨著山區的垃圾商幫派一起成長。他和巴布占用了一處山間空地，卡車在那裡專門為他們傾倒垃圾。他跟阿蘭吉爾、法札娜、仍在家的大姊，維持家中的生計，而海德．阿里的作坊卻欲振乏力，因為他還要償還建蓋作坊的貸款。海德．阿里本以為貸款和作坊將會讓他擺脫垃圾，但是垃圾對他孩子的影響卻越來越大。他去申請貸款時，法札娜經常跟他一起去，她想陪父親

＊ 譯註：burqa，穆斯林婦女所穿著的覆蓋全身只露出眼睛的罩袍。

進城，沒多久又輕輕推他說該回去了。她無法離開山區太久。

在存放破瓦殘礫和醫療廢棄物的土地間有一塊空地，原本市政府計畫在那裡建一座新的墓地。那塊地空置了很多年，因為官員擔心雨水和垃圾會從山坡傾洩而下，將剛埋葬的屍體翻起來。後來他們開始看到這塊空地堆滿了廢棄建築的殘骸，據說幫派分子夜裡在這塊地上緩慢穿梭。

二〇一三年七月，塔特瓦再度寫信給市政當局，要求取得鎮區的租約，好讓他們可以拿鎮區去抵押貸款，開始興建工廠，最終將垃圾山區關閉。[4]馬哈拉什特拉邦的首長普里特維拉・查文宣布成立另一個委員會，查究市政府與塔特瓦的契約條款。[5]在調查是否能夠許可將市立的垃圾鎮區出租給私人公司的期間，鎮區的狀態仍懸而未決。

二〇一三年九月，塔特瓦寫信給市政當局，要求市政府成立爭議調解委員會，交出鎮區的租約並且支付應付帳款。[6]信件副本開始傳到許多市府辦公室。接下來的一個月，市政府回信說他們將成立委員會。更多塔特瓦的信送達市府辦公室，企圖促使委員會成立，但是並沒有得到回應。十二月，塔特瓦向法院提起訴訟，要求市政當局為他們清理垃圾場的工作支付應付的費用，並控訴市政府未能提供建造工廠的租約，使得工廠仍未興建而僅懸在山間的空氣中。

那年冬天的某天傍晚，傑漢吉爾正在山丘上收購垃圾時，另一名拾荒者叫他到小河邊。他跑下著火的山坡，發現一小群人聚集在紅樹林附近。他走近時，看見法札娜和法哈已經站在一艘擱淺在沙地上的小船旁邊。他在人群中伸長脖子，看見黃色的夕陽照耀在金子上。一名中年婦女四肢攤開躺在小船上，打扮得像個新娘，已經死了。

他要求法札娜轉過臉去，可是她記得自己呆若木雞地盯著婦人手臂上戴著的那排金手鐲。手鐲在她死氣沉沉的皮膚上閃閃發光。他們可以聽見遠處的警笛聲，終於警察來了，走過最後一段布滿垃圾的小徑。傑漢吉爾看見他們用一條白床單罩住那個發亮的女人，將她帶走。

連續好幾個星期，法札娜一直問他是否有聽說那個漂進城市所有物墓穴的女人的消息。她怎麼會到那裡？她在晚上常問傑漢吉爾。是誰把她送來的？法札娜心想，那女人所有珍貴的財物都不足以填補她生命的空虛。傑漢吉爾說，一定是有人殺了那女人，把她放進小船，漂流到他們鎮上。他告訴她，就和山上的其他所有東西一樣，那個戴著新娘首飾死掉的女人漂進他們的生活中，大概是希望人們會遺忘她——即使出現在垃圾山的眾人眼前。

第七章 山運幻夢

拾荒者中傳說昂貴的財物會來到山區只有一種可能，就是他們帶給物主厄運。拾荒者認為，物主想必不可能會忘記或丟掉這種東西。拾荒者相信，倘若他們保留這些被丟棄的財寶，不幸就會跟著他們。但是當鋪老闆卻在巷弄間走動，叫拾荒者賣掉這些吸光他們運氣的發現。

雖然還處於初期階段，但二〇一五年證明是迪歐納的財富開始縮水的一年。市政當局與塔特瓦間的爭執在法庭內外都一直拖延著。到了二〇一五年一月下旬，邦政府的調查得出意料中的結論，在獲得邦政府租賃鎮區的許可前，市政府不應該與塔特瓦簽訂合約，另外在招標過程中也有些違規行為。[1]在報告提交後不久，剛改選的邦政府就拒絕發出出租這座蔓延的垃圾鎮區的許可，中斷了各項資助堆肥廠及縮減垃圾山區的計畫。拾荒者必須到別處尋找更好的工作和難以取得的市政府身分證。在這些市政府的嘗試中，幾乎沒有人比莫哈蘭姆．阿里摔得更快，這位曾經是山區最幸運的居民，在塔特瓦慢慢退出山區的過程中也消失了。

市政府官員已經打算興建一座新的垃圾發電廠，取代塔特瓦與其擱淺的工廠計畫。他們茫然地盯著法院命令，該命令指示垃圾鎮區要在那年關閉。當市政當局開始尋找資金及建造廢棄物處理廠的新公司時，熱風吹過山區，加劇了火災的季節。通常能夠讓火災平息幾個月的雨季一直到六月才來臨。

二月分大火燃燒了一個多星期，市政府官員卻無能為力地旁觀。官方通信也顯示當時市政專員曾表示，建造垃圾發電廠涉及好幾個複雜的問題和風險，尤其是這座工廠市政當局將只能與私人公司共同擁有，於是市政府撤銷了興建該工廠的計畫。[2]

垃圾車隊持續抵達，塔特瓦將車內的垃圾鏟到山丘上，一如他們五年多來所做的。同時，在法庭上，該公司竭力爭取法院任命一位仲裁人，裁定他們的未付帳單以及無法建造工廠的損害賠償。市府律師反駁說，塔特瓦工作多年，一直在等待許可：他們認為該公司滿足於將垃圾堆置在山頂上，而不是興建工廠。律師說，市政府已經為塔特瓦確實做的工作支付了報酬。他們的合約中並沒有寫入調解的條款。在鎮區裡，殘垣斷壁矗立在原地，提醒人們：未來在即將到來之前，就已沉入拾荒者終其一生跋涉過的垃圾堆中。二〇一五年三月十九日，沙魯克．卡塔瓦拉法官同意了塔特瓦與市政當局進行調解的請求。那年冬天，仲裁庭審將會展開。

由於當初登記的工廠工作機會越來越渺茫，莫哈蘭姆．阿里決定貸更多的錢發展新事業，補貼撿垃圾的工作。他在山坡上發現項鍊後開了卡塔店外，還出租房間賺取佣金，並接一些石匠的工作。他宣稱，這是當石匠的最佳時機。

如同垃圾山據說每天都會增加好幾英呎的垃圾，在山邊散亂分布的社區也一直在發展。清真寺塔聳立在錫板的住宅上方；蓮花市場的街角小店轉變為網路咖啡店、蛋糕店和診所。法札娜熱烈地談論一家新的糖果店，這家店製作的一種甜點浸泡在甜牛奶中，會像柔軟的棉花般融化在嘴裡。

然而多年來總落在莫哈蘭姆．阿里手中的寶物，讓他不習慣石工行業的緩慢辛苦。由於難以及時完成委託的工作，他經常回到自己的村子，在那裡買一小塊地，然後貸款，花好幾個月的時間在上面蓋房子。他的光芒延展得過薄，開始褪色。等他回到迪歐納時，以前將垃圾賣到他卡塔店的拾荒者現在轉賣給其他人。脆弱的財富從他手中溜走，取而代之的是越來越多的債務。他借更大筆的錢，再偷偷貸新的款來償還過期的借款，如此無窮盡地還債，總是想出新的計畫，想賺回足夠的錢償還所有的欠債。

他不在家時，他的妻子雅絲明努力持家，自己也債臺高築。莫哈蘭姆．阿里發現的那條項鍊時常浮現在她眼中。她想起那天晚上她將項鍊拿在手中，認為自己的人生將要好轉。如今她開始相信，那條項鍊為原本主人帶來的厄運，現在正跟著她的家人。

赫拉遺傳了父親的長鼻子和姣好的外貌。她從高中輟學，滿十八歲的幾個月後，貸款買了一臺舊縫紉機，開始縫製窗簾。至於長子夏里布，莫哈蘭姆．阿里希望他學會開車以便在工廠工作，他卻整日撿拾垃圾。十五歲的他仍長著一張娃娃臉，但似乎突然長高了，鬆軟頭髮下的眼睛朦朧。多年來，雅絲明一直斥責他到山坡拾荒，趕他去上學。可是莫哈蘭姆．阿里離開後，她開始保管他的錢，讓夏里布受到她原本希望孩子們遠離的垃圾山控制。

她試著讓他就讀夜校。他回到家時渾身都是山上的泥巴，夜校的課早已開始，他狼吞虎嚥地吃著雅絲明倉促湊合的食物，吃完攤在地板上，幾乎從未趕得及去上課。後來，雅絲明說因為莫哈蘭姆．阿里不在，債主又上門，她變得沉溺於夏里布的收入。她看著他的笑容變得稀少，露出的牙齒變成褐色。當她看見他咀嚼染汙牙齒的菸草便轉過臉去，她知道是菸草支撐他做完漫長、飢餓的一天。

法札娜回來扔垃圾袋或重新裝滿水瓶的時候，開始看到雅絲明在她家領取布條，傑漢吉爾的妻子拉綺拉將布條發給婦女們，讓她們按照鉛筆標記的花卉圖案黏上珠子。這些布條會被縫在城裡的庫塔*、布卡、紗麗的邊緣，閃閃發光。在山區拾荒者出門工作後，鄰居會蜂擁進來領取這些布片，帶著孩子交換八卦。法札娜好奇雅絲明為什麼要做這工作，拿著比她自己還長的布條只賺個幾盧比：她的家庭在巷子裡總是有點高人一等。然而，大多數的午後她都在這裡，告訴她們她需要在莫哈蘭姆．阿里不在的時候找點事做。

等他回來時，雅絲明已經絕望了。莫哈蘭姆．阿里回來追蹤山上未被注意到的財富，焦躁不安地等著他的運氣再度好轉，將寶物帶回他手中。不久他父親打電話來說他已經安排了小女兒的婚禮，那是莫哈蘭姆．阿里最愛的妹妹。為了資助婚禮，他離家賣掉村裡的房子，回來後與不斷減少的財產和日益增加的債務搏鬥。他借錢償還先前的貸款，經營著一系列每況愈下的生意，偷偷摸摸地行動以躲避債主。雅絲明拚命地趕他去工作，就像她以前費盡心力叫兒子去上學那樣。

她決定插手，自己去貸款，在九十呎路的市場上開了間瓦達包**攤，這條路以其寬度得名，順著山的弧線前進。雅絲明、赫拉與梅倫整個下午都在油炸馬鈴薯餅和青辣椒，青辣椒在鍋裡噴濺，搞得她們眼中含淚。她將東西包在油漬斑斑的報紙裡交給莫哈蘭姆·阿里，切成薄片夾進鬆軟的小圓麵包，在黃昏市場開始活躍時販售。他心不甘情不願地擺起攤子，經營了幾年。後來朋友們順道來訪。雅絲明聽說他給朋友免費的食物。最後攤子收了，在他們一連串失敗的生意和漩渦般的貸款中又增添一筆。

雅絲明還款不穩，無法獲得新的貸款，於是她把鼻釘交給拉綺拉，請她拿去當抵押品，以便展開新的生意。她買了食品雜貨提供餐飲服務給一些工匠，他們在巷弄間湧現的許多作坊裡製鞋縫衣，或是在鞋子衣服上刺繡。一名繡工開始拿著午餐盒，與莫哈蘭姆·阿里一起在家吃飯，然後和他一起躲到黑暗的巷子裡，用發光的手機咯咯談笑。他的錢都被用來購買家裡的糧食，雅絲明又無法增加新的顧客，最後這門生意關閉，拉綺拉戴著鼻釘戴了好幾個月，雅絲明一直設法借款拿回鼻釘。

莫哈蘭姆·阿里在家時，常因為衣服骯髒或是雅絲明沒有按壓他的腳直到他睡著，或者她不斷擴大的債務泥淖，對她大發脾氣。在這些事情當中，尤其是赫拉滿十九歲了，已經超過巷子裡認可的女生適婚年齡一年。在拉綺拉家中，婦人們勸雅絲明趁標緻、火爆的赫拉年紀太大之前，趕緊為

＊　譯註：kurta，無領長袖上衣。
＊＊　譯註：Vada Pav，印度漢堡，將炸馬鈴薯餅和青辣椒、沾醬一起包在麵包裡。

她找個結婚對象。

一位鄰居告訴她，她有個親戚住在孟買的高級郊區班德拉，對方有個兒子，有相當不錯的工作前景。雅絲明為自己跟赫拉借了首飾，帶著莫哈蘭姆．阿里去見那家人，她宣稱他是個成功的垃圾商。他面帶微笑，看起來很符合這個角色，幫忙安排婚禮。赫拉終於可以逃出垃圾山的掌控，正如雅絲明向來希望的。但是為圓滿達成，他們需要更多的錢。

雅絲明到拉綺拉家中，為她和海德．阿里報名招開新的畢喜*，這是孟買為危急時刻籌措更大筆款項的地下體系，畢喜的成員每月拿出定額的錢到共有的罐子裡。每個月，其中一名出資者可以提取匯集的錢，扣掉給籌辦人的佣金，大家輪流提領這一大筆款，直到每個人都能夠領到罐子裡的錢。雅絲明出的價碼甚至更好。她告訴他們，她每個月收取分期款項，奉還時不僅加倍還包括利息。海德．阿里加入了，這樣一來等拿到增加的金額時就可以擴大他的刺繡工坊，拉綺拉則計畫再承接更多的珠子工作。莫哈蘭姆．阿里經常要求拿這些分期款項償還他自己的債務，雅絲明拒絕，他們因而爭吵。

二〇一五年九月，在塔特瓦與市政府之間的仲裁即將開庭審理前不久，市政當局寄了提前解約通知給塔特瓦。之後，在二〇一六年一月二十二日，市政府會寄出合約終止通知，要求塔特瓦在

一月三十一日離開迪歐納鎮區，原本二十五年的租期只過了六年。[3]在市政當局可以重新開始整頓前，垃圾鎮區將會繼續接收更多城市發臭的祕密，只利用大批的非法拾荒者。

一天晚上，雅絲明拿回分期款項時，莫哈蘭姆．阿里又向雅絲明要這些錢。他說，他很快就會償還回去。雅絲明拒絕了。聽見父母親在暗巷中發出微光的家裡激烈爭吵的聲音，孩子們決定待在外面。後來，他們在聲音平息前溜了進去，睡在地板上。翌日早晨，雅絲明在孩子的旁邊睡覺，莫哈蘭姆．阿里卻不在了。雅絲明派夏里布和小兒子薩米爾去山上找他，他也不在那裡。她請海德．阿里去九十呎路的市場看看，但那裡空無一人；商店都還沒有開門。

中午時分，畢喜的籌辦人穿過家中的一小群人走來，他向雅絲明要那些分期款項。可是她打開木製櫥櫃，查看衣服下面的藏錢處時，錢卻不在那裡。她翻遍衣服以及莫哈蘭姆．阿里為梅倫跟小女兒阿施拉從山上撿來的破娃娃。莫哈蘭姆．阿里帶著那筆錢走了。

幾天後，海德．阿里走到雅絲明家要回他不僅沒有加倍反而消失了的錢時，看見她破舊的電視機、洗衣機，還有赫拉的縫紉機都被搬走了。債權人要賣掉這些東西以收回他們能夠拿到的。雅絲明的房間擠滿了其他催討錢的人。法札娜之後看見雅絲明往往趁債主到來之前，從外面把房子鎖上，再從後門離開。

那年冬天，在迪歐納山區周遭巷弄裡，疲憊的失望取代了黃金夢。失敗的堆肥廠甚至尚未實現

---

* 譯註：Bishi，類似臺灣的標會制度。

就已成為山區的鬼魂之一。塔特瓦的員工離開這裡到別處工作。法院要求停止在迪歐納鎮區傾倒垃圾、整頓這裡或是設立現代化垃圾鎮的最後期限已經過了好幾個月。垃圾車隊來的次數絲毫未減，讓夏里布與薩米爾得以工作維持家中生計。

赫拉的婚禮取消了，雅絲明讓十二歲的梅倫從免費的市立學校退學好管理家務，然後讓八歲、最小的女兒阿施拉從私立英語學校轉到市立學校去。阿施拉回家時帶著她根本沒注意到的空筆記本，而雅絲明努力為她梳理的頭髮也變得亂七八糟。由於他們家境一夕劇變，阿施拉的話語開始堵在心裡，她的話斷斷續續，有時只用綠色眼睛強烈地瞪視來表達。

阿施拉在新學校的三年級老師希琳・穆罕默德・西拉吉告訴雅絲明，阿施拉幾乎從不去上課，上課的話也只是在隨手塗鴉。[4]幾天後，雅絲明緩慢地走過學校走廊，低頭看著因為孩子們打水仗而溼滑的地板，注意到垃圾山透過教室窗戶滲進來。在校長辦公室裡，兩名穿著布卡的老師正在和一位被派來監督地區學校的魁梧顧問說話。「Pen se nahi likhte par whitener jeb mein rakhte hain.」一名老師說。他們還沒開始拿筆寫字卻帶著修正液。顧問會意地點點頭：他看過山區學校的學生在樓梯井吸食修正液。雅絲明與西拉吉判定阿施拉需要上輔導課。

每天早上，阿施拉的表兄弟兼同學拉魯都會過來陪她走路上學。他將藍白條紋的學校襯衫塞進海軍藍短褲裡，短褲用學校的腰帶束著，垂到膝蓋下面。他的襪子捲起，拉到膝蓋骨上。他戴著夾式領帶，用油把頭髮撫平，肩上背著似乎比他還重的書包。他在門口等待，阿施拉則在屋內找尋某一部分的制服，或者抱著不舒服的肚子。她經常等到他放棄離開才出現，一邊唱著用她聽見雅絲明對債主所說的話編成的小曲，一邊在覆蓋排水溝的鬆動石頭上和蒼蠅一起跳舞。

放學後，拉魯會在山上或是小巷裡滿溢出來的垃圾桶中撿垃圾，貼補他父親販賣藥草的收入。老師向他要銀行帳戶或身分證時，他就催促母親去申請，他母親是莫哈蘭姆．阿里的姊妹。在走路上學途中，他提醒阿施拉她每上一天學，市政當局就會在她的銀行帳戶存一盧比。她只是凝視著前方。

雅絲明開始注意到，有時下午拉魯沒有帶著阿施拉一起回家。西拉吉說她沒有去上課。拉魯被問起時，說阿施拉跟著一個高瘦的男人走了。雅絲明擔心是債主想要綁架阿施拉，便給了他一些借來的紙鈔，請他查查那人是誰。拉魯回報是莫哈蘭姆．阿里：他在學校外面徘徊，直到阿施拉瞧見他，跑上前去擁抱他。他們在附近散步，買點心吃，莫哈蘭姆．阿里要求她隱瞞他們會面的事。在被發現後，阿施拉按照赫拉的吩咐，要莫哈蘭姆．阿里陪她走過拉菲克鎮狹窄的小巷，好讓她能夠向赫拉與母親回報，又不會冒著害父親被債權人抓到的風險。

他們兩人走進有條無遮蓋的細長排水溝的窄巷，巷子寬度僅能容納一人，讓別人通過時必須平貼著牆壁。在通道盡頭距離他們不遠的地方，阿施拉看見一棵枝葉茂盛的老樹從溼地冒出。莫哈蘭姆．阿里轉身打開一間房間的鎖，一個孩子般嬌小的女人從鄰居的屋子走出來，跟著他進去。他說，這位是莎芭娜，他新的老婆。他和她一起離開，逃離無休止的等候，等待工廠的工作，等著有錢償還日益累積的借款，等待可以告訴朋友的寶物。隔天早上，赫拉與她朋友及雅絲明跟著阿施拉走過拉菲克鎮的小巷，猛揍了莎芭娜一頓，赫拉聽說莎芭娜比她還小一歲。他們回到不會再有人歸來的家。

連續好幾個星期，阿施拉回家時發現雅絲明蜷縮在薄薄的單人床墊上，或是淚流滿面地和赫拉說話。「Mere karze ki vajah se gaya.」雅絲明說。他離開是因為我的貸款。她說，她不應該收取畢喜的分期款項誘惑他。她真希望他沒找到那條金項鍊，那條項鍊徹底改變了他的運氣、她的婚姻和他們的生活。他們兩人不斷地堆積債務和新的生意計畫，認為山的好運會再度眷顧他們。然而，貸款增加，搖搖欲墜，崩塌，吞噬了他們，雅絲明相信是那條項鍊趕走了山的好運。唯有債務留下來，不停地堆高。

——

二〇一六年一月下旬的某天下午，雅絲明四處找錢後回家時，赫拉拿出一張結婚證書，她的照片貼在瓦辛旁邊，瓦辛是他們隔壁巷子的人。垃圾山從他的家門前升起，山的瓦礫組成了他家的地板。瓦辛從學生時代就喜歡赫拉，但她似乎高不可攀。他中學就輟學，而她上了高中。他撿拾垃圾，她想當老師；他似乎注定要在山上生活，而她則是要遠離山區。然而，垃圾山將她拉了回來。他聽說她住在上鎖的屋子裡，為了趕走債權人而閃現怒火，而她的朋友都已經結婚了。在一次雅絲明長時間不在家的時候，他們去附近的區公所領了結婚證書。

兩家母親擔心這樁祕密婚事將會引發醜聞，便倉促地籌劃了小型的婚禮。莫哈蘭姆・阿里聽說了以後，打電話給雅絲明說他想參加，儘管他沒有錢可以包禮金。赫拉拒絕了。她無法忍受讓他看見她終究把自己和差點離開的山區綁在一起。

她身穿一襲樸素的紅色禮服，那就是她全部的嫁妝。當初冬的黃昏降臨山區和周圍的巷弄時，瓦辛一家人走到雅絲明的家。一位神職人員前來主持儀式，接著是小型的宴會。婦女們在屋內聊天，一小群男人湧到昏暗的巷子裡，夏里布為他們端上點心。當他轉過身時，夏里布覺得在人群邊緣看到了莫哈蘭姆．阿里模糊的身影。夏里布進屋問雅絲明他在那裡做什麼。赫拉聽見他們的談話，保持微笑。當夏里布端軟性飲料出去時，他父親已經消失了。

夜晚來臨，赫拉帶著即將常駐她心中的失望走到瓦辛家。那年冬天，她的計畫加入了許多充盈在山區陰影中的破滅夢想：事實證明，要擺脫城裡的垃圾和命運的詛咒都難若登天。

第八章 火之鎮，霾之城

赫拉婚禮過了三個晚上後，二〇一六年一月二十八日凌晨，海德．阿里天未亮就在床上醒來。他的胸部灼熱地疼痛。他揉了揉眼睛，昏昏欲睡地睜開，看到了一片霧靄。他閉上雙眼再試一次。黑暗中飄浮著一片白霧。

他在最愛的藍格子腰布上隨意套了一件襯衫，叫醒了孩子，然後小心翼翼地走到外面的小通道，放出山羊和雞，希望這樣能平息牠們的喧鬧。海德．阿里和阿蘭吉爾走進狹長的小巷，巷子裡濃煙密布，在前方洶湧飄浮，將他們早已被遺忘的小鎮帶進城。

海德．阿里咒罵近來擠滿班加拉巷的新移民。他咕噥著說，鐵定是他們的其中一間作坊爆炸了。他們跌跌撞撞地走過小巷，撞見鄰居模糊的身影，走到垃圾山邊緣，那裡光線通明，火光照亮了夜空。大火在目光所及的山上肆虐，濃煙盤旋上升。阿蘭吉爾記得自己心想：山上的每吋土地都在燃燒。

傑漢吉爾已經在那裡，他告訴他們他從下午就看見火苗在醞釀。入夜後看見火勢蔓延，他、阿蘭吉爾和其他人不確定該打電話給誰。塔特瓦正忙著遠離垃圾山區，他們的契約在三天內就要終止。拾荒者找不到警衛。

從聚集在山邊的人群中，阿蘭吉爾聽說大火起於偏遠的鎮區邊緣，在第八座山那裡，那邊大多是罕兄弟控制的地盤，小河彎曲環繞，可是當晚風從海上呼嘯著吹進來，火勢跟著風延燒。到了凌晨三點，阿蘭吉爾與海德．阿里抵達時，大火已經在鎮區大多數地方熊熊燃燒。

市政府官員接到警報後聯繫了塔特瓦的高層人員，塔特瓦的人告訴他們，他們的員工正努力用手邊的推土機和挖土機滅火。[1]然而隨著夜幕延伸，他們只能看著火越燒越烈深入山丘。值夜的市政府官員希望能夠採取果斷的行動，便寫了一份備忘錄給塔特瓦的對應人員，要求出動消防車。事後他們告訴上級，由於晴朗無雲的空中瀰漫著煙霧，手機接收不到訊號，官員不確定塔特瓦的工作人員在垃圾場何處，備忘錄也始終沒有送達。

在觀望的拾荒者前方，一道難以穿透的煙牆逐漸形成、上升。天空變成紅彤彤的火海，官員開始打電話給他們在市政當局固體廢棄物管理部門的上司，請求出動水車和消防車。消防車在早上七點十分左右進入鎮區的濃霧中，緩慢地蜿蜒駛過燃燒的垃圾山。[2]由於煙霧看不見方向的垃圾車困在滿布垃圾的泥土路上，擋住了消防車的去路。消防隊員看見拾荒者在飄蕩的霧中工作，聽見狗在霧裡哀鳴。

消防隊員走了出來，拉開消防水帶對準火焰，但是他們甚至還沒打開噴水裝置，大火就自己熄滅了。其他的火苗在消防水帶大量噴水下平息下來，卻穿過垃圾山內部的祕密過道，神奇地在遠處的山頂上爆發，再穿越更遠的山丘。他們噴灑的水從山坡上流下來，無法冷卻超過一百二十英尺高的垃圾山熾熱的內部。消防隊員在竄升的火焰與煙霧中不斷地灑水，不知道還能做些什麼。疾風和隨著風往上升的濃煙使得消防隊員幾乎看不見前方，其中有些人嚴重不舒服，不得不送去醫院。

那天早上，透過四樓教室的窗戶，阿施拉看著群山因為濃煙而變得模糊不清。天亮前，陣陣的咳嗽吵醒了雅絲明，她設法叫醒阿施拉。阿施拉在半睡半醒間說她生了病，覺得喉嚨和眼睛都在癢，她沒辦法去上學。但是雅絲明也心情煩躁，因此阿施拉屈服了，她在煙霧中走路去上學，被垃圾和山羊絆倒。

她上樓走進教室，海風將煙霧吹進來，遮蔽了底下縮小的社區，教室內充斥著刺鼻的燒焦味。孩子們眼淚汪汪地咳嗽著，因為底下消防車的尖嘯聲而緊張不安。老師們早早就上完課，想著等隔天火勢平息後再來補進度。阿施拉很快又回到了家。

然而團團煙霧只飄散得更遠。消防隊員在鎮區找不到儲水槽或消防栓。[3] 煙霧和近乎神奇的火焰舞蹈只是不斷地擴大，孟買消防首長普拉巴特·拉罕戴爾說垃圾掩埋場的火災以火焰之舞舉世聞名。那些慢慢接近、幾乎環繞著山區的高樓大廈裡的居民感覺濃煙在胸腔燃燒，咳嗽了一整夜，醒來看見周圍飄浮著一層薄紗。他們在高得令人暈眩的住家和辦公室裡，覺得頭暈目眩的原因與高度無關。

山區的煙更進一步飄進城市，到達了遠離班加拉巷的世界。孟買人從高處的玻璃辦公室裡拍攝照片，捕捉到懸浮在羊毛狀煙霧中的龐大辦公大樓的模糊輪廓。他們在社群媒體上發布照片並加上說明文字，懷疑他們是否在反烏托邦的噩夢中醒來。

電視新聞頭條報導這片籠罩城市的奇怪大霧，附帶美國國家航空暨太空總署的衛星圖像，顯示出一長串濃密的白煙從垃圾山區升起，從小河吹來的陣陣強風將煙霧帶到細長如手指般的城市深處隱藏起來。在人們視而不見了一百一十年後，迪歐納垃圾山帶著每位居民的生活與回憶的發光餘燼回到了孟買。

幾年前，市政府購買了新的土黃色與橘色相間的垃圾車以便載走垃圾，這些垃圾堆積在孟買人畢生工作所購得的公寓，以及他們工作時向外眺望的寬廣辦公室，和週末時去的購物中心、多廳影院、健身房外頭。每天，城市面貌都煥然一新，將殘骸丟棄在街角滿溢的黑色塑膠袋裡，滿載的垃圾車迅速將殘骸運到迪歐納垃圾山，默默地堆積在那裡。等到黃昏降臨，孟買市的居民看著火焰在遙遠的邊緣發光；惡臭和煙霧讓他們的胸腔刺痛、淚水順著眼睛流下。

次日，警方起訴了三個縱火的年輕小夥子。一名婦女看見他們在黑暗中逃離大火。塔特瓦也因怠忽職守遭到起訴。這個案子後來因為起訴錯誤而撤銷：那名婦女看到的人影被黑煙遮蔽，她無法指認他們。

火災無了無休地持續了好幾天，令邦政府十分尷尬。居民與反對派政客在街頭和媒體上抗議邦政府無法撲滅大火。他們說，噴灑在火上的水奪走了該市的飲用水供應，可是火勢不僅絲毫未減且持續擴大。

隨著山區的毒雲在孟買上方擴散，根據印度最新發布的空氣品質指標（ＡＱＩ）測量，該市的空氣汙染數值為三百四十一：可接受的上限是兩百。[4]在山區周圍的數值更高。在垃圾山上，燃燒垃圾的粒子懸浮在空中，讓最有害的空氣汙染形式——可吸入懸浮微粒達到一百九十二微克，幾乎是許可標準的兩倍。氮氧化物為九十七微克；正常應該保持在八十微克以下。[5] 煙霧與太陽的高溫混合產生不斷擴增的霧霾，使得山區四周呼吸困難，讓原本就孱弱的肺部更加虛弱。專家建議孟買人應該待在室內，避免吸入汙染的空氣，雖然這措施幾乎無法保護那些住在垃圾山周圍巷弄裡的人。全市各地的醫生都報告說，見到患有煙霧誘發的呼吸困難、胸腔刺痛、咳嗽、暈眩、噁心、發燒、流淚等症狀的病人。

全球投資人會議將於兩星期後的二〇一六年二月十三日展開，該會議旨在盛大地展現孟買，但此時烏雲籠罩。孟買市與邦行政人員花了數個月的時間清理、美化這個通常砂礫滿布的城市。在孟買嚴重壅塞的車陣中行駛，細長的分隔島上滿是剛栽植的矮牽牛花，有紫色、粉紅，與白色。這些花裝在路燈上垂掛著的籃子裡，懸在經過的車輛上方，在海風中瘋狂搖擺，同一陣風在山區煽起了火焰。巨型電子版的傳統印度油燈出現在安全島上，將會點亮起來歡迎投資人來到孟買市。

其他空地上擺滿了比實體還大的獅子雕塑。其中一個是以色彩繽紛的樂高積木拼成，另一個是用生鏽的螺帽與螺栓，第三個則是利用彎彎曲曲的機器零件。對等待孟買總是靜止的車陣移動的通勤族來說，尋找獅子成為一種消遣。一頭大型廣告牌上的紅色獅子高高棲息在該市最繁忙的十字路口上方。這些獅子全都正在跨出步伐：行動中的獅子是印度政府最新推出「來印度製造」活動的象徵。一年多前當選的國民政府希望這活動將會吸引外國，來投資印度苦苦掙扎的製造業。

幾個國家的總理和總統以及大批全球公司的老闆預計將在幾週後抵達。在城裡的新商業區，做成蒙兀兒帝國時代風格「jaali」（石刻格狀屏風）的金屬屏風焊接在一起，搭建成會議場館，館內將會擺滿展現印度有能力製造尖端產品的攤位。傳統上，這些網眼狀的圖案是手工雕刻在石頭上，讓光線和空氣可以通過中世紀城堡長而彎曲的走廊，讓陽光照射進來，投下浮雕細工圖案的影子。

納倫德拉．莫迪總理將主持該活動的開幕典禮。開幕典禮上，一頭獅子將出現在巨大的電視螢幕上，然後甦醒過來躍上舞臺，一如牠所代表的國家。這頭獅子的全息影像將大步走過坐滿國際投資人的觀眾席，象徵全球經濟強國正在覺醒。

然而，就在會議召開的前幾週，垃圾山區與其煙霧從金屬屏風滲進來，將惡臭的陰影投入建到一半的場館裡。彷彿一座原始、廢棄的城市尾隨著昂首闊步的獅子腳步，在這片新天地中漂流。籌辦人員擔心在舊城市燃燒的廢棄物中，他們要如何推銷新事物的未來希望，以及客人是否會因為有毒的空氣品質而退出。

———

隨著一天天過去，煙雲似乎籠罩了大半的城市，除了山區附近以外。海德．阿里坐在他家門口和朋友們聊天。將近二十年前，他開始在山區工作以來就見過火災。他說，這不是新鮮事。他甚至撒過銀粉來滅火。

他漫不經心地告訴他們，法札娜在朋友家。接著又補充說，這幾天她都這樣，然後繼續談論他見過的火災。就在這時法札娜走回家來，手裡拿著一袋滿滿的垃圾。法哈跟在後面。他看起來毫不驚訝地說，她鐵定是上山去了，然後蹣跚地走上前去看她有什麼。她打開袋子給他看她撿到的那塊仍舊溫熱、嚴重損毀的金屬。

他和朋友們回去繼續看報紙上的火災照片。「Ye to kahin bhi liya rahega.」海德．阿里說。這些照片可能是在任何地方拍的。另一個順道過來聊天的拾荒者指出，山區一直都有火在燃燒，這些可以登上新聞只是因為海風把煙吹到有錢人的家裡。海德．阿里和朋友們告訴自己，有些新聞是真的，只有一些，這樣他們才能繼續工作，或是拿走他們孩子從燃燒的山上賺得的收入。

法札娜、莎哈妮和其他孩子成天都在山上走。「Hawa jahaan daudti thi, vahaan dhuaan daudta tha, aur uske peeche peeche ham.」莎哈妮說。風往哪裡吹，煙霧就跟著，我們就跟在後面。法札娜走上山坡時，熱震穿透了她的拖鞋，鞋子在她腳下碎裂。從山坡升起的煙霧灼痛她的眼睛、喉嚨和胸腔。她開始穿她找到的黑色綁帶鞋。她揮動粗麻布讓空氣流通，好讓她能看見從不休止的垃圾車隊持續抵達。她跟隨車隊逐漸接近的車前大燈，在漸濃的霧中找尋出路。她一路跟著車隊走到鎮區的偏遠角落，垃圾車將垃圾傾倒在那邊大火尚未燒及的山丘上。

塔特瓦的警衛已經離開，警察前來支援消防隊員。他們試圖讓拾荒者離開著火的山坡和傾卸垃圾的卡車，不過久經訓練的拾荒者總是避開他們。當卡車將塞滿的塑膠袋倒在溫熱的山坡上時，已經熄滅的火又在山頂上爆發。

像法札娜之類的「塑膠人」（Phugawalas），會用垃圾又在山坡上仔細翻找，緩慢地搜羅逃過大火高溫剩餘的塑膠碎片。「Itne tarah ka tha ki kuch na kuch to mil hi jata tha. Safed, kala, neela, paani.」法札娜說明她多年前為何會變成一名塑膠人時說。有那麼多種類的塑膠，總是能找到些什麼，白色、黑色、藍色、水色，或是透明的。但是現在一切都熔化了，不過大火燒出了金屬，山區最難找到也最昂貴的發現。

她看著「磁鐵人」（Chumbakwalas）將磁鐵綁在棍子上沿著山坡尋找。現在是他們的大好時機，法札娜決定加入磁鐵人。她在九十呎路市場買了磁鐵，綁在長棍子上，在燃燒的垃圾山坡上揮舞。一些釘子、硬幣、金屬線和解體的小裝置穿過煙霧灰燼飛上來，黏在她自製的金屬探測器上。她用一條舊的厚圍巾將熱燙的金屬撬下來塞進袋子。法札娜向在山坡上走動的小販買了水和瓦達包，好在外面待久一點，成天用磁鐵在山上搜尋。她不怕火和煙嗎？她說，不怕。火和煙沒有讓她不舒服嗎？為什麼會？她回答，忘了她咳得多麼厲害。她說，她賺得比火災之前還多。

海德．阿里所屬的「破布人」（Chindiwalas）在山坡上大多失業了，因此他們向城裡的裁縫收集成綑的廢布在家裡篩選。海德．阿里和他們一樣待在家裡。和他們不同的是，他很少工作，擔憂讓他變得虛弱。

法札娜從山頂看著市政府和警察的車隊不斷地湧入。在大火肆虐之際，塔特瓦的契約終止了，他們在火災開始的那天離開鎮區，寄給市政府三億六千一百九十萬盧比的未付帳單。[6]市政府的職員回來管理山區。法札娜從高處看見推土機拆毀擠在山區入口處的住家和商店，好讓消防車更容易進入山區。她低頭繼續在山上揮舞著自製的金屬探測器，把可賣的金屬裝滿袋子。

市政當局召集專家和科學家，他們建議了一系列可以噴灑在燃燒鎮區上的化學物質。然而火焰在層層掩埋的垃圾深處燃燒，化學物質無法觸及。消防部門每天應付來自遠處及不同社區居民情緒失控的電話，因為風把煙吹往他們的方向，令他們身體不舒服。消防車從新的角度灑水，改變煙雲的方向，法札娜覺得煙雲上升的形狀宛如人飄浮在空中。

雅絲明沒有看到她家後面山丘升起的濃煙。她不認為阿施拉痛苦不堪的咳嗽與煙霧有任何關係。夏里布一回到家就四肢攤開地趴在地板上，只有在他似乎睡著的時候才翻身。他的腳底由於在山坡上累積的灼傷而發紅、變紫，最後腫脹發黑，腳上的水疱滲出液體。雅絲明知道他幾乎無法站立或走路。可是她一嘮叨，他就會站起來一瘸一拐地走出門去工作，水疱液黏在他的拖鞋上。過去幾個月來，雅絲明陷入一團糾結的債務與絕望當中。夏里布提供他們唯一穩定的收入，儘管非常微薄。她不能讓大火來擾亂。因此，雅絲明在晚上將蓖麻油加熱塗抹他的腳底，或是為他擦上以附近巷弄間流傳的配方製成的藥水。她說，他只需要這些就好了。

「Uparwale ne mere bachon ko bahut taakat di hai.」當被問及火災是否導致她家人劇烈的咳嗽時，她說。神讓我的孩子非常強壯。起先，她設法為阿施拉購買醫生開的止咳糖漿。但是阿施拉很快喝完一瓶又一瓶，病情卻沒有好轉，雅絲明就不再買了。這只會耗盡她的家庭預算。她沒有看到大火，也感覺不到火勢。巷子裡的其他人也一樣，在濃霧中拚命工作，根本沒有看到火，也沒有感覺到火在他們的體內灼燒。

市政府及消防部門的官員孤注一擲，將消防水帶掛在通常用來鏟泥巴和垃圾的堆高機上，以便將消防水帶伸到霧中更深處燃燒的山丘。堆高機開進濃得讓人看不見的煙霧時，阿蘭吉爾和其他拾荒者坐在搖搖晃晃的堆高機上，指引司機深入灼熱的山區深處。等堆高機開進去他們就會跳下車，堆高機將垃圾鏟到一旁，挖掘出在深處熊熊燃燒的大火。接著水車開進來噴灑水和冷卻劑來滅火，堆高機再將沒著火山丘的破瓦殘礫覆蓋在裸露的火上。阿蘭吉爾說他乘坐的堆高機比有毒煙雲略高一點，不是在煙雲裡面。

——

航空管理局擔心煙霧會妨礙飛機降落到孟買機場。後來在二月五日，距離印度製造會議僅剩一週多之前，火勢撲滅了，煙霧開始退出城市。在納倫德拉．莫迪總理主持了會議的開幕式後，馬哈拉什特拉邦首長德文德拉．法德納維斯大力宣傳該邦是印度國內最發達、最工業化、對投資人最友善的地區。

數千名外國投資人與印度商界領袖開著高爾夫球車，在點綴著網眼狀圖案的場館穿梭，尋找投資機會。官員告訴他們，印度是世界上數一數二大的消費市場。在會議展開的幾個月前，該邦投入了五十億美元來製造 iPhone，因為印度即將擁有世界第二大的手機用戶。[7] 涼爽的二月夜晚充滿著孟買海灘上的寶萊塢演出，在彩色小燈點亮的殖民地時期的海軍造船廠漫步，還有展現該邦手工紡織業的時裝表演。

火災發生後，海德．阿里鎮日坐在屋外，和仍然留在小巷裡的朋友閒聊。有些拾荒者搬到城外的親戚朋友家以避開煙霧，那些煙霧害他們的身體發癢、腦袋發昏、眼睛流淚。有些人服用了許多昂貴的藥物，但這些藥物並沒有緩解他們灼痛的胸腔。

儘管海德．阿里不願意承認，但這些火與他以前見過的都不一樣。這座城市丟棄的欲望有如神職人員告訴過他的地獄之火般熊熊燃燒。他們告訴他，邪靈與撒坦從火裡出現。到了晚上，他等著法札娜和其他孩子帶著溫熱的垃圾和山區的新傳聞回來。

他聽說山區將會馬上被永久關閉，那些攝影機宛如閃爍的黑眼睛，將會盤旋在垃圾山頂上，垃圾會被傾倒在城外。他聽到的有些消息是真的，有些則像那陣子飄浮在他上方的煙霧一樣朦朦朧朧。幾星期之內，他變得更加消瘦，兩眼深凹進去，頭髮變得灰白，之後變成令人驚訝的橘色，因為他用充滿化學物質的廉價指甲花染劑來掩蓋突然冒出的一堆灰髮。

第九章　餘燼綿綿

火勢只減弱到足以讓會議開始舉行，但是幾天後又在遠處醞釀已久的山丘爆發。大火在小河附近延燒了五英畝，消防車很難到達那裡。迪歐納市府辦公室的工程師擔心地抬頭仰望泛著黃褐色光芒的夜空。然後，出乎意料的是二月的某天晚上下起雨來，毀了當晚會議的戶外活動，澆熄了原本可能肆虐多日的大火。[1]

在大火初次爆發，官員、政客、電視臺及攝影工作人員全都湧入垃圾山區的幾星期前，矮小灰髮的拉吉・庫馬・夏爾瑪身穿蓬鬆的高腰褲，脖子上掛著照相機，在鎮區那堵破牆周圍走動。他從牆的裂縫溜進去拍攝山區，山上到處都是拾荒者，幾乎完全沒有警衛。他拍攝已失去作用的市政當局的監視攝影機，身影被黑幫運轉的攝影機捕捉到。[2]他拍下被毒蟲接收、空蕩蕩的警衛崗哨，勤奮地記錄下鎮區的破敗。他請了一位律師，在法庭上遞出訴狀並且出示這些照片，證明法院要求改善垃圾山區的命令並沒有達成，並要求法院重新審理此案以解決問題。

夏爾瑪從一九五〇年代孩提時期就住在一間通風又有陽臺的公寓裡，距離迪歐納垃圾鎮區僅有幾分鐘路程。公寓位在金布爾一條綠樹成蔭的巷子裡，這一帶具有平和且充滿活力的魅力。在街的盡頭是ＲＫ製片廠[3]，印度電影業一些偉大的夢想都在此誕生。夏爾瑪的家曾經屬於拉麗塔・帕瓦爾，一位深受ＲＫ製片廠喜愛的壞女人。她最為人所知的是有隻玻璃義眼和剛強的態度，偶爾會不禁流露出一顆善良的心。

夏爾瑪家租下這間房子，當拉麗塔的電影事業走下坡，逐漸少去ＲＫ製片廠後，他們便向她買下這間房子。夏爾瑪童年記憶中的金布爾充滿了果園和野餐活動，不時有明星在其間。他曾聽到也聞到敞篷的喀奇拉列車在夜裡經過，開往迪歐納鎮區。他眼看著山區急遽地成長，如今他的頭髮變得灰白，滿腦子都是些巧妙的主意，想著要改善垃圾山，解決市政當局對垃圾山區的忽視。他走遍山區，到全國各地旅行尋找解決辦法，回來再在法庭上力勸市政當局採取這些辦法。

他要求重啟已結束的案子，改善垃圾山區、處理城市廢棄物，其照片與訴狀送到了邦貝高等法院的阿貝．歐卡法官及Ｃ．Ｖ．巴丹法官的辦公桌上。再加上大火與隨之而來的新聞頭條，迫使兩位法官重新審理此案。在法院稜角分明、蜿蜒曲折的一樓走廊上，歐卡法官那間有木樑的特大法庭裡，夏爾瑪要求設定新的關閉山區日期。市府律師主張讓迪歐納鎮區再維持一段時間。他說，依夏爾瑪所要求的限制垃圾流動，代表垃圾山將在城裡堆積起來，會導致居民生病。

歐卡是法院七十位法官中第四資深的。他有一頭烏黑發亮的頭髮，整齊地旁分壓平，蓄著牙刷式的鬍鬚，在他總是擠滿人的莊嚴法庭裡顯得十分有威嚴。他時常一天審理六十多件案子，中間有午休時間，這樣的工作速度表示他可以應付律師為了拖延時間和逃避承諾而肆意製造的混亂。當他用單手手掌撐著臉，要求律師翻到他們所寫訴狀中與他們自己的論點相牴觸的頁數和段落時，鬍子底下經常浮現頑童似的笑容。那天下午，歐卡向市府律師施加壓力。

他指出市政當局無法讓垃圾車隊改變方向，跨越小河，到達新孟買的卡維爾村，這村子在將近十年前被選為現代垃圾掩埋場的場地，取代迪歐納鎮區。結果發現那塊土地上有星羅棋布的私人住宅和部族的聚落。[4]這些房地產所有人拒絕出售搬走。當市政官員去測量土地以確定收購價格時，他們攻擊那些官員。即使官員在警方的保護下回來，他們還是無法勘測這塊雜亂延伸的土地。市府律師說，市政當局必須讓迪歐納鎮區再維持一段時間。

在熙熙攘攘的法庭內，歐卡的不耐煩顯而易見。他與市府律師對質，指出市政當局長達十五年無法符合規定與先前的法院命令。歐卡提醒他，市政當局負有必須盡責地管理廢棄物的法律義務。在他後來下達的命令中，歐卡挖苦地提到規定「只有在違反的時候才會被注意到」。歐卡說，這一切使得在迪歐納傾倒垃圾是違法的。

依據夏爾瑪的訴狀，歐卡畫出在垃圾山區逐漸擴大的目無法紀泡泡，在法庭中展示。當火災爆發時，安裝的攝影機太少，而且沒有一個能用。邊界牆破損，幫派瓜分了整個鎮區。現場到處都找不到警衛。歐卡指出，即使律師爭論不休，垃圾山仍繼續在燃燒。當市府律師認為城市的廢棄物可以再填積迪歐納日益增高的山丘一段時間，他似乎表示懷疑。歐卡的表情暗示，當孟買不斷向外向上拓展，城市的陰影怎麼可能會有空間？

二〇一六年二月二十九日，歐卡發布命令表示，市政當局容許孟買不顧後果地建設發展，絲毫沒有考慮到日益增加的大量垃圾及湧入垃圾的發臭鎮區。歐卡寫道，在助長城市及垃圾鎮區擴展的過程中，市政當局違反了居民受憲法保障的生存權，其中包括在無汙染的環境中生活的權利。他下令中止新的建設，直到市政當局提出管理廢棄物、關閉迪歐納山區的計畫，不過拆除與重建舊建築的工程可以繼續，反正這有利於這座空間匱乏的城市裡的大多數建設。[5]

歐卡將停止在迪歐納傾倒垃圾的最後期限設在一年半後的二〇一七年六月三十日。他成立了一個委員會，由一位前行政官員、一名警官、兩位環境科學家及夏爾瑪組成，確保他的命令傳達到山區。新委員會將監督市政當局對丟棄物的管理。

—

在山區，拾荒者聽說有個法庭案件要求停止增長不斷填積的垃圾山。但是他們只看到垃圾山繼續增高，他們的生活與工作在拖延中持續下去。在這座城市裡，富有與抱負反映在令人眼花撩亂的不動產成長，最大的財富是透過摩天大樓來創造，停止新的建設將會引發震盪。法院命令終於將垃圾山區帶進城，把居民和他們的廢棄物與遠方爆發火焰濃煙的山區連繫起來。

二〇一六年三月二十日，山區沐浴在火光之中，噴出的濃煙再度飄進城市。火焰在山丘上蔓延，城市開始意識到來自迪歐納如今相當熟悉的煙霧及燃燒的刺鼻氣味。一家電視新聞頻道的標題形容的「霧霾的裹屍布」再度籠罩在城市上空。在山區的陰影中，醫生們費力地處理大排長龍、呼吸急促的病患，為病情最嚴重的病人尋找人工呼吸器。他們試圖救活一名呼吸困難的嬰兒，後來報紙報導那名嬰兒死了。[6]

在消防車努力控制火勢時，山區周圍的學校再度關閉，這些學校在一月時已經停課了一個多星期。在其他較遠的地方，學生不准在操場上玩，或是被要求戴上口罩，在他們與孟買致命的空氣之間隔上一層薄薄的防護。

這回，疲於奔命的當局提出了許多陰謀論。他們說，如此猛烈失控的大火不可能是意外。馬哈拉什特拉邦的環境部長指責政府的聯盟夥伴，認為大火初次爆發是在塔特瓦的垃圾處理契約提前終止的幾天前相當可疑。許多歐卡法官判決認定為市政當局疏失的事項，官員都認為應該歸咎於塔特瓦。畢竟，在火災爆發時，管理山區的是塔特瓦。

隨著大火仍持續在燒，維塔貝．坎伯勒聽說印度環境部長普拉卡什．雅瓦德卡爾要來他們的小鎮。她帶著長子納吉許走到市府辦公室去迎接他，跟著納吉許那一大叢灰色的捲髮走到等待的人群前面。

正午的陽光曬得她的頭發熱，維塔貝腦海中浮現了她在這被遺忘的山區的生活。她想告訴雅瓦德卡爾這件事。她想起她漸漸褪色的傷疤，想起了最初，即使吃下四個瓦達包後，垃圾山的氣味仍然讓她的胃部翻騰。她想到了納吉許，那時才十歲、瘦得像皮包骨，就開始跟在她後面到山坡上，在山上變得頭髮灰白、不成人形。她的朋友薩爾瑪．謝赫在丈夫過世後，用紗麗將百日大的小兒子拉菲克綁在背上，並帶著學步的兒子阿斯蘭一起到山上。薩爾瑪用從卡車掉落的枯葉搭建了遮蔽處，把兩個兒子留在裡面。在她工作時，阿斯蘭搖搖晃晃地走出棚子，撿起垃圾，也在山坡上長大成了中年人。

維塔貝想告訴雅瓦德卡爾：拾荒者都在垃圾山上謀生，他們不可能像周遭新聞暗示的那樣放火燒山。她知道垃圾商的手下為了挖出金屬每晚在山上起火。「Ani amcha maran.」——而我們卻該死——談起不幸的拾荒者所承受的責怪時，她說。她想告訴他，身為最早一批來到垃圾山區的居民，她已經撿拾城市的殘餘幾十年了。她夢想有份正式的工作來做這件事，一張市政府身分證讓他們這群祕密拾荒者變成合法的工人。有了這張卡，官員就不會再干涉像她這樣的拾荒者，也不會威脅他們、索要賄賂，或者以非法入侵為由拘留他們。

長長的車隊到了，納吉許用手肘輕推他母親以便緊跟著車隊。群眾在外面焦躁不安地互相推擠。空氣中瀰漫著濃濃的刺鼻燃燒氣味，以及對再度爆發大火的恐懼。維塔貝和納吉許在烈日下等待，直到這些公務車輛駛離。沒有人踏出車子一步。拾荒者垂頭喪氣地回家。在德里，雅瓦德卡爾告訴記者，火災顯示了承包商的疏忽；有一組環境部的官員已經視察了迪歐納，將會調查火災發生的始末。

幾週後，法札娜俯身使用金屬探測器時，警察又在山區排列成行。她聽說反對派的政治人物拉胡爾・甘地要來。她和莎哈妮跟著其他拾荒者走到市府辦公室。甘地身穿白衣走在垃圾山上，在拾荒者曬得黝黑的身體及沾滿泥巴的衣服當中，顯得膚色微紅、滿臉通紅。法札娜並不知道這些照片後來會印在海報上，貼滿整座城市，展示反對派掌控邦政府的優點及市政當局的缺失。

同一時間，住在他們巷子裡的拾荒者被帶去審問，有些人遭到逮捕。山區沒有攝影機。[7]為了看透山區的霧霾，警方仰仗拘捕拾荒者，審訊他們有關火災及黑暗的垃圾山世界的情況。他們詢問火災爆發前幾天所發生的可疑事件。長久以來，垃圾山區及其居民一直都在祕密的泡泡中發展，現在突然引人注目，他們的泡泡越變越薄，有爆裂的危險。

第十章 城市迫近

歐卡的命令及無了無休的火災共同發揮作用，讓大多數的垃圾車隊在二〇一六年二月以後轉移到穆倫德的垃圾場及新的坎傑馬山區，那裡的垃圾山將脫去水分，直到化為堆肥。法札娜和姊妹們依照每次卡車減少時所做的那樣，走去據說是阿提克．罕的土地。她們提醒看守土地的跟班她們是傑漢吉爾的姊妹，然後溜進去裝滿她們所謂的「髒東西」（ganda maal）。

她們在臉部綁上手帕抵擋煮熟的肉所散發的氣味，將與身體分離的四肢和生了壞疽的手指篩選到一旁。她們收集剛蒸過的注射器，將後面切斷讓注射器無法再填充，生理食鹽水袋、水瓶、血跡斑斑的長條紗布與藥棉。她們每交三個裝滿的袋子給跟班，自己就能保留第四袋。法札娜瘋狂地裝填，幾乎沒感覺到陌生人的血液沾染在她身上，注射器戳到她，破掉的玻璃瓶割傷她。莎哈妮後來解釋說，注射器經常扎到她們，不過她們在傷口上綁個東西就繼續工作，絲毫不覺得疼痛。這是唯一比撿拾市政府垃圾車隊的垃圾更好的工作。

袋子裝滿後，她們姊妹走回家，人的遺體蒸過的氣味緊緊黏附著她們，即使洗完澡後，那味道仍然頑強地留在身上。「Koi hadsa dekha to man mein reh jaata hai.」莎哈妮說。我們看到的一切都留在心中。如同多年來一樣，她們姊妹決定絕對不要再回去了。但是幾星期後，她們會一如既往地再回去，因為垃圾車越來越少了。

—

一名官員說，我假裝揍你，你就裝哭。——這句古老的馬拉地諺語解釋了官方主導的皮影戲，讓城市廢棄物在迪歐納獲得了隱祕的來世。據傳聞契約上寫著塔特瓦要建造邊界牆並修補牆上的裂縫，結果在鎮區內創造出一片土地，據說是屬於拉菲克·罕的，每晚車隊都將建築物的殘骸載來這裡堆成瓦礫堆。一封市政府寫給塔特瓦的信中說，他們將自己修補牆上的裂縫，同時警察會在牆對面設置一個崗亭。[1]多年來，崗亭一直無人看守，牆壁破損，車隊湧入，罕兄弟與他們的對手據說積聚了大量的廢棄建築、死人和旅館的殘羹剩飯。由於城市的水管、輸電線、下水道並沒有鋪設到他們綿延的巷道裡，因此拾荒者別無選擇，只得依靠幫派的施捨，幾乎無法喘息。可是現在，大火照亮了被遺忘的垃圾鎮區和其中陰暗的私人土地，市政當局和警方不得不收回控制權。垃圾山開始從非法、暗藏的居民腳下移走。

馬諾吉·羅希亞是一名警官，他接到警察總長的任務，要將這個祕密世界公諸於世，他發表了一份臨時及最終的報告說，工廠未能建成意味著甲烷繼續滯留在山區並緩緩滲出，懸浮在山區的空氣中。羅希亞說，二〇一六年一月的那天晚上，火苗從山區偏遠的邊緣開始（據說是罕兄弟的地盤），海風呼嘯使得火焰燒得更旺，把火吹到垃圾山深處，衝上天空直到失控。消防車的遲到讓火勢更進一步蔓延到城裡。

隨著警方開始立案調查罕兄弟，他們開始在山坡上走動，發現了法札娜一直以來生活的世界。和在法庭上訴的夏爾瑪一樣，他們看見山丘周圍的攝影機和電燈都受到幫派的監視。一旦被他們看到，那幫手下就會出來護衛他們的地盤，不像市政府以前安裝的攝影機完全不能用。

二〇〇七年，市政當局在鎮區的偏遠角落建起了醫療廢棄物焚化爐，不久後，鎮區內堆放醫療廢棄物、不斷擴張的私人土地就確立了。當市政府的卡車繞行城裡所有的醫院，將醫院的廢棄物運到焚化爐時，阿提克·罕買了一輛敞篷小貨車。據說這輛小貨車會前往市內大型私人醫院，未經官方批准將廢棄物轉運到這塊土地上，由拾荒者整理分類後，跟班再轉售出去。法札娜從卡車司機那裡得知一些市內頂尖醫院的名字，那些卡車在山間空地從她身邊轉到這處土地[2]，這些垃圾並不是要扔在山上供拾荒者撿拾。然而，對法札娜來說，這些垃圾太好了，她捨不得離開：厚厚的塑膠生理食鹽水袋、藥袋及玻璃容器都很暢銷。她跟著卡車來到這塊區域的邊緣，請求他們准許她進入。可是那年夏天，警察開始在山坡上走動後，來這塊地的卡車變少了。進入焚化爐的東西釋放毒雲到空氣中，拾荒者幾乎都沒有注意到。[3]

警察發現爭奪廢棄物品的衝突導致黑幫夜裡在對手的地盤上縱火，燒掉其他垃圾商的財富。對手的幫派老大寫信給邦的首長、警察總長和其他官員，指稱罕兄弟是「泥漿黑手黨」（Matti Mafia），罕兄弟則指控對方霸占了一部分的鎮區。法札娜所住的班加拉巷在該區域最凶狠的兩大幫派之間重疊。在山上的生活由罕兄弟控制，在家裡的生活則是由與他們同名的阿提克及拉菲克·

謝赫所控制，他們也是兄弟。

罕兄弟在巴巴鎮提供衛星電視，而宣稱為謝赫兄弟工作的爪牙則在班加拉巷收取電費。阿提克·謝赫的臉出現在小巷四周的警方海報上，標題寫著「全面通緝」。法札娜一家和其他大多數家庭一樣，使用合法電力只是為了累積帳單，讓他們存在於官方的記錄中，希望這樣做最終會幫助他們證明自己是合法居民。他們購買非法的電力來降低成本，並且安撫巡邏巷道的幫派軍隊：繳費有任何延遲都可能招致斷線、威脅和傷害。在法札娜小時候，他們的巷子是靠拾荒者的獨創裝置來照亮。但是後來這些步兵開始在巷子裡巡邏收錢，儘管警方曾多次破獲他們的非法網路。

謝赫兄弟從撿拾垃圾、掠奪拾荒者用垃圾搭蓋的屋子起家，後來退出在商界與政界發展出蓬勃的事業。他們還被指控犯有多項罪行。拉菲克的第三個妻子奴兒珍罕是該地區法人團體的一員，是都市自治體的民意代表，讓她可以向官員提出該地區關切的事。她代表城市不斷傾倒垃圾的山區附近的大街小巷說話，質問為何山區四周巷弄裡的垃圾沒有清除是她的責任。[4]在一次競選活動中，拉菲克帶了一瓶渾濁的自來水然後倒空，向地區代表與市政官員表示他們未能提供可飲用的水。由於這些山區老大的施捨、市政當局零星的支持，以及幫派戰爭的殘餘，法札娜所住的小巷才有了生機，但也因此陷在各方勢力的糾紛中。

在謝赫兄弟的地盤邊緣，沿著法札娜所住的巷道幾乎通向的九十呎路，據說罕兄弟的跟班在此收取敞篷小貨車、機動三輪車，和計程車的停車費，這些都是拾荒者為了打造遠離垃圾的生活而攢錢買的交通工具。這些車輛的車主告訴官員，倘若不繳費，他們就會遭到威脅、恐嚇、毆打，或者被扣押車子。[5]

警方與市政當局開始努力改造這個遭遺忘的世界，在他們轉移目光的時候，這個世界變得一團混亂。孟買的市政專員宣布垃圾鎮區將成為禁區：除了市政府職員外，任何在垃圾山坡上看到的人都可能是火災的隱患，將會遭到拘留或罰款。這項規定威脅著山區周圍發展出的脆弱灰色經濟及山區的收穫。新的警衛取代了法札娜認識的人，山上的巡邏也比她以前見過的更為頻繁。山麓邊緣到處都是建築工人。再一次，他們開始修補幾乎全都破損的邊界牆，並在頂端安裝帶刺鐵絲網。

法札娜聽說拾荒者被禁止進入山區。她聽說有朋友在黎明前進去工作，以避開警衛和開始監視垃圾山的攝影機。隨著城市刺眼的強光閃爍著穿過山區暈輪，他們的世界開始從邊緣毀壞，讓他們的生活掀起波紋，動搖他們的未來。法哈等待無人看守的時刻溜進去工作。海德・阿里和平常下午一樣，經常坐在從牆壁突出的岩架上。有時候，他會走到山區邊緣，不是去撿垃圾，而是囤積拾荒者帶回來的傳聞，吸收他們的憂慮，在他的孩子眼前逐漸變得憔悴。

—

有天晚上，法札娜回家時，看見瘦弱的薩爾瑪・謝赫坐在屋外，正在向海德・阿里講述當天發生的事。薩爾瑪將印花的橘色紗麗披在肩上，雙肩彷彿被山壓垮似地垂下。等走近以後，法札娜看見薩爾瑪用手指撫摸著一條塑膠項鍊，她後來聽說那是從垃圾袋裡撿來的。這讓她有種優雅、憔悴的神態。她聽到薩爾瑪輕聲將她在山區累積了四十多年的辱罵傾洩在新的警衛身上。海德．阿里一臉茫然地聽著。

她告訴他們，她十四歲的孫子阿里夫為了躲避警衛，開始改在黎明前工作。一天早晨，他不停地撿垃圾，天空從墨色變成玫瑰色又轉為金色。警衛來上班瞧見了他，手裡拿著半袋的塑膠瓶。薩爾瑪告訴他們，警衛們追逐他，發狂似地揮舞著棍子。阿里夫盡速往下跑，在不穩的斜坡上跌跌撞撞地走，從患了結核病的父親阿斯蘭那裡染上的持續性咳嗽與發燒讓他筋疲力盡。他竭力地跑在警衛和他們拚命揮舞的棍子前面。

突然阿里夫感到腳上一陣刺骨的劇痛。他膝蓋一軟，跌進太陽曬乾的垃圾堆裡。他把腳翻過來，看見一根生鏽的釘子刺穿薄薄的拖鞋，在他腳上割出很深的傷口。鮮血湧到溫熱、扯破的塑膠袋及閃閃發光的長條藥片上。阿里夫痛苦地跌坐在山坡上時，警衛圍住了他。

警衛放他走，並警告他永遠不許再踏足山區。薩爾瑪帶阿里夫去打破傷風針，用紗布繃帶包紮他的腳，讓他瘸著腳走路。「Beta kabr mein ek pair hila ke aaya.」她在談到阿斯蘭時告訴海德．阿里。我兒子已經一腳懸在墳墓裡了。她只有阿里夫可以幫忙，現在只剩她一個人了。

當她輕聲的謾罵平息後，海德．阿里建議她去找給他們身分證的非營利組織，投訴警衛追趕阿里夫的事。薩爾瑪回答，如果拾荒者一直送孩子上山，他們還能怎麼辦？她說，義工會問他們生孩子只是為了要送他們到這裡嗎？她知道她必須幫助阿里夫建立起遠離垃圾山區的生活，但這是她唯一知道的生活方式，也是她唯一能傳給兒子和孫子的東西。

薩爾瑪優雅、發怒的眼睛裡閃耀著最好的山景。群山將重量壓在她身上，讓她柔和的聲音變嘶啞，卻忘了帶走她輕聲的溫柔與始終存在的淘氣，這脾性宛如她有時候撿起的紙屑緊黏著她。

她告訴他們，她曾試圖讓阿里夫當服務生或洗碗工。但是他病懨懨的臉、缺了的牙齒、瘦削的骨架讓他看起來比實際年齡十四歲要小。他只有在舉行大型婚宴的日子才找得到工作，因為酒席承辦人迫切需要人手，所以可以說服自己，穿著皺巴巴的白襯衫、打著磨損的蝶形領結的阿里夫看起來像十八歲。薩爾瑪承認，在大多數日子裡，阿里夫總是在天亮前試著悄悄溜回山上工作，經常遭到毆打、警告、拘留。

另一天晚上，法札娜發現海德・阿里在他們家門口，正在和一個留著稀疏鬍子、新婚的拾荒者說話。他告訴海德・阿里，有天清晨，他去山上解手，抬頭發現一隻黑眼睛飛過他的上方。他聽說電視新聞工作人員這些天在山區邊緣徘徊，使用小型飛行攝影機避開保全人員，拍攝火熱的垃圾山。他告訴海德・阿里，他小解的畫面將會傳回村裡他剛締結的姻親那裡。他曾告訴他們他在辦公室工作。他們將會在電視新聞上發現他在孟買居住的地方和生活方式。他苦惱他在他們眼中的形象會破滅。

他離開後，海德・阿里走進屋內，打開他從卡塔店買來修好、放置在牆壁高處的電視機。法札娜將袋裡的東西傾倒在外面，整理當日撿拾的收穫時，聽見海德・阿里在快速切換頻道，找尋山區的新聞報導。多數的新聞談到警方報告，說拾荒者遵照他們的垃圾商老大的要求在夜裡點火。更多的卡塔店老闆和拾荒者遭到逮捕。法札娜倒空帶回的袋子，整理注射器、生理食鹽水袋、消毒棉塊、餐盤時，心想她必須再回去醫療廢棄物區。

第十一章　隨群山縮水的運氣

二〇一六年四月，垃圾鎮區整個月都很熱，由於不斷焚燒的大火和快速變暖的夏天，熱度持續上升。消防車、堆高機，以及搭在這些車輛上的幫手布滿山坡。市政府官員與各類顧問都在山區工作，警察擠滿了周圍的巷弄。所有人都在這裡解決山區焚燒的混亂局面，這團混亂突然意外地凍結了原本不斷緩慢成長的城市。拾荒者的地下世界為世人發現，他們遭到了驅逐。

大火期間薩爾瑪一直進出醫院。「極度恐懼」（Ghabrahat）是她唯一能夠形容一系列讓她喪失活動力的症狀的用詞，這些症狀與空氣品質都沒有直接關係。她的血壓飆高。她偷偷去看醫生吃藥，避免驚動已經生病了的阿斯蘭和阿里夫。就在她覺得身體好轉的那個星期，大火又再度爆發。薩爾瑪的血壓急遽升高，導致眼睛裡的一條血管迸裂。一切都變得模糊不清，世界看起來迥然不同。她需要開刀來解決這問題，後來她會記成是白內障手術。

隨著夏季轉暖，山區開始縮小。孟買悶熱潮溼的高溫吸走垃圾山裡所剩的水分，讓群山縮水。馬丹．亞瓦克是一名市府工程師，管理垃圾山區多年，比大多數人更了解這山區，他在市政當局的火災調查報告中以馬拉地語描述山區季節性的吸入與散發。「在雨季肆虐的高峰，雨水滲進山裡，山便擴張，而當炎炎的夏日太陽吸走了溼氣，山便收縮。」[1]拾荒者的運氣也隨著群山縮水。

警衛越來越常把法札娜從山坡上趕走。等她悄悄溜進去，卻發現鎮區的垃圾車前所未見地少。酷熱、無風的午後，她都在山間空地等候垃圾車。以前垃圾源源不絕地湧上山頂再滾下山坡，與紅樹林糾纏在一起，然後流入小河，那時法札娜總是看到的源源不斷的丟棄物洪流，如今速度減緩，變成了涓涓細流。短短幾個月內，傾倒在山區的垃圾數量下降了三分之一以上。直到迪歐納的山丘冷卻下來，顧問擬出解決問題的計畫前，大多數的垃圾車隊將會移到市政府在穆倫德的小型垃圾山區，以及在坎傑馬逐漸堆起的新垃圾山。

法札娜通常和法哈一起工作，她會閒聊說笑打發漫無止境的下午，太陽曬熱她們的頭和腳，以及熱氣蒸騰的山。當她和瘦高的大姊潔哈娜一起等候時，日子就比較難熬，潔哈娜跟丈夫及六個孩子住在一間從邊界牆伸出的鐵皮房間裡。她們兩人看著山坡在仍從垃圾堆冒出的縷縷煙霧中微微顫動。她們在漫長的沉默中等著微風吹拂，或是瞥見卡車在底下崎嶇不平的道路上蜿蜒前進。

一看見卡車從山丘出現，她們立刻一躍而起，衝到卡車將會傾倒垃圾的空地。其他拾荒者從寂靜的山丘俯衝過來，帶著一整天被壓抑的幹勁撲向垃圾。這些短暫爆發的垃圾爭奪非常激烈、不顧一切。但有時法札娜會發現自己在最近才空下來、無人爭搶的空地上，那裡曾經是黑幫的地盤。警察越來越嚴厲的目光動搖了幫派兄弟對山區的控制，以前只在他們土地上清空的垃圾開始出現在鎮區的其他地方。

法札娜用長叉四處亂鏟，翻起了沾著血的醫院手套，也就是法札娜所稱的「手」。那是垃圾山的施捨中唯一她無法忍受看見或碰觸的東西。看到那些僵硬、沾血的白色手指，她的胃就翻騰起來。她轉過臉去，用眼角餘光將手套鉤到長長的垃圾叉上，再鏟進袋子。她撿起空的生理食鹽水袋、管子、藥瓶、包裝材料。找到厚厚的醫院塑膠來彌補警衛將她趕走的日子。

——

正是在這熾熱的幾個月裡某個乏味的下午，法札娜和法哈追逐一輛載著醫院廢棄物的卡車來到明蝦彎。就是在這時法札娜把手伸進一個袋子，她以為裡面裝滿了小藥水瓶，卻拿出一個玻璃罐，裡頭裝了三個已無生命的嬰兒，他們的腹部連在一起，在瞬間即逝的生命裡相連，死時也連結在一起。傍晚時分，她將嬰兒埋葬在鎮區邊緣柔軟的沙地裡之後，傑漢吉爾聽說了她所做的事，摑了法札娜一耳光。「Padne ka hi nahi yeh sab mach mach mein. Kuch achha nahi hota is sab se.」你不應該蹚這些渾水，這種事從來沒有什麼好結果。「如果他們要把嬰孩送來這裡，」莎哈妮問，「為什麼還要生下他們？」

法札娜想告訴傑漢吉爾，事情會好轉。肆虐了一整年的火災正逐漸消退。她的生日在六月二日，那天將會帶來雨水，讓山區溼透、冷卻。法札娜邊擦掉眼淚邊想，她快要滿十八歲，成人了，到時傑漢吉爾就不能掌摑她了。成年即將到來，法札娜繼續不斷地偷偷鑽過封閉的牆去工作。她需要存錢為自己買條牛仔褲，舉行派對來紀念自己的轉變。然而隨著夏季逐漸消逝，有時候警衛會將法札娜小心翼翼裝滿的垃圾袋扔到嗡嗡作響的推土機下面，把她遣回家。她看到拾荒者如果逗留不去就會挨打。

在森嚴的警備下萎靡不振，年長的拾荒者嘗試了新策略：讓他們自己引人注目。在她家巷子裡，法札娜看見四處懸掛著到城裡抗議遊行的海報與橫幅。拾荒者想繼續工作，他們想要得以正式存在的身分證。在環境部的團隊造訪卻沒有會見維塔貝的幾星期後，他們似乎聽見了她的聲音；政府提出新的廢棄物法規，表明拾荒者將參與城市垃圾的分類。可是儘管維塔貝和薩爾瑪即將成為合法的拾荒者和分揀員，他們卻不知道。法規沒有傳達到鎮區，警衛仍然將他們拒於牆外。他們越來越常被趕出垃圾山區和生計之外，但他們仍然奮力走出如今在突如其來的高溫中變質、丘陵起伏的下層社會。

維塔貝搭了幾趟長途公車到城裡參加抗議活動。她聽說在某個抗議場合，拾荒者遇見了馬哈拉什特拉邦年輕的首長德文德拉．法德納維斯。假如她和他們一起成功地見到首長，維塔貝想告訴他，她和成千上萬的山區居民是為了讓路給城市的夢想才搬到這裡。要不是他們這一大群被忽視的人，這些垃圾山甚至會更高。她只希望這座城市能夠僱用她分類清理城市的殘餘。在鎮區，更多的警衛蜂擁而至。維塔貝感覺她在垃圾山坡上建立起的脆弱生活正在逐漸瓦解。

一天下午，她將袋中的東西倒在巷子裡，薩爾瑪在一旁觀看和她閒聊。她將外帶餐盒、包著塑膠的金屬線分開，用刀刮掉塑膠，然後拿出一只頂端有隻烏龜的金屬戒指。維塔貝曉得穿戴山上發現的東西可能會帶給她厄運。不過她聽說城裡人戴烏龜首飾當成獲得好運的祕訣，偶爾這些首飾會落入垃圾堆。她撥弄著戒指，權衡烏龜的好運和在山坡上發現的危險，不確定哪種會起作用。她戴上了戒指。「Marna to hai hi ek din,」薩爾瑪聳聳肩說，「Pehen ke marein.」我們總有一天會死，還是穿戴著自己喜歡的東西死比較好。

由於受困牆外，山區的運氣又搖搖欲墜、日漸衰退，因此維塔貝四處去朋友家拜訪，詢問需要人幫忙打掃房子的有錢人家電話號碼。她收藏這些號碼，就像她曾經收集販賣垃圾優先權的卡車司機的電話號碼。她搭乘更多趟長途公車進城，替代需要從清潔工作休息一天的朋友，希望這麼做會帶來更持久的工作。

在同一時間，薩爾瑪的血壓依舊居高不下。她在力所能及的時候工作，其他時間就在她另一個兒子家中靠牆癱坐，她搬到這裡讓阿斯蘭與阿里夫不必供養她。大多數時候，她都繼續受困在山區牆外等待。

遭到大火與警衛的限制，一切似乎幽暗不明，她苦思如何才能脫離有百年歷史的施主另起爐灶。她考慮搭四小時的火車到蘇拉特，從那裡著名的紡織品批發市場購買紗麗，拿到附近巷子裡挨家挨戶去賣。可是她看到維塔貝的兒子納吉許和其他人帶回一袋袋的紗麗賣不掉，因為巷弄裡沒有人有足夠的錢可以購買。納吉許和其他人一樣拖欠了借款。班加拉巷或山坡附近都見不到他的人影，他的手機也關機了。維塔貝告訴債主和其他人，他搬到村子去了。不過鄰居覺得夜裡曾看過他。

「Sabko paisa dena hai to aur kya karega?」薩爾瑪對於吉普賽巷消失的居民嗤之以鼻。你欠所有人錢的時候，還能怎麼辦？長年累月撿拾垃圾，這意味著薩爾瑪瘀傷的雙手不曾碰過一些新鄰居所熟練的刺繡或裁縫等精細技藝。四十年來，她們的生活與山區編織在一起，她和維塔貝無處可去，除了撿垃圾外一無所知。薩爾瑪忐忑不安地等待血壓降低、警備放寬，讓她能夠回到山上。

——

自從阿斯蘭的咳嗽開始整夜折磨他們家之後，一年多來薩爾瑪大半時間都獨自工作。他喝完幾瓶咳嗽糖漿後，薩爾瑪曾帶他去一家深入市區的免費慈善醫院，她聽說患了持續性咳嗽的拾荒者都去那裡。之後她回去工作，讓阿斯蘭自己搭一小時的公車進入市內破敗擁擠的老城區。他煩躁地等候醫生為他看診，外面街上及跨越街道的天橋傳來刺耳響亮的喇叭聲。

專買便宜貨的人擠滿醫院後頭的街道。這些迷宮般的巷弄合稱為「小偷市場」（Chor Bazaar）。當孟買富麗堂皇的老屋拆除時，好東西便來到這裡，剩餘的則送到迪歐納。磨損的家庭照片、超大的枝形吊燈、手繪的寶萊塢海報、生鏽的飛機模型、損壞了的熨斗全都壓在成堆雜亂的物品和層層灰塵下。有錢的顧客來此在家庭垃圾中尋找隱藏的珍品，就像薩爾瑪在迪歐納所做的一樣。新東西添加進來，刮擦得看起來像舊的，舊東西則打磨得如新的。新舊東西擺放在一起，為店主賺一小筆財富，那是薩爾瑪與阿斯蘭依靠山上垃圾只能想像的收入。拾荒者有時候會把垃圾堆裡找到的褲子洗淨縫補後，拿到這裡販售。

薩爾瑪在山坡上度過漫長的一天後回到家，發現阿斯蘭靠牆癱坐著，他經常穿的那件鮮藍色T

恤一天比一天更加鬆垮地掛在他縮小的身軀上。陰影籠罩著他。他很少走動，鮮少刮鬍子。他的咳嗽在骨瘦如柴的阿里夫身上響起回聲。薩爾瑪和阿里夫一起努力把裝滿垃圾的袋子拖回家，那些袋子幾乎比他們的身材還要大。一個和薩爾瑪身材一樣大小、裝滿塑膠瓶的袋子可以賣五十盧比。她需要好幾袋才能購買阿斯蘭的藥物，並維持他們八口之家，包含阿斯蘭的妻子，以及另外三個男孩和一個小女孩的生活。她讓阿里夫繼續工作，希望治療他的咳嗽不算太遲，但又擔心已經太晚了。她並不知道阿斯蘭已經不再服藥，也不再去那間遙遠、免費的醫院。

一名花商請薩爾瑪幫忙應付即將來臨的齋戒月期間激增的需求，請她將他從孟買花卉批發市場買來的鮮花串起來，好讓他拿到城裡賣。一天下午，薩爾瑪在他們狹長昏暗的房間裡，背靠著堆滿家庭物品的大箱子，坐在成堆芬芳的夜來香、玫瑰、茉莉花之間。她俯身向前對著陽光引線穿針。她靠著被扎痛的手指和沾滿香味的雙手學會了將花卉編成複雜的圖案。她製作人家擺放在城內飾有浮雕細工圖案的陵墓裡祈求願望實現的花毯。她編製新郎新娘結婚時害羞地為彼此掛上的花環，還有放在死者腳邊的花圈。最重要的是，她製作裝飾女人頭髮的花瓣，遮蓋煮飯的味道或是賣魚的腥味，用茉莉花令人陶醉、催情的芳香籠罩住她們。

阿斯蘭坐在她旁邊，細小的水晶在他憔悴的臉上反射著光芒：他正將水晶黏在長渦紋圖案的桃色裙子上。之後，裙子將會被縫進新娘服裝，掛在孟買的市場上。薩爾瑪和他的工作可以各掙得三十盧比，大概只夠供每人勉強吃一餐。他們開始讓阿斯蘭到城裡公立的戈庫達斯・泰帕爾醫院治療結核病。那天下午，他在屋外玩著他用空藥盒製作的飛盤。

她的小孫女輕快地掠過薩爾瑪的花，向她索要兩盧比。「Toffee lena hai.」她彎下腰來說著吸引薩爾瑪的注意力，擋住了陽光。我要買太妃糖。薩爾瑪揮手叫她走開，努力用顫抖的針穿過纖細的茉莉花莖。

女孩彎得更低些好讓薩爾瑪抬頭看她。「Ek jhaad lagaya hai.」薩爾瑪把線從做了一半的花辮抽出來說。我種了一棵樹。「它會長出花和錢，」她繼續說，「等它一開花我就把錢給你。」女孩聽得一頭霧水，跑到外面去玩耍。陽光更進一步照進屋內，薩爾瑪頹然靠在成堆的大箱子上，繼續編著花。

星期五她總是非常忙碌，因為這是虔誠的信徒造訪市內乳白色大理石陵墓的日子。在漸強的音樂與擁擠的人群間，人們向埋葬在那裡的聖徒祈求。參拜者將花毯披在聖徒的墳墓上取悅祂們。他們俯身在覆滿錦緞鮮花、薰香繚繞的墳墓上低聲祈禱，希望聖徒能夠聽見並實現他們的願望。

薩爾瑪自己負擔不起搭公車進城，不過她仍然相信她的毯子可以讓家人遠離疾病，將警衛、無人機與攝影機驅離山區。齋戒月就快到了，她希望透過毯子，她的祈禱能夠傳到可以引發奇蹟的孟買聖徒那裡。

———

沒有人知道法札娜如何能夠經常上山。在漫長地等待卡車之後，她帶回裝滿塑膠、金屬線、電視機的袋子，這些能夠賣到最高價，還有能夠賺一點錢的壓扁瓶子，以及賺得最少的脆弱購物袋。但是撿垃圾變得越來越困難。有些日子，她和法哈一無所獲地回家，吃完飯就早早爬上釘在房子邊緣的長木板上睡覺，因為無窮無盡的等待而疲憊不堪。

有天晚上，法哈被法札娜咕噥的辱罵聲吵醒，她提高嗓門在威脅某個人。在黑暗中，她大聲叫法札娜，問她在跟誰說話，但法札娜繼續喃喃自語。法哈更大聲地叫她，喚醒法札娜，法札娜一臉困惑，喃喃地說她沒有跟人說話。姊妹倆又漸漸睡著了。法哈推斷法札娜連在夢中都看到了警衛。

四月底左右，法札娜與莎哈妮在午餐後前往第七座山收集塑膠瓶。過一會兒後，法札娜抬起頭來喘口氣。賣茶小販拿著水壺在她們周圍走來走去。遲來的夏季日落至少還要再等一小時。她朝山下望去，那裡有一群人聚集在罕兄弟的倉庫四周。警察正在把倉庫門上。其他人拍攝了這一幕，或者記錄市政當局的垃圾鎮區內這塊山丘上的私人近郊周圍安裝帶刺鐵絲網的影像。

一連幾天，這些私人土地的軍隊揮手攔下卡車，指揮他們開到鎮區的其他地方。法札娜和莎哈妮判定他們是改變方針以躲避警察。將近一星期後，她們才聽說那天下午警方逮捕了罕兄弟，根據嚴格的馬哈拉什特拉邦組織犯罪防制法（ＭＣＯＣＡ）控告他們，該法案容許長期監禁且不得保釋。[2]後來他們也逮捕了賈維德．庫雷希。

傑漢吉爾遭到傳喚審訊；其他人則消失在狹窄的巷弄裡，或是回去自己的村莊逃避警察的注意。[3]官員關閉了鎮區內所有私人的山間空地，包括傑漢吉爾自己的。他從屋子進進出出，與垃圾商見面，將他的垃圾賣給任何可能收下的人，他坐立不安的精力變得幾近瘋狂。

孟買的夏天持續延伸，移動得非常緩慢。某個在陽光下停滯不前的午後，法札娜與法哈一起在山頂上工作。她們等待微風和垃圾車開始朝她們飄來。為了抵禦垃圾山仍然散發出的熱震，她們穿著襪子和綁帶鞋，雙腳都溼透了。

法札娜尋找玻璃交給傑漢吉爾，這舉動只惹得他對她發火。他告訴她，這根本不夠裝滿一卡車，無法載到城裡去賣。可是，由於不知道還能做什麼，法札娜與法哈仍努力撿拾更多的玻璃。兩人並肩緩慢地走上陡峭的小山，直到法哈被一隻從泥巴裡突起的鞋子絆倒，往後摔在自己的袋子上。

陽光下滾燙的玻璃劃破了布料，在她背上割出一條長長的蛇形傷口。鮮血沾染了裡面的碎片。她不斷地尖叫，直到法札娜叫阿蘭吉爾帶受傷的妹妹回家。鄰居跟著她的一路哀號來到海德．阿里家。她的背部需要縫合，可是海德．阿里甚至沒有足夠的錢搭人力車到醫院。他將自己和夏奇姆咀嚼的菸草粉撒在法哈的傷口上，讓她的背部灼痛、尖叫加劇。「Ye to door se chilla rahi thi.」他說。她從幾英里外就在大喊大叫了。

當法哈背上的傷口慢慢癒合，留下一道彎彎曲曲、布滿菸草的深色傷疤，法札娜和其他人開始叫她「蛇女」。他們相信山的運氣在她身上刻下印記，會將玻璃和其他山區寶物吸引到法哈的手中；儘管山區的財富日益減少，警備漸趨森嚴，城市的界限逐漸接近。這道印記將會留在她身上，以通過垃圾山區無限循環的命運翻轉。

第十二章　午夜夢囈

二〇一六年整個夏天，法札娜和法哈都看著工程顧問們在山上鑽孔、把管子放進山的內部測量裡面燃燒的火勢。他們聽說其中一些排氣孔將會留在山區，釋放這些暗中焚燒的火苗與煙霧。他們還聽說顧問正在繪製鎮區的地圖，以便挑選建造垃圾發電廠的區域。那張地圖是用無人機拍攝的影像精心繪製，那年夏天，法札娜在山上工作時，無人機就從她頭頂上低空飛過。

一個漫長炎熱的午後，夏奇姆在山邊，蹲在二女兒莎哈妮旁邊。她們看見法札娜拿著一堆布走來，留給她們去分類整理一些是趕時髦、另一些是無法補救的破牛仔褲，她自己轉身回到山坡上繼續撿拾。夏奇姆將雙臂垂在彎曲的膝蓋上坐著，一直等到法札娜走得夠遠聽不見時，才用幾十年前她從村子帶出來、抑揚頓挫的方言輕聲對莎哈妮說。「Raat mein ajeeb harkatein karat hai.」她晚上會說些奇怪的話。夏奇姆擔心：混亂有毒的垃圾山以夜間咕噥及怪異舉止的形式從女兒體內汩汩湧出。法札娜生來就在山區長大，垃圾山的輪廓塑造了她的身體與心靈。可是如今她似乎困在山裡，群山嵌進她的體內。

一個鄰居帶著法札娜和她自己的孩子一起進城。晚上她回來時向夏奇姆發誓，她絕對不會再帶法札娜去。法札娜覺得頭暈需要洋芋片，但不是他們買到的那種甜的，鹹的又太鹹。沒有洋芋片她就精疲力盡，無法走去搭公車回來，讓他們所有人困在當場好一會兒。莎哈妮記得，那些日子裡她經常身體虛弱，老是頭痛、肚子痛。總是如此。

夜裡，越來越多家人聽見法札娜說話，但是當她從睡夢中醒來時，她會堅持自己沒有說過。穆罕默德．薩拉胡丁曾住在同一條巷子隔幾間屋子裡，最近搬走了，但經常回到班加拉巷，用祈禱和儀式洗淨無意中留在拾荒者體內的垃圾山痕跡。他叫他們帶法札娜過去。可是正當薩拉胡丁開始吟誦時，法札娜卻站起來轉身離開。莎哈妮試圖抓住她，但是法札娜已經走出屋外。他們向外張望，已看不見她的蹤影。海德．阿里宣稱這是「撒坦所為」（shaitani harkat），撒坦從被丟棄的欲望中崛起，在山上燃燒了好幾個月。

海德．阿里試著帶法札娜回去薩拉胡丁那裡參加祈禱儀式，但她從來沒有坐到儀式結束。後來，他請薩拉胡丁為一條護身符祈禱，再叫夏奇姆將護身符綁在法札娜的手臂上。他希望這些隨身攜帶的祈禱和齋戒月聖月期間她將要遵守的幾次齋戒，能夠驅走她體內的撒坦，也或許是棄置在山坡上的所有東西的殘餘。他請阿蘭吉爾的妻子雅思敏用她的可蘭經讀經班來增補這些保護措施。他認為不管怎樣，當法札娜進入婚姻市場時，能夠背誦幾節經文也會提高她找到丈夫的可能性。

雅思敏叫法札娜、法哈，及最小的妹妹珍奈特坐在夾層裡，端莊地遮住頭，面朝她在粉紅牆壁上所畫的奶油黃的麥加清真寺，一面讀一節經文：你難道沒看見嗎？真主驅動雲朵，使其結合再堆積起來，然後你就看到雨從雲層中間傾洩而下。祂從空中如山的雲團中降下冰雹，使其落在祂所意欲者的身上，避開祂所意欲者。祂的電光幾乎要奪走視覺。真主讓晝夜更迭，這之中對有識者確實有種鑒戒。[1]

雅思敏年幼的兒子法贊爬出夏奇姆的臂彎，想要爬進她的懷裡。等她安頓好他的時候，法札娜已經溜走了。雅思敏沮喪地回憶道，她就是不肯將可蘭經拿在手裡。法札娜反駁道，教那些想學的人吧，這門課適合法哈，不適合她。法哈很喜歡上這門課，她相信經文漫流過燃燒的山區，沖洗掉煙霧及讓她感到刺痛的味道。在外面的小巷裡，乾燥的夏日微風將一長串彩色破布順著細長的通道吹下來，法札娜邁著長而緩慢的步伐跟隨布走，踩踏著布，走向山上。

有時候她會走一條蜿蜒曲折的路，把頭伸進穆罕默德·哈利勒涼爽、陰暗的屋子。他是桑傑鎮的老居民，只從山上收集破掉的椰子。印度教儀式幾乎都得打破椰子帶來好運才能開始，使用新東西時也一樣。孟買人購買越多新東西，就有越多破椰子來到山區。哈利勒經常穿著破背心、牽著腳踏車回到班加拉巷，車上堆著高高的椰子，都是他從結婚禮堂、汽車展示間、新的公寓大樓和寺廟收集來的。他時常拿出塑膠包著的存摺，展示裡面的存款遠比人們認為破椰子殼可能賺得的金額要來得多。哈利勒告訴他們，他要用存款為女兒在村子舉辦盛大的婚禮，親戚朋友不會知道他的錢有二手運氣的味道。

哈利勒用竹竿做了一條臨時的輸送帶，彎曲地環繞在他的房間邊緣，裡面裝滿了風乾的椰子殼。他也販賣光滑的外殼，供人做成蓆子。椰子殼讓他的屋子充滿了強烈、令人陶醉的氣味。法札娜會站在外面一會兒，吸進風乾椰子的香味，然後走著蜿蜒小路去工作。

一天下午，法札娜和法哈坐在山頂上，毒辣的太陽曬得她怒火中燒。那天早上，海德·阿里跟她說他沒錢給她去賄賂警衛，讓他們在姊妹倆翻牆時睜一隻眼閉一隻眼。法札娜沒吃早餐就出門了，然後等待巡邏的警衛經過再溜進牆內、走上斜坡，連午餐也沒吃。

法札娜和法哈看見兩輛卡車出現，順著蜿蜒、坑窪的山路前進。她們轉身去追車子時，兩輛卡車分頭開向不同的彎曲處，讓兩姊妹轉往相反的方向。她們爭論著該跟哪輛車走，兩人都擔心會撿不到卡車裡的東西，這陣子卡車越來越少而且轉瞬即逝。她們看到其他拾荒者從山丘冒出來，朝卡車走去，法札娜燒了一整天的怒火閃現，姊妹倆的音量逐漸提高。

但是就在法札娜看見法哈揮舞叉子走近她，驅趕她走向卡車時，她突然癱倒在山坡上。法哈試著大聲叫她、搖晃她，但她的姊姊紋絲不動。太陽曬著她那張呆滯的臉。法哈不知所措，四處張望找尋傑漢吉爾或阿蘭吉爾。她再搖了搖法札娜，可是法札娜還是動都不動。法哈看到清空的卡車開回城裡去，法札娜卻依然倒在丟棄物當中一動也不動。

當法哈帶著莎哈妮的丈夫伊斯梅爾和他的兄弟薩達姆回來時，他們發現法札娜不省人事地躺在垃圾山頂，被太陽曬得發熱。一小群人圍在她身邊。伊斯梅爾抱起法札娜，緩緩地抱她下山。伊斯梅爾將法札娜帶回家放在地板上後，夏奇姆用尖銳的聲調咕噥、狂亂地祈禱。伊斯梅爾請薩拉胡丁來，薩拉胡丁對著一個裝滿水的碗唸禱詞，然後將水潑在法札娜的臉上。她醒來時發現四周圍了一小群人，便打了伊斯梅爾一巴掌。他為什麼把她帶回家？她得回去將垃圾袋裝滿，她的垃圾袋還在山坡上。夏奇姆要求她留在家裡幫忙刺繡，把一隻飄蕩在空中的紅色薄紗袖子縫滿細小的水晶。

當天晚上傑漢吉爾回到家，他不理會夏奇姆所說撒坦在山坡上絆倒他妹妹的故事。他帶法札娜去看附近的醫生，醫生檢查了她眼睛蒼白的內緣後，告訴他們她的身體非常虛弱。在太陽下工作勢必讓她感到頭暈目眩。傑漢吉爾買了醫生開的綜合維他命給她，並且要求法札娜一定要吃飯，像他經常叮嚀她的那樣，叫她待在家，不要再去山上工作，但隔天法札娜就再度回到山坡上。

夏奇姆為她自己的診斷結果尋找療法。她告訴海德．阿里，她聽說在九十呎路那邊有位治療師，他非常神聖，甚至不讓女人的影子落在他身上。她認為擁有這樣的自律能力，他可以實現任何事情。她叫雅絲明寫下法札娜的姓名，並說明她受到山區鬼魂（Khaadi ka Shaitan）的控制。她派海德．阿里和他的表兄弟巴德爾．阿蘭姆帶著紙條，去那個滿是薰香和祈求者的房間。他們回來時帶回更多的護身符（taveezes）給法札娜佩戴。

有些時候，莎哈妮在斜坡上遇見法札娜，她們就像往常一樣一起拾荒。但有些時候，她發現法札娜下午在家，這是她以前不曾見過的情形。莎哈妮回憶道，她時常喃喃自語，或者哭泣。「Andar tha. Baad mein bahar nikalne laga.」她說。起先，撒坦在我妹妹體內閃爍，但是一會兒後他開始從她體內湧出來。

莎哈妮試圖跟伊斯梅爾述說法札娜的痛苦時，他告訴莎哈妮，如果她在下午工作就必定會發生這種事。他解釋說，撒坦是這樣子的，他們出現的時間是在白天的上午七點到下午兩點，然後是從半夜十二點到凌晨兩點半左右。「Iske liye main uske baad hi kaam pe jata tha. Unka saya pade hi na.」伊斯梅爾說。我只在那之後才工作，這樣他們的影子才不會落在我身上。

但是山區鬼魂困在法札娜體內的消息開始在巷弄間傳開後，鄰居就經常到海德．阿里家發表對她病痛的看法和意見。其中一個向憂心忡忡的夏奇姆指出，法札娜整個冬天都待在燃燒的山區，籠罩在那圈有毒的煙霧中。鄰居告訴夏奇姆，山區發生了很多不幸事件，一切全都被燒掉了。法札娜肯定是吸入了什麼東西。但是對莎哈妮而言，答案很明顯：他們需要一位更強大的治療師。他們決定每週四帶法札娜到蘇菲派聖徒哈茲拉．沙．賈拉魯丁．沙的陵墓，他以驅除人們身上看得見和看不見的病痛聞名。

他們搭一小段公車，在鄰近的金布爾近郊住宅區盡頭下車。在前往「達迦」（聖殿）的途中——他們聽說這座聖殿幾乎和孟買市一樣古老——他們經過了煉油廠，那裡噴出的空氣和迪歐納山的暈輪一樣有毒。這些英國建造的煉油廠不斷擴張，包圍了巴巴．賈拉魯丁的陵墓，據說埋葬在聖殿內的巴巴．賈拉魯丁的靈魂確保這些煉油廠永遠無法覆蓋他的陵墓。

當垃圾山區邊緣變得擁擠不堪，新來的人繼續用床單搭建雙層、狹長的屋子，懸在城裡的馬路上方，慢慢侵入到火車鐵軌上，於是市政當局將他們送到金布爾的馬胡爾區，在那裡建立新的廉價公寓城鎮。這城鎮在煉油廠的暈輪內發展，與垃圾山區的暈輪相近。巴巴．賈拉魯丁後來被稱為「Shahenshah-E-Chembur」，也就是金布爾的帝王，管轄著充滿有毒化學物質與疾病的王國。[2]

那天傍晚，夏奇姆、莎哈妮、法札娜站在聖殿的庭院裡。院子兩旁盡是老樹、燉煮的鍋子，及特大號的鼓。夏奇姆與莎哈妮走在前面，受到閃閃發光的綠色棚架吸引，這些棚架一路延伸至陵墓以玻璃覆蓋的銀色內牆。她們轉頭看見法札娜在門階上絆了一跤摔倒了。她們前來會見的治療師阿克巴．拜伊出來幫忙。莎哈妮告訴他法札娜在垃圾鎮區工作，這陣子開始在睡夢中胡言亂語而且昏倒，他說：「Gande saye ne pakda hai.」一個不潔的鬼魂抓住了她。

隨著太陽慢慢冷卻下來、退出庭院，莎哈妮與夏奇姆看著院子裡擠滿了人和他們的疼痛與煩惱。六點鐘時，達迦的工作人員開始擊鼓。有些人出來時腳上銬著鏈條，因為他們遭到鬼魂附體，有些人獨自坐在庭院裡，在巴巴．賈拉魯丁的面前。夏奇姆、莎哈妮、法札娜站在人群中觀看。當達迦的治療師透過鼓聲誘哄出陷在他們體內的鬼魂，莎哈妮看見散亂的頭髮和身體擺動起來，然後隨著節奏加快而變得模糊。他們的身體跟著鼓聲重重地摔在地上再爬起來。等天色漸暗，燈光亮起時，鼓聲停止，旋轉的身體筋疲力盡地倒在地板上。阿克巴．拜伊吩咐夏奇姆每週四將法札娜帶來，要連續十一週，如此巴巴才能讓撒坦脫離。

回到家後，夏奇姆一屁股坐在外牆上的木板上，那是他們固定在那裡以便海德．阿里坐著看班加拉巷的人來人往。莎哈妮說她無法再去達迦，那些搖擺、倒下的身體讓她感到害怕。一個豐滿的「布蒂」（老婦人）擠到夏奇姆與莎哈妮之間的長椅上，說她可以代替莎哈妮去。在長椅做好後不久，布蒂棉花糖般的銀白色頭髮和柔軟發福的身軀便開始在天黑後出現，睡在長椅上。「Usko dekhne vala koi nahi hai na.」夏奇姆後來回憶道，他們家已經人滿為患，怎麼還會把布蒂帶進家門。沒有人照顧她。

那年齋戒月接近時，法札娜仍持續到金布爾的達迦。巷子裡的拾荒者試著經營配合節令的生意，這些生意將會擴大九十呎路市場。一個月的白晝禁食夜間祈禱是為了讓信徒邁向通往節制、純潔與真主的道路。拾荒者擺設攤子販售開齋的水果、果汁、食物。還有些人用床單設置小飾品攤及服飾鞋店。他們認為，有這些小小的放縱才讓長時間的節制成為可能。

海德·阿里也計畫重新開設他的金線刺繡（zari）作坊。他心想，開齋節時女人會穿上最好的衣服，刺繡肯定會有需求。法札娜去達迦的時候，他搭公車進城去借新的貸款。父女倆朝相反的方向前進，看見狹長如手指狀的城市慢慢變成塵土飛揚的建築工地，由於竭力為兩千多萬居民提供住處而過度緊繃到快要瓦解。

年邁健談的蘿珊·謝赫說，法札娜來對地方了。她住在聖殿附近的廉價公寓大樓，經常在聖殿的庭院閒晃。蘿珊說，她鐵定是披頭散髮地站在山上。蘿珊說，她以前不相信這種迷信，可是她那棟大樓裡有個年輕女子被看不見但惡毒的鬼魂糾纏住，最近巴巴·賈拉魯丁剛治好她。那家人迅速將她嫁給城外的人，讓被拋棄的撒坦無法再占有她。

現在的女孩子啊！蘿珊苦惱地說，她們塗抹香水，把鮮花別在頭髮上，跑到鬼魂埋伏以待的地方去。她說，法札娜——她並不認識法札娜本人——肯定就是這樣被困住的。「Shaitan aashiq ho jaate hain.」蘿珊作出結論說。撒坦愛上了她們。

第十三章 驅魔

六月二日的早上，法札娜十八歲生日那天，她挖空存了好幾個月的存錢筒。她走到九十呎路市場，為自己買了一條牛仔褲。畢竟，時候到了，她終於成年了。她看見長而混亂的街道上掛滿了燈，準備過齋戒月。拾荒者小心翼翼地將堆成山的禮拜帽、鞋子、水果擺在人行道、馬路，以及橫越道路的折疊桌上。齋戒再過幾天就要展開。法札娜走去擠滿人的糖果店，她經常拿認真存下的錢去那裡購買漂浮在甜牛奶裡的奶油團。這天買的是蛋糕、薄酥餅、巧克力。

轉身回家時，她看見淺灰色的雲籠罩著聳立前方的群山，有如廢船殘骸懸掛在他們社區上方。整個下午，她的姊姊、外甥、外甥女都過來祝她生日快樂，可是法札娜把袋子留在家裡去工作了。莎哈妮時常說，所有的姊妹從小都一樣，只要一天沒到山上走走就會發燒，身體就會疼痛。法札娜離不開山區。

晚上，法札娜穿上牛仔褲和一件新的點綴彩色圖案的黑底長上衣。她的耳朵上戴著金耳環，臉上也化了妝。屋子裡慢慢擠滿了謝赫家所有的兄弟姊妹，以及他們的配偶和孩子。只有老大潔哈娜不在：她丈夫在山上以為看到她和別的男人在一起，等他們回到家後，他用垃圾叉在她頭上砍出一道深長又血淋淋的傷口。那天晚上，他坐在家門口，她待在屋內。在海德·阿里的家裡，其他人圍繞著法札娜，她切開用白糖霜寫著她的名字的方形蛋糕。

就在她切好蛋糕準備端給大家時，伊斯梅爾開始戲弄她，說今年她就要結婚了……可是跟誰？「Tere se achha dikhna chahiye!」法札娜回答。最好是長得比你好看的人！他朝她扔東西，他們在擁擠的房間內互相追逐，撞到其他人，儘量避免絆到阿蘭吉爾九個月大的兒子法贊，他在腳邊爬來爬去。

海德．阿里坐在傑漢吉爾旁邊，說話時眼睛看著前方。傑漢吉爾幾個月來一直忙著搬出家裡，他現在擁有自己的垃圾生意、自己的摩托車。「Gharwalon ke saath kyun rahega? Kyun paisa dega?」——他為什麼要和家人一起住，或者和他們分享他的財富？——海德．阿里挖苦地問。傑漢吉爾沒有回應。他、拉綺拉，和他們的三個孩子在家吃飯，但是走到附近他最近剛租的房子去睡覺。不久他們就會搬走，阿蘭吉爾也希望跟著哥哥搬出去，從事開垃圾車的新工作。如果發生這種情況，法札娜就會成為家中年紀最大的孩子，把錢交給父親，維持家裡艱難的生計。

幫法札娜找個丈夫吧，傑漢吉爾轉向阿芙莎娜說，她是姊妹中唯一一個在結婚後擺脫山區陰影的人。他不想找個垃圾場的人，萬一迪歐納垃圾場關閉了怎麼辦？法札娜猛然轉過臉背對伊斯梅爾。「Mujhe karna hi nahi hai bhai.」我不想結婚！「Main yahin rahoongi, tere saath.」她抗議道，淚水突然順著搽了粉的臉蛋流下。我想要留在這裡，和哥哥在一起。

三天後，太陽躲在一整天慢慢聚集的雲層後面。法札娜在垃圾山頂的微風中拾荒，沒注意到天色暗下來，直到快要日落時被雨季的第一場陣雨淋得溼透。那天夜裡，她在雷聲中睡得斷斷續續。齋戒月聖月在黎明前就已開始。她走到巷子裡時，第一道晨光尚未出來，小巷在新近高高掛著的銀色彩旗籠罩下閃閃發亮。禁食中的法札娜已經覺得餓了。

隨著雨水澆熄大火，官方加緊了驅逐拾荒者的計畫。市政當局請顧問規劃一座工廠，將消耗三千公噸的垃圾，超過每日送達鎮區的垃圾一半的量。在法院委員會的會議上，有些委員懷疑這麼大的工廠是否能夠馬上運轉；或許可以讓工廠分階段運轉。距離歐卡要求停止在迪歐納山傾倒垃圾的最後期限只剩一年，加上焚燒了一整個冬天的大火也讓每個人擔憂，因此這幾十年來斷斷續續、時隱時見的計畫突然有了急迫感。

法札娜繼續工作，看著外圍山坡長滿青草變成一片翠綠，就像她第一次來此工作時一樣。蓮花在溝槽裡積起的雨水中盛開又消失。她又起被雨水淋得黏稠、被大火燒得焦黑的舊垃圾。幾星期前，夏奇姆和布蒂陪她到巴巴·賈拉魯丁的達迦。夏奇姆解開法札娜的長髮，這樣子在阿克巴·拜伊用咒語引誘她體內的鬼魂出來時，鬼魂才不會纏在頭髮裡。在這群出神的人之中，唯獨法札娜沒有隨著高漲的鼓聲移動或搖擺。治療師告訴她們，鬼魂已經離開她了。本來應該花費十一週的作業在幾星期內就完成了。夏奇姆回家時感覺平靜多了。

然而有些在黎明前醒來，到山腳下解手的朋友開始在黑暗中看見法札娜。總是和姊妹在一起的法札娜獨自走在光線昏暗的山坡上。他們開始叫她「山區的幽靈」（Khaadi ka Bhoot）。她開始在天亮前、大家都還未醒來前就回到山坡，時常帶著錢而不是早餐。她說：她必須搶在警衛之前提早去工作。大約到黃昏時分，她才和日班拾荒者一起回家。夏奇姆傳口信叫她回家吃午餐時，她聽說法札娜會向山坡上遊蕩的小販買食物，然後繼續待在那裡。薩拉胡丁告訴夏奇姆山區鬼魂不會輕易離開。

一天下午，在山頂上等了好幾個小時後，法札娜與法哈看見一輛卡車蜿蜒地行駛過泥土路，朝她們而來。她們跟在卡車旁邊在山丘上奔跑，濺起了泥漿，一直追到一塊空地上。法札娜上氣不接下氣地看著垃圾傾倒出來。法哈猛撲過去，和聚集在四周的其他人爭搶。她抬起頭來發現法札娜仍然盯著掉落在周圍的那堆爛糊的垃圾。其他人為了拾荒將她推到一旁。

法哈繼續收集壓扁的瓶子，一面密切注意著法札娜，法札娜繼續站著不動，目瞪口呆地看著。她大聲叫她姊姊，但法札娜似乎沒有聽見。她再走近一些，用垃圾叉試探地戳了法札娜一下。你不打算舉起叉子嗎？法哈詢問，心想她們等這輛倒空的卡車等多久了。拾荒者在她們四周猛戳。法札娜氣沖沖地反駁，你要和姊姊打架嗎？「Akdi nahi uthaegi to ladna padega.」法哈回答。你要是不拿起叉子，我就不得不。

法札娜揮舞垃圾叉，瞄準法哈，法哈驚訝得畏縮不前，跌跌撞撞地走開。法札娜拿著垃圾叉跟在她後面。「Badi behen ko maregi?」你要打姊姊嗎？法哈順著山坡逃跑時，聽見法札娜重複著這句話。法哈邊跑邊笑，以為她們很快就會停下來，抓著側腹喘氣，癱倒在山坡上大笑，就像她們有時候那樣。然而她回頭的時候，卻看見法札娜的眼中充滿憤怒，垃圾叉在她前面晃蕩。法哈繼續向前跑。法札娜笨拙地在鬆散堆積的斜坡上絆了一下，但還是繼續跟在她後面。法哈的胸口灼痛。雨尚未降下，空氣十分沉重，就連呼吸都很困難。可是法札娜的叉子緊跟在她身後，法哈繼續跌跌撞撞地向前跑。

她看見四周的拾荒者都停下工作來觀看。她聽見有些人大聲喊話，叫法札娜停下來，但是法哈覺得她越來越靠近了。她聽到阿蘭吉爾大聲叫喚法札娜，但法札娜的腳步依舊緊跟在她後面。

法哈聽見扭打聲，轉身看見阿蘭吉爾從背後緊緊抓住法札娜，直到她摔倒在斜坡上。儘管她長而捲曲的四肢隨著深呼吸起伏，法札娜還是緊緊抓住垃圾叉。阿蘭吉爾奪走叉子，將她抱起來；他是兄弟姊妹中最高的而且肌肉發達，傑漢吉爾則是瘦而結實。法哈氣喘吁吁又迷惑不解地跟在阿蘭吉爾後頭，她聽見人家說這幾天山坡上的溼氣讓人變得脾氣暴躁。法札娜疲憊不堪地在他懷裡睡著了。他將她放在家裡的地板上，然後開始向夏奇姆講述控制住法札娜的那股怒氣，他說話輕聲細語，以免將她吵醒。

正當孟買市對山區的攻擊變得更加緊迫時，夏奇姆決定她需要加緊努力將群山從女兒體內驅走。她詢問了親戚、鄰居、朋友。許多人都有山區鬼魂纏住自己家人的故事：印度教教徒在自己家裡見過卡比斯，一位高大、飄浮的伊斯蘭靈魂，莎哈妮則相信自己在十來歲時曾被打扮成新娘的印度教女神附身。有些人叫夏奇姆帶法札娜到米拉．達塔爾的聖殿，那是孟買驅魔的守護聖徒。[1] 米拉．達塔爾是位十五世紀的少年聖徒，安葬在古吉拉特，他擁有力量能夠解開困在人們體內的鬼魂掌控，大名鼎鼎。他偏遠陵墓的綠色分部座落在孟買繁忙的街道上，靠近該市遼闊的港口區，舉行和原始聖殿同樣的鬼魂淨化儀式。

法札娜用線將綠色玻璃手鐲繫在聖殿的牆壁上，希望能夠引來馬拉地新娘所戴的綠手鐲和其他來到這座城市的人，以及平靜的生活。

三天後，夏奇姆告訴莎哈妮，法札娜受到山區鬼魂折磨，哭了一整夜。一連幾星期，更多治療師來拜訪，更多護身符綁在她的手臂上，可是法札娜依舊繼續在天亮前回去工作，並且對這一切毫無記憶。她只記得有一次到查利斯貢的聖殿，那裡距山區有幾小時的路程。

為了改善鎮區，塔塔顧問公司的工程師研究了世界各地的垃圾堆肥廠及發電廠。[2]他們和之前的顧問一樣，擔心孟買的垃圾中沒有足夠的易燃塑膠、紙張、布料或廢木材可當焚化爐的燃料。送到鎮區的垃圾將近一半是爛糊的廚餘，在雨季中浸透，不容易燃燒。顧問們擔憂工廠只能依季節斷斷續續地運作。

然而那年五月，市政當局委託國家環境工程研究所所做的新報告出爐，顯示了孟買垃圾的熱值很高，高於作者所研究的其他大多數城市，這表示孟買垃圾可以充分燃燒、發電。[3]該市的習慣改變了：孟買人開始丟棄較多的椰子殼、稻稈、優質的塑膠和紙張，這些全都容易燃燒。起初似乎行不通的工廠可能行得通。

該市的建商協會提出申訴，反對歐卡要求停止新建設的命令。他們申辯說，他們不應該為市政府無能處理垃圾以及計畫失敗而受到懲罰。但是歐卡不為所動。在山區問題處理完之前，該市都不可能有新的建設。不久，他們便向印度最高法院提起上訴。

在法札娜家裡，似乎每唸完一次咒語鬼魂就會遠離，但又會再回來。更多的建議湧入。朋友們告訴夏奇姆，法札娜不應該像拾荒者平常那樣將山坡當成露天浴室。從欲望中崛起的鬼魂會在最意想不到的時候攫住你、控制你、將你絆倒，然後再也不離開你。

雅思敏的母親吩咐她帶法札娜去位在馬希姆灣的馬赫杜姆．沙．巴巴聖殿。這位聖徒被稱為「Qutub-E-Kokan」，也就是康坎海岸的閃亮之星，孟買就坐落在這條海岸上，他為整座城市甚至更遠地方的人吸走疼痛與苦楚。聖殿周圍的巷道擠滿了遭到附身、無依無靠、身有殘疾，和其他在城市苦撐到崩潰邊緣的人。

馬赫杜姆．沙．巴巴是位學者和聖徒，據說活在七世紀前，曾在後來成為馬希姆警察局的地點接見大批的敬慕者。他一年一度的祭典由警察局高級督察帶領的隊伍揭開序幕，增添馬赫杜姆．沙．巴巴的光彩。據說樂師會搭乘駁船到祭典上演奏。伴隨祭典而來的露天遊樂會湧入達迦後面的海灘，照亮馬希姆灣，每年都讓這座彎彎曲曲、手指形狀的城市交通阻塞。夏奇姆確信馬希姆達迦將會引出停留在法札娜體內的撒坦」。

到目前為止，撒坦總是離開後又再回來。所有的藥物、護身符或儀式似乎都無法產生持久的影響。「Kabhi kabhi usko pata chal jata hai, Hazri ke liye ja rahein hain, to thodi der ke liye, vo bagal mein baith jata hai.」蘿珊・謝赫說，她解釋撒坦如何避開巴巴・賈拉魯丁。有時候，它知道你打算擺脫它，它就會出來坐在你旁邊，暫時逃離。但是它會再回來。

第十四章 熔金

隨著開齋節接近班加拉巷，香味飄進了莫哈蘭姆．阿里的家，也充盈在雅絲明的腦袋裡。她無法提供什麼來換取她聞到的食物。她還欠這些烹煮食物的人錢。她告訴他們禁食使她頭痛，她需要晚上睡覺來恢復，但是她並沒有禁食。

在整個火災期間，莫哈蘭姆．阿里試著在拉菲克鎮附近工作。好多個月後，他以輕快、優雅的姿態驅散煙霧，改變了山區周圍令巷弄裡的生活不安的氣氛。他說，山區空氣並不「適合」每一個人。他說，不過他在那裡工作了大半輩子，一點點煙霧不會干擾到他。他不願承認情況改變，山區空氣不再適合他的家人。警備變得森嚴後，莫哈蘭姆．阿里曾經在夜間到家裡拿錢，他說那是他倉促離開時留下來的。當雅絲明試著打電話給他要開齋節的費用，他的電話不是關機就是無人接聽。朋友們悄悄接近他們家，想拿回借給他的錢，但始終沒看到他。惹麻煩先生的傳說，莫哈蘭姆．阿里無敵的運氣毫無跡象地熄滅了，並毀了他的家人。

這區域的市場在即將帶來開齋節新月的第一個夜晚（Chaand Raat）通宵營業。定居點在漆黑的群山襯托下閃閃發亮，拾荒者湧入市場，沐浴在月光下，用僅有的一點錢購物、吃東西。還有些人擺攤子販賣手鐲、錐形的指甲花染劑、夾進抓飯裡的香料包、顫抖地灑在甜點上的食用銀，希望能賺到垃圾以外的錢。海德·阿里聲稱身為黑暗生物的撒坦在那晚的光亮中遠離。

當晚莫哈蘭姆·阿里回了雅絲明的電話：她不希望兒子身上蒙著垃圾山的汙物，而他們的朋友穿著簇新的白色庫塔去參加開齋節祈禱活動。在債臺高築、莫哈蘭姆·阿里離開後的幾個月裡，梅倫和阿施拉的衣服逐漸變短變緊。他說，他會帶女兒去買新衣，並且送她一套。雅絲明不知該如何告訴對父親滿懷怒氣的夏里布，他和弟弟什麼都沒有，於是她只好去向朋友借錢。

梅倫和阿施拉與莫哈蘭姆·阿里在九十呎路市場碰面，那裡的彩色小燈發出螢光，到處都是穿戴珠寶的購物人群。梅倫悶悶不樂地嘟著嘴，心裡想著赫拉跟夏里布所說的關於父親的一切。阿施拉牽著他的手，喋喋不休地說話，但由於穿梭在人群中他幾乎都聽不到。他們經過沒有顧客的肉鋪，細長、瘦削的動物屍體一部分切割下來，吊掛了好幾天，吸引來的大多是蒼蠅。他們避開人行道上成堆的水果，這些水果在手推車上放到腐爛，直到水果販子將其丟棄。看得入迷的阿施拉指著掛在竹竿上的衣服，這些點綴著亮片的衣服在鹵素燈下閃閃發光，層層硬挺的塔夫塔綢讓衣服看起來像是有人在裡面。莫哈蘭姆·阿里聽到價格後臉色一沉。

他想要引導她走向堆在黑暗中的廉價衣服。阿施拉搖搖頭表示不要。梅倫看見莫哈蘭姆·阿里的臉皺了起來，但阿施拉一臉欣喜，像柔和地穿透宛如仙女的衣服的燈光般發亮。最後，梅倫說她可以不用買新衣，阿施拉迅速挑了一件綴滿金亮片的奶油色蕾絲長衣，搭配一條長裙和長褲。梅倫和抱著特大號袋子的阿施拉走回桑傑鎮，而莫哈蘭姆·阿里帶著空空的錢包回到拉菲克鎮。

過一會雅絲明回家了，帶著不必歸還的兩千盧比——「Fitra」是在齋戒月最後一晚施捨的錢。

第二天早上，夏里布和薩米爾洗完澡，穿上新的白色莎爾瓦庫塔，出門去祈禱。雅絲明認為擦洗掉覆蓋在身上的山區砂礫後，她高大魁梧的兒子看起來比他們去拜訪的任何朋友都要來得好看，他們去朋友家中是為了拿「Eidi」（表示祝福的錢），並且品嚐他們家裡散發出香味的美食。阿施拉穿上金色衣服搭配裙子，再請梅倫幫她編辮子，然後出門去朋友家。雅絲明覺得她的孩子看起來非常好看，沒有人會注意到她在開齋節甚至沒有點燃爐灶。

多年來，山區及周圍的巷道在節日過後都會清空，因為拾荒者都到城裡去了，將節日延長為「走味的開齋節」（Baasi）。他們走訪偏遠的陵墓、殖民地時期紀念碑，和岩石構成的海灘。可是那年開齋節一結束，山區就變得陰鬱，巷弄裡擠滿了人，債主回到雅絲明的門口，比先前更為飢渴。

雅絲明經常外出，她不在時就由十二歲的梅倫應付他們，她既沒有錢話也不多。雅絲明認為他們面對孩子就會撤退。然而某天下午，她走進巷子時，偶然撞見了那位遭莫哈蘭姆．阿里捲款潛逃的畢喜籌辦人。雅絲明像往常一樣告訴他，等莫哈蘭姆．阿里回來她就會還錢。他打斷她的話說：如果她沒錢還他，就應該在晚上送梅倫到他家還債。

不像其他西迪基家的孩子又高又壯，梅倫長得非常纖弱，近乎易碎的程度。她的皮膚是乳白色，兩眼是淡褐色，雙頰永遠紅撲撲，看起來好像半透明的。在家裡的談話中，她的存在也如紗一般薄，大多都是靠眼神傳達。莫哈蘭姆．阿里和雅絲明兩人都認為她長得和他們很像。「Mera bachpan hai ye.」雅絲明曾說。她就像我小時候。在莫哈蘭姆．阿里消失後，他們幾度搬家的過程中，他從山上為梅倫和阿施拉收集來的娃娃都不見了，梅倫用來為娃娃縫衣服的縫紉機也被債主拿走了。「Kabhi socha hi nahi ki vo gudiya hai aur main insaan.」梅倫說。我從不認為她們只是娃娃而我是個人。

——

雅絲明大多時候都鎖著門，好讓人以為她不住那裡了。雅絲明心想，她不僅需要錢來償還借款，還需要送梅倫和阿施拉去孤兒院或收容所，遠離債主和麻煩。畢喜籌辦人的話在她腦海中浮現。朋友告訴她有家仲介公司僱用婦女為有錢但不孕的夫妻懷孩子。她告訴雅絲明巷子裡的婦女都去申請當代理孕母，這份工作會支付她們十萬盧比的報酬。雅絲明聽說，垃圾山區逐漸向他們關上大門，這是在巷子裡唯一能賺大錢的方法。她在他們位在夢想購物中心的辦公室外排隊，這是附近郊區的一間購物中心。她簽了同意書並做了體檢，但是三十七歲的她沒有被選上。

由於房租已逾期未付，雅絲明到河對岸的醫院去，她聽說那裡有醫生在找代理孕母。這家醫院和她以前見過的截然不同：在燈光柔和的米黃色大廳裡沒有病患，也沒有藥物的味道。她和坐在隔壁身穿布卡的女人聊了起來。她說，她們不大可能被選中，除非較年輕的婦女沒有通過檢查。她已經從代孕轉為醫學試驗。她說，只要花幾天服藥並做醫學檢查就能賺到幾千盧比。雅絲明懇求她帶她一起去。

幾天後她接到電話，要她去孟買北邊四百多公里遠的巴洛達市參加試驗，雅絲明將梅倫和阿施拉留給莫哈蘭姆．阿里照顧，叫夏里布和薩米爾睡在卡塔店裡。然後雅絲明搭了五小時的火車到北邊去，數天後帶著幾千盧比回來，她用那筆錢租了新的房間，償還了一些借款。一星期後，她接到另一通電話，是她在檢驗中心認識的女人打來的，問她是否想參加另一項「研究」。雅絲明告訴她，她會在火車站和她碰面。隨著垃圾山區腐臭的掌控逐漸消失，她不知不覺地陷入了醫學試驗黑暗的地下世界。

在試驗機構，負責人引領她進入安靜、有空調的房間。檢查出患有貧血或低血壓的婦女會被遣回家，經常都是含著淚水離去。其他人則被帶到另一間房間，那裡有人會說明冗長的法律合約，合約中表明她們是自願參與試驗，倘若試驗的藥物導致她們不舒服，她們不會要求公司負責。雅絲明完全看不懂合約上所寫的北印度文，仰賴口語的解釋來簽合約。大多時候，她都儘量不去認真聽。

雅絲明試驗了避孕藥、癲癇藥及治療心臟病的藥物等。她將梅倫列為受益人，假使她發生了什麼事，這筆錢就歸她的家人所有。[1]這些藥物通常是由印度機構代表大型的西方製藥公司進行試驗，開發之後將用於國際市場，而在國際市場上利用人體試驗未經批准的藥物是非法的；可是沒有經過人體試驗，製藥公司不會知道該藥物是否有效及有何副作用，因此全球藥物新發現的未來就端賴雅絲明和其他像她一樣的女性。

一連幾天，雅絲明和其他婦女都待在試驗機構裡，科學家和醫師持續觀察她們是否有任何引發的疾病或副作用。有些婦女嘔吐、頭痛、陣陣頭暈，或者發燒。有些在宿舍式的房間內，坐在床上講述導致她們來到這裡、生命中充滿失望與掙扎的故事。她們在黑暗中抹去淚水。

雅絲明在安靜得詭異、有空調的試驗機構裡等著入眠時，與畢喜籌辦人那次見面的情形纏擾著她。她在離家前曾經請一位朋友的丈夫和他談談。他說這些巷子裡幾乎每個人都欠他錢。當他要錢時，每個人都說他們幾乎無法再在山區工作了，等雅絲明還錢的時候他們就會還。她告訴他莫哈蘭姆・阿里消失了。畢喜籌辦人說他自己都快破產了。他覺得很抱歉，但他不得不逼迫雅絲明。

雅絲明身體發冷、清醒地躺在床上，想到她去孤兒院的情況。她必須證明自己已經離婚或是喪偶才能讓梅倫和阿施拉進入孤兒院。可是莫哈蘭姆・阿里有時候仍然會回來，而且比起離婚她更希望維持現狀。到了早上，她每天醒來都有為了幫她們補充體力而精心準備的膳食。雅絲明和她的新朋友細心研究食譜，打算帶著錢回家時為孩子複製這些餐點。

幾天後，經過反覆試驗確保藥物沒有引起任何副作用後，試驗機構支付雅絲明和其他人報酬讓她們回家，並吩咐她們應該在一個月內左右回來做最後檢查，看她們對藥物的反應如何。

雅絲明帶著錢，有時甚至帶禮物回到迪歐納。她為懷孕的赫拉買了一罐印度酥油。下一次，她買了一盒花生糖，她知道孩子們很喜歡，不過有好一陣子沒吃了。雅絲明一走進班加拉巷債主就來了。她把錢交出去，蜷縮在床墊上，聽著周圍孩子的嘈雜聲打瞌睡。夏里布和薩米爾存錢買水煮蛋或甜菜根給她，因為她告訴過他們，試驗機構給她們吃甜菜根沙拉，以防止藥物可能引起的貧血。

雅絲明參加醫學試驗回來後，夏里布沉思了好幾天。目前他無法上山時就跟著泥水匠當學徒，他告訴她，他很快就會找到建築的工作，賺足夠的錢來償還借款，這樣她就不用再去參加試驗了。不過，在那之前，她一直在償還絲毫未減的債務，償還的利率多少她也不清楚。每當債主找到雅絲明，她就直接將手邊所有的錢交出去。

每次莫哈蘭姆・阿里短暫回家，雅絲明都以為他可能會永遠留下來。但情況總是一樣：他拿走一些錢，留下些希望，然後再度離開。曾經產出金子交到他手上的垃圾山如今壓垮了他。狂風在山坡上呼嘯，雨水猛烈地沖擊著山坡。他走過山區的通路和空地時，腳下不斷地打滑。警衛就連夜間也在巡邏，他們揮舞的手電筒光呈弧形向旁邊照射，捕捉黑暗中的拾荒者，這些影像即使白晝也在他的腦海中移動。

在山上時，莫哈蘭姆・阿里覺得山區有股似薑的味道。這味道和腐壞垃圾的惡臭混雜在一起，讓他噁心想吐且揮之不去。事實上，市政當局簽署了一張一千五百萬盧比的契約，在山區噴灑草本的除臭劑和消毒劑以減輕臭味。[2]反對派政客質疑花這麼多錢在垃圾山區灑香水是否有點放縱。

儘管法札娜更常待在垃圾山坡上，但她沒有注意到那股氣味。孟買的垃圾車隊慢慢回來了，她一心一意地追逐車隊。但是卡車倒出來的經常是泥土和混凝土，而不是可以賣錢的垃圾。每年，市政當局都會在大雨猛烈襲擊該市前修補道路和橋梁：孟買的暴雨可以沖走太舊或太新的房屋，這些壓碎的破瓦殘礫在城市周圍堆積成山，連續好幾週運到山區。法札娜看見泥土、碎石、混凝土塊、磚塊、水泥整天傾倒在山上，將舊的垃圾掩埋並往下壓。

莫哈蘭姆・阿里聽說所有的金子都被大火燒熔，再也找不到了。

第十五章 陰魂不散

開齋節過後幾天，某天深夜法札娜醒來。「Mujhe chhod do. Main kuch nahi karoongi.」她大聲地對著一屋子屈服於睡魔的人叫喊。別管我。我不會惹麻煩的。她痛苦的啜泣慢慢越來越大聲，傳遍整個屋子，直到所有人都醒了。

鄰居跑過來，以為會看到爭吵，卻只發現海德．阿里和其他人站在法札娜身邊。他們不知所措地看著她坐在床墊上哭喊。「Chhod Do. Main vapas nahi aoongi.」我不會回來了。不要管我。傑漢吉爾心想，很可能是她在睡夢中看到警衛。醫生吩咐她不要再去山上後，他不應該再讓她回到山坡上。夏奇姆知道那是撒坦，催促布蒂舉行儀式好讓法札娜馬上得到解脫。她一邊吟誦一邊將聖水潑在法札娜身上。全家人睡眼惺忪地等待祈禱奏效。可是布蒂將他們搞得精疲力盡後退到屋外去，直到睡眠制服了法札娜。

開齋節後不久，夏奇姆決定今年務必讓那難纏的鬼魂離開。她重新開始唸咒語、讓鬼魂顯現、收集護身符。治療師拿檸檬繞著法札娜緩緩地轉圈，接著是雞蛋，然後將雞蛋丟到地上，把蛋摔破，釋放出被吸進裡面的鬼魂。一名治療師在海德．阿里的屋外，用雨水弄溼的微弱火苗焚燒法札娜的一綹頭髮，一面背誦可蘭經經文以吸引出糾纏在她體內的鬼魂。

夏奇姆帶著法札娜返回馬希姆的達迦。特大的烹飪鍋沸騰，四周蒸氣瀰漫：馬赫杜姆・沙・巴巴以提供食物給該市的飢者聞名。無腳的人坐在帶輪的木板上圍繞著這對母女；彎腰駝背的老人伸出雙臂，以巴巴的名義要錢買食物。有錢的贊助者出資購買的一盤盤食物送來後，她們身邊鬧哄哄的人群也就逐漸散去。她們看到以前見過的穆賈瓦，坐在他的店門口。他看到她們似乎並不意外，繼續為法札娜祈禱。

然而，幾天後，莎哈妮回家時發現法札娜獨自坐著，下巴擱在沾滿泥巴、縮到胸前的膝蓋上。「Vo dikhta hai.」法札娜說。我看得見他。她直盯著前方的流理臺，莎哈妮順著法札娜的視線看去。「Vo baitha hai.」她繼續說。他坐在那裡。莎哈妮後來回憶說，可是她什麼都看不見，擔心妹妹快要發瘋了。

接下來的星期四，馬希姆的穆賈瓦讓法札娜坐在庭院裡，四周擠滿了其他冀求與鬼魂分離的人。花影隨著逐漸消逝的陽光從格子窗照射進來。燃燒乳香樹樹皮所冒出充滿木頭味道的煙與霧濛濛的天空混合在一起。這些煙越來越濃以淨化體內的霧，接著鼓聲響起。坐在庭院裡的人動了起來，起先緩慢地搖擺，然後隨著鼓的節奏變快擺動也加快。他們身體疼痛，仍跟著節奏痛苦地打轉。等到鼓聲減弱，太陽已經下山，整個庭院沐浴在孟買雨季涼爽的紫霞中。不過法札娜還是保持著冷靜。

翌日，天還未亮她就到山坡上，告訴朋友她只是出趟門而已。該市努力縮減垃圾山區的步調也在加快。拾荒者問她是否知道，塔塔公司將要來接管山區，把山區垃圾轉化為電力？他們就快來了。傑漢吉爾聽說塔塔的高層人員已經拿了山坡的塑膠和紙張，用來在河對岸他們的園區裡發電。他聽說假如一切順利，山區塑膠將會開始運到他們的設施。塑膠的價格將會上漲。他要法札娜開始撿拾薄的塑膠手提袋，這種袋子在卡塔店賣不了什麼錢，不過可以提供給他們的工廠。傑漢吉爾心裡又開始樂觀起來。

然而在馬希姆，法札娜的鬼魂仍舊頑強地留在原地。年邁的穆賈瓦告訴他們，在人群的怒視下，撒坦會躲藏起來，但是仍緊緊地抓住不放，如同欲望本身。下週，他會用「簾內顯靈」（parda hazri）的方法欺騙撒坦，讓它相信四周沒有人、可以現身，再來趕走它。到時只有穆賈瓦和法札娜在場。

下週四，穆賈瓦帶法札娜進入聖殿後面的房間，莎哈妮和夏奇姆待在一段距離外。過一會兒，穆賈瓦得意洋洋地走出來，他說那是來自汙物的撒坦，現在已經走了。莎哈妮打斷他說，沒錯，法札娜是個撿垃圾的人——穆賈瓦這回說對了。「Ab vo theek ho jayegi. Bas vahaan vapas jaane mat dena, Unka saya rahta hai.」他說。她現在沒事了，只要別讓她再去他抓到她的地方，鬼魂會在那裡徘徊。

傑漢吉爾贊同法札娜需要待在家裡，雖然他不相信鬼魂，不過醫生早先的診斷說是山區毒害了他妹妹。她不該在山坡上工作，他叫她和他家人一起睡在夾層樓面，他會看著她。夏奇姆已經請朋友幫法札娜找對象。在那之前，她會把法札娜留在家裡，教她煮飯。

可是，早上他們叫法札娜下來喝茶時，她卻常常不在。他們不清楚她是何時爬下階梯、打開門出去的。夏奇姆注意到，就連拴在門口的山羊都沒有咩咩叫。朋友們告訴她，黎明前他們在山坡上看見了「山區的幽靈」。法札娜在山上買瓦達包、咖哩餃、茶，或者在市府辦公室附近的餐廳吃飯，整天都待在外面。

夏奇姆派傑漢吉爾、阿蘭吉爾、莎哈妮或任何她能夠找到的人去帶法札娜回來，可是法札娜從來都不在他們聽說她去了的那座山。她跟著清空的垃圾車隊走了，在垃圾送達之前先到空地去。她身上掛了越來越多的護身符。家裡的人只要去聖殿就會帶一個回來加在上面。慢慢地，法札娜開始可以一覺睡到天亮。雖然進展速度和陳年的垃圾山區移出城市同樣緩慢，不過撒坦漸漸離開了。

—

七月二十七日，顧問向孟買市政專員阿喬伊．梅塔提出縮減堆放丟棄欲望的垃圾鎮區計畫。整個四、五月，他們都陪同市政官員在山坡各處走動。他們採集樣本草擬報告，揭露了山區的情況，以及有毒暈輪如何滲入並停留在山區周圍的居民體內。[1]他們仔細審查了適用山區的規定，斟酌了市政當局的簡要說明，然後擬出設立工廠的計畫，此工廠將會縮小垃圾山區並為該市發電。

顧問從市政府的空氣品質監測實驗室得到的數據顯示，山區的有毒暈輪濃度逐漸增高。硫化氫這種有毒可燃的氣體，以臭雞蛋的味道聞名，從二〇一〇年到二〇一五年之間增加了兩倍以上，甲烷也一樣，助長了持續燃燒的火勢。[2]可能造成頭痛頭暈的一氧化碳含量則高了五倍。該報告說，拾荒可能導致思緒混亂、撕裂傷、消化不良、視力模糊，以及其他疾病。

顧問建議從一百三十二公頃的鎮區清出一片區域，最終，垃圾車隊每天運來的五千一百公噸垃圾有一半以上會送到這間工廠。[3]首先，工廠會將垃圾分離，讓垃圾通過金屬篩網，接著是磁性篩網，阻擋掉較大的垃圾。報告中說，剩餘的垃圾會鋪在焚化爐的地板上，熱空氣將會從下面吹上來，「使得垃圾如液體般冒泡沸騰，讓垃圾與燃料間密切互動，促進風乾與燃燒。」[4]這些熱能將會產生電力，供應給孟買市，雖然通常少於市政當局簡介所說的兩千五百萬瓦的電力，但也足夠供應數千戶家庭的用電。

燃燒的焚化爐將會噴出煙到山區和周圍的社區，顧問計劃在工廠四周種植三排樹木來吸收這些煙。顧問在報告中貼了翠綠的樹木照片，他們說這些樹木可以將工廠排放的氨減少一半以上，並且吸收焚化爐產生的大多數灰塵。這座工廠和周邊的開花樹木能夠「改善迪歐納的美觀」，同時在二十年內省下超過八百萬噸的二氧化碳及其他的溫室氣體。他們估計，倘若沒有這座工廠，到了二〇二一年，孟買必須將迪歐納鎮區擴大一倍，才能夠容納該市的垃圾。

他們所呈現的未來十分理想化，近得彷彿盤旋在房間內：不僅垃圾山區縮減，樹木吸收山區的暈輪，工廠還會為四周的巷弄創造更好的工作機會。山區可能帶給拾荒者的二十二種不同疾病也會逐漸消失。

在顧問報告後不久，官員及控制孟買市政府的希瓦吉之軍黨的政治領袖們，開始非正式地會晤印度大型電力公司的主管。他們說，他們計劃在迪歐納興建的垃圾發電廠，將成為世界上數一數二大的發電廠。建造該工廠的契約將會透過國際競標發出去。他們說有很多公司關注這項計畫，國外的大型垃圾發電公司對此計畫強烈感興趣。他們勸誘電力公司主管投標。身在孟買，他們負有道德責任興建這座工廠，清潔該市的環境與空氣。

他們將在幾週內招標。到時，垃圾山區及其暈輪和鬼魂，終將離開這座城市。

第十六章　撒坦的獵物

二〇一六年八月十五日，這天是印度的獨立紀念日，也是阿蘭吉爾的兒子法贊的一歲生日。法札娜在自己的生日過後不久就開始為此存錢。黃昏降臨時，法札娜與法哈和每年一樣站在九十呎路上，揮舞旗子看著摩托車騎士疾馳而過。她們收集摩托車騎士分發的巧克力和糖果，沉浸在街上安裝的擴音器所播放的愛國歌曲。她們走回所住的巷子，聽到更多這樣的歌曲輕聲地從家家戶戶飄出來。

法札娜換上有深綠色滾邊的長版白色蕾絲庫塔。她塗上深紅色的口紅，在臉上撲粉，然後用髮夾將披散的長髮挽在後面。在附近的照相館裡，她將法贊抱在懷中，在葉綠色的帷幔前擺姿勢，手指戳著他胖嘟嘟的臉頰。必須微笑的壓力使得照片中的兩人專注地凝視著。閃光燈啪地一亮，法贊立刻哭了起來。

第二天早上，法札娜醒來時，前一晚的大雨已經減弱，留下陰沉沉的天空。她穿上鮮藍的緊身褲、鸚鵡綠的庫塔、黑色夾克，再用一條白色大手帕包住頭髮。趁她爸媽慢條斯理地喝著半杯茶時，她拿著橡膠靴未引起注意地離開家。法札娜在潔哈娜家停下來接她姊姊，兩人走到山上去工作。時間將近十點，太陽在灰色雲層後面緩緩地越過天空。這是雜色斑駁的一天。

火災過後，市政當局在小河邊堆起新的垃圾山，就在牛糞彎（明蝦彎）的對面，這裡的正式名稱是「一號彎」。拾荒者稱新垃圾山為「新一號彎」：越來越多卡車被派到這裡清空垃圾，拾荒者跟著車隊到這日漸上升的山坡。這裡很快就建立了容易打滑和危險的惡名，不過拾荒者繼續留在這裡，希望隨著垃圾堆放在上頭，崎嶇的斜坡會變得平整。

那天早晨，雲層預示著大雨即將爆發，法札娜和潔哈娜認為在天氣變壞、無法撿垃圾之前，新一號彎是她們最有可能找到垃圾的地方。她們走上斜坡，看見黃色與橙色的推土機和堆高機在灰色天空的襯托下一陣一陣地嗡嗡作響。卡車已經到了這裡。拾荒者都在工作，法札娜注意到有幾個像她自己一樣穿著黑色夾克。

他們看著卡車通過大門，經過市府辦公室，嘎嘎作響地緩慢駛上泥濘的斜坡，朝他們而來。等卡車到達空地後，拾荒者立刻撲上前去，飛快地工作。法札娜戴上耳機，在推土機移過來開始將垃圾推下斜坡前，伸手去撿拾垃圾。當推土機倒退輾平空地時，她跟著音樂和機器的節奏往後退開。她聽的總是印度電影裡關於不忠的歌曲，她幾乎從未看過那些電影。法札娜沉浸在這錯綜複雜的舞步中，幾乎沒有抬起頭來看轟鳴的天空。法札娜在一片髒亂中忙亂地搶著將塑膠瓶裝進袋子，過了一個多小時，幾乎毫無感覺時間流逝。

一輛卡車開過來，法札娜衝進爭搶的人群中，在卡車裡裝的金屬線、爛糊的紙張、色彩豔麗的布料和蔬菜皮中篩選，挑出壓扁的塑膠瓶。纏結成團的東西落入她的袋子裡。法札娜一邊想著等回家再來分類整理，一邊伸手去撿更多的瓶子。潔哈娜就在附近工作。清空了的卡車正要開下山丘，卻陷入了泥濘的車輒裡。卡車發出噪音開始加速，試圖往前移動。法札娜迅速抬起頭來，看見卡車費力掙扎，又繼續往袋子塞東西。卡車仍困在那裡。

過一會兒後，她抬頭看見下面的斜坡上有輛推土機。那輛推土機往後退，朝山上的空地行駛。法札娜看見推土機越來越近。拾荒者在她周圍翻找。她懶洋洋地朝司機揮一揮手，又繼續將垃圾裝進袋子。

之後她又聽見推土機的聲音，便抬起頭來看。推土機停了下來，接著又重新發動，沿著山坡往後退，朝她駛來。她看見一些拾荒者散開，逃離推土機的路徑。她也往前走一步，卻差點絆倒、跌進四周黏滑的垃圾中。她吃了一驚，低頭看見一條金屬線纏住她的腳踝。她使勁把腳往空地上踩，想要解開金屬線，然而金屬線卻拉得更緊、嵌進肉裡。她把腳在空中轉來轉去，金屬線依舊卡在裡面。推土機開得更近了。她坐在空地上努力解開腳上的金屬線，可是金屬線不肯脫落，推土機現在越來越近了。

她小心翼翼地站起來，朝司機揮手，提醒他自己被困在後面。金屬線棘手地把她往後拉，害她差點再度跌倒。法札娜撿起石頭扔向司機，想引起他的注意，但是石頭沒有丟到他那裡。她大聲叫他別再往後退，可是他還是繼續緩慢地朝她後退。

推土機就快開到空地上，法札娜卻仍一動不動地站在原地。她尖聲大叫伸長脖子，試圖吸引駕駛室內司機的目光。現在距離夠近，她能夠看見他戴著耳機。他八成正在聽音樂，因此她的聲音無法傳到他耳中。她發狂似地朝他揮手。但是，推土機仍然越來越接近。她注意到他戴著太陽眼鏡。

她想，他可能看不見她。

就在這時法札娜絆了一跤，臉朝上地摔倒在泥濘的山間空地上。海德・阿里後來相信是撒坦緊抓住她、將她往下拉。她躺在地上，推土機輾過她的左大腿。法札娜高聲尖叫胡亂揮動，試著將上半身從推土機下面挺起來。推土機鏟起大量的垃圾再繼續前進。法札娜疼痛萬分地往後倒。

附近的拾荒者也朝司機比手勢、瘋狂地大叫。他們不知道推土機底下是誰的黑色夾克，大聲叫著不同的名字。等推土機往山下開時，拾荒者試圖靠近一些，看看是誰被壓在下面。推土機將那堆垃圾丟下斜坡後，又開始倒退往上開。司機沒注意到周遭的人瘋狂地揮手。

他緩緩地往後開，二度輾過法札娜。這回，推土機從她左側的身體一路壓到接近胸部。潔哈娜和其他的拾荒者大聲叫喊，試圖吸引司機的注意。終於他瞥見了騷動，將推土機停下來。一個留著散亂鬍子、骨瘦如柴的年輕小夥子跳出駕駛室往後走，發現輪胎下一團血跡斑斑的混亂。法札娜腫脹的臉就出現在那團混亂前面。她的其餘部分大多壓在車子下面。她的眼睛幾乎要從眼窩突出來，盯著大受驚嚇的他。鮮血從她的耳鼻流淌出來。司機轉身跑走。一些拾荒者追著他往山下跑。恐懼促使他一直跑在前頭。幾分鐘後，他們放棄了，轉回來查看法札娜。

潔哈娜和其他人圍在法札娜身邊。他們無言地凝視著她腫脹的頭部和壓碎的軀體，上面濺滿了肉塊、血液和沾滿泥巴的垃圾。對垃圾無休無止的追逐驟然停止，拾荒者們不知如何是好。潔哈娜聽到周圍的人說這位是傑漢吉爾的妹妹。她看見市政府官員聽到騷動，從附近的辦公室走上來。拾荒者大聲呼喊傑漢吉爾，她也加入他們。有人看見他稍早在附近收購垃圾。

傑漢吉爾聽見潔哈娜呼喊他的聲音時，以為是他們最小的弟弟拉姆贊又逃學到山上惹是生非了。他跟著潔哈娜的聲音往山上走，心裡想著他要把拉姆贊拖回家，狠狠揍他一頓，讓他不敢再冒險跑回來。然而，他看見一小群人漫無目的地亂轉。他往停著的推土機下面一看，瞧見一個遍體鱗傷的人。黑色夾克下面露出鮮亮的藍綠雙色衣服。等他走近時，他看見肌肉鬆垮地垂下來，一根骨頭突了出來，一張腫脹的臉上布滿血痕。鮮血浸透她四周的垃圾，她右手裡抓著一袋裝了半滿的塑膠瓶。傑漢吉爾這才明瞭他們叫他來看的是法札娜。

潔哈娜回憶道，傑漢吉爾坐到駕駛座上，將推土機從妹妹的身體上開走。腐食性鳥類向下俯衝，在法札娜被撕開的肉體上形成陰影。她內側的肌肉溢出掉在山上，一根乳白色的骨頭從她的小腿突出來。鮮血從她鼓起的眼睛流下來。潔哈娜瞪大眼睛看著，不知所措。

拾荒者建議傑漢吉爾帶法札娜去沙塔布迪市立醫院，其正式名稱為馬丹・莫漢・馬拉維亞・沙塔布迪，距離山區不遠。他招了一輛剛清空的垃圾車。朋友們幫他小心翼翼地抱起傷痕累累的法札娜。他將她放在駕駛室的後座，開著卡車穿過山區泥濘的小徑駛向公路。他們離開後不久，莎哈妮來到空地，仍能看見法札娜的輪廓印在垃圾裡。

傑漢吉爾的一位朋友陪他一起坐上卡車，轉身去看後座的法札娜。「Uska haath dekh Jehangir bhai.」他看著她左臂湧出的鮮血和撕裂的肌肉說。傑漢吉爾兄弟，看看她的手臂。「Usko dekho.」傑漢吉爾挖苦地回答。看看她全身吧。

到了沙塔布迪，傑漢吉爾推著擔架上的法札娜穿過急診室敞開的後門。傑漢吉爾擠過在外面焦躁等候的病人。他設法攔下的醫生一看到法札娜就畏縮。他們告訴傑漢吉爾，他們不認為她可以存活，他們能為她做的並不多，醫院裡沒有處理這種重傷的設備。他們叫他把法札娜送去錫安醫院，其正式名稱為路克曼亞提拉克市立綜合醫院，是孟買市內非常大型且繁忙的公立醫院。

傑漢吉爾需要一輛救護車載法札娜到那裡，以便開始治療。醫生叫了救護車，並且為法札娜草草包紮，方便她搭救護車。傑漢吉爾在外面等他父母親，等待救護車到來，等著治療她將會需要的錢時，法札娜的生命懸於一線。

當潔哈娜回家告訴他發生了什麼事，海德・阿里知道撒坦出手襲擊了。海德・阿里說，撒坦已經糾纏法札娜好幾個月，就在她面對推土機的那一刻困住她、將她絆倒。「Vo uska nuksaan karne ke liye hi aaya tha.」他說。祂是來傷害她的，如今祂辦到了。他匆忙地向朋友鄰居湊了些錢。等他們抵達沙塔布迪時，要將法札娜轉送到錫安醫院的救護車還沒有到。法札娜的家人和鄰居一起，不停地煩擾醫生及工作人員。

救護車終於來了以後，在公路上緩慢地前進，午後的交通因為小雨而堵塞。法札娜聽見了醫生說的話。「Bhai mein bachoongi nahi.」她告訴傑漢吉爾。我活不了了。她的呼吸很吃力。「別擔心，」她哥哥反覆說，「不要擔心。」

到了錫安醫院，傑漢吉爾推著擔架穿過亂哄哄的急診室。醫生拉起簾子圍住法札娜的身體，當成小小的檢查室。他們為她戴上氧氣面罩，她深長、痛苦地呼吸，卻只能吸進非常微量的空氣，間接表明了推土機刺穿了她的肺臟，她的肺裡充滿了空氣。

她的左臂和左腿上滿是斷折的骨頭和開放性傷口，左腓骨從腿部突出。一團團凝結了血塊的深色肌肉從左大腿溢出。醫生在檢查報告中寫道，她的右小腿也受了傷。她的左手臂斷了。掃描顯示她的肝臟和腸子受損，腹部有液體，很有可能是血。她的背部和骨盆骨折。他們的報告顯示，法札娜的身體幾乎沒有一處沒受傷。

醫生將手電筒移到法札娜的眼睛附近。他們拿手電筒靠近她的時候，法札娜的右眼會跟著光線，但是左眼不會。沙塔布迪醫生最擔心的是她腫脹而有瘀傷的臉及頭部的傷勢。他們認為她的腦部可能腫起來或是受了傷。法札娜傷得如此嚴重，很難知道該從何處下手醫治她。

醫生對等在檢查室外頭滿身泥汙的家人及拾荒者說，希望渺小，不過他們會盡全力治療她。接下來的三天至關重要。倘若法札娜對治療有反應，他們才可以著手處理她其他的傷。自從火災後傑漢吉爾的玻璃生意及私人的垃圾空地幾乎都陷入停擺，但是他回家拿出所有的儲蓄，存放在醫院。之後他前往希瓦吉鎮警察局投訴法札娜的事故。

法札娜的兄弟姊妹圍在她身邊哭泣。他們彎下腰聽見她重複著說：「我活不久了。」她低聲說她很抱歉給他們添了那麼多麻煩。雅思敏與莎哈妮告訴法札娜他們會為她祈禱。「Tu theek ho jayegi.」莎哈妮淚流滿面、毫無把握地輕聲在她耳邊說。你會好起來的。

醫生將她轉入加護病房，外面的走廊擠滿了數百名拾荒者，他們穿著沾滿泥巴的衣服和特大號的橡膠靴，在醫院地板上留下了痕跡。有些是鄰居朋友，還有些甚至不清楚誰在裡面。病房裡的可能是他們之中的任何一個人，他們的生命存在於卡車傾倒垃圾和推土機開進來鏟走垃圾之間的那一剎那。法札娜的事故正是他們工作時儘量別去想的那種災禍。這件事讓他們回想起自己在卡車下度過的一生：翻找垃圾，跳上移動中的車輛，在撿垃圾時避開推土機，在堆高機開過來將他們和垃圾鏟起來前閃到一旁。他們緊緊抓住自卸卡車，在推土機太靠近時趕緊避開；有些人手指被壓碎，還有些人因為卡車輪胎接近時未來得及逃走而瘸了腿。在等待法札娜的消息時，他們分享自己死裡逃生的經歷和不曾說出口的噩夢。

醫生首先在她的肋骨間插入一根管子幫助她呼吸，然後輸血以彌補失血，再送她去做腦部掃描。那天晚上，法札娜逐漸恢復時，一名警官前來記下她的口供。醫生在提交給警察的訴狀附件的醫療報告中，將她大多數的傷勢記錄為「極其嚴重」。那名警官轉而跟傑漢吉爾、潔哈娜、夏奇姆交談，記錄下他們的口供。其他警官則到那片山間空地，與目睹推土機輾過法札娜的拾荒者談話。他們向那名司機提起訴訟，指控他魯莽輕率的駕駛引起事故造成嚴重的傷害。如果他被證明有罪，最多可判兩年的監禁並吊銷駕駛執照。

警方從推土機那天早上進入山區大門時登記的資料中取得了車牌號碼。司機的名字是穆罕默德．哈希姆．罕。那天早上見過他的拾荒者描述他是個體型纖瘦、眼神專注的年輕人。巧合的是，警察局最近剛搬去他住的那區雜亂延伸的建築群中，就在入口那棟白色的多層大樓，電梯故障，附近也沒有吃飯的地方。不過搬到這裡是種解脫，沒有持續不斷的臭味和混濁、及膝的雨季雨水，這些雨水不時會淹沒靠近垃圾山區、低矮的舊警察局。

警察穿過一間間擁擠不堪的單房廉價公寓，走到他的公寓。這建築群占據了山區社區與公路間的一大片土地，比住在街上要高一級。孟買的人行道和鐵軌上遍布著簡陋的定居點，那裡的人經常來此索要他們的第一間混凝土房子、第一個住址。哈希姆的哥哥打開門，告訴他們南荷（意即小的）——他們在家都如此叫他——那天還沒有下班回來。警方徹夜搜尋他。

八月十八日，他走進警察局自首。

一名警察記錄了哈希姆·罕的口供。他說，他五年前離開村子，來這裡和哥哥嫂嫂同住。他二十六歲，在山區開了幾年的推土機。那天他跟平常一樣早上七點開始工作，一整個上午都在山坡上鏟垃圾。他說，剛過中午的時候，有一輛卡車將垃圾傾倒在他附近的空地。那輛卡車在下山時陷進因雨而變得泥濘的車輒裡。罕開著推土機往後退，幫忙排除障礙以便卡車移動。

他一直努力鏟走泥巴和垃圾，好一會兒後才在後照鏡中看到撿破爛的人在揮手吶喊。他一聽到騷動聲就停車下來，發現一個女孩在推土機下面。他說，她戴著耳機掩蓋了推土機接近的聲音。他認為那些拾荒者也是在對她揮手，警告她，可是她卻待在原地，對他們或是逐漸逼近的推土機都沒有反應。他跑回駕駛室，把推土機往前開，駛離她的身體。

他非常怕那些拾荒者，因此逃離現場，一直跑到山區大門附近。他坐在市府辦公室外面的老榕樹下，那棵樹標記著不復存在的喀奇拉列車的軌道盡頭，這列車將溼地變成了山區，讓他們的鎮區安頓下來。他看著這小小單層的市府辦公室裡一如往常的忙亂。他喘口氣後走回家。他告訴警官他是自己來報告這起事故的。他們逮捕了他。

山區的工作陷入停頓。有些拾荒者加入在醫院的守夜，其他人則因為恐懼和憤怒無法正常工作。警衛積極地巡邏，嚴防那些仍去工作的人進入。年長拾荒者去找給予他們非正式身分證的非營利組織的工作人員商量。多年來，城市一直忽視他們卻又仰賴他們來清理，拾荒者的內心不斷醞釀著憤怒，怒火在法札娜的事故之後爆發。拾荒者計劃發動抗議、會見市政府官員。他們之中任何一個人都可能像法札娜一樣被輾碎，有如他們所撿的垃圾。他們催促官員懲罰司機，賠償法札娜的家人，並且提供他們在山區工作時的保障。

事故發生在市政府的土地上，法札娜本來就不應該在那裡。而向警方投訴的傑漢吉爾占用了一小塊山區的地，應當要受罰。這些事令拾荒者痛苦地想起他們生活在未經官方批准的影子世界裡，不像一般民眾，更像是侵入者。

官員看到了法札娜的事故，很可能記在山區每日的記錄簿中，但是這些記錄似乎不見了。[1]除了小南荷外，沒有人為法札娜的遭遇負責。

哈希姆到警察局自首的隔天被帶到法庭上。他哥哥阿札德繳交保釋金後，他便回家了。拾荒者聽說阿札德是個到府服務的電工。他顯然是借錢來繳交兩萬盧比的保釋金。哈希姆放出消息要找新工作來償還這筆錢，警方在法庭上對他提起訴訟。

在這段期間，法札娜的家人祈禱等待，度過生命中最漫長的三天。海德·阿里坐在馬赫杜姆·沙·巴巴聖殿有浮雕細工圖案的金色走廊上祈禱。他帶回一朵玫瑰，放在加護病房法札娜的枕頭下。潔哈娜陪伴在她床邊，其他人憂心忡忡地在外面等候。護理師用眼藥水縮小法札娜瞪大的雙眼。

拾荒者每天都在錫安醫院混亂擁擠的走廊上等待，想知道法札娜的命運。雅絲明時常在人群中。每次加護病房有空調的門一打開，醫生走了出來，一陣沁涼的空氣襲來，她就感覺胃裡有個折磨人的空洞。每次，她都忍不住認為醫生出來是要告訴他們：法札娜已經走了。

＊ 本章所載的事故記錄和法札娜的身體狀況都是經過法札娜的同意，從錫安醫院釋出的醫療文件、警方的犯罪指控記錄，以及與她的家人、拾荒者、市政官員等人的面談中得到的。警方的犯罪指控記錄包括了法札娜的醫療報告、哈希姆的供述等。

第十七章 柔語如陽

三天過後，醫生告訴她家人，法札娜腦部的腫脹逐漸消退。他們將會著手重組她的身體這項漫長又艱鉅的工作。海德·阿里相信是馬赫杜姆·沙·巴巴的說情將他女兒拉回生者的國度。

隨著一項項的手術進行，日子變成一片朦朧。法札娜時而清醒時而昏迷。她腫脹的眼睛逐漸縮回眼窩。只有在鎮靜劑幫助下睡著閉上雙眼時，她痛苦的哭喊才會減弱。但她很快就醒來，躺在金屬病床上發冷，痛得哀號。

有些時候，法札娜的意識似乎回到他們的世界，會尋找朋友或索要冷飲。其他時候，聽見她尖聲大叫，潔哈娜會覺得法札娜是從鬼魂的世界說話，那些鬼魂拉扯著她的四肢，將她拖到推土機下面。看著法札娜殘破的身體，潔哈娜懷疑她可能已經墜入某種無法觸及的地下世界，彷彿生者的世界與死者的世界在法札娜的體內搏鬥。潔哈娜為她蓋上毯子。

法札娜記得自己在手術室外長長的走廊上醒來，等著手術室騰出空位。她獨自等了好幾個小時，害怕得哭泣。後來，照顧服務員過來將她送回病房，因為手術室有太多手術在排隊。連續幾天她都回到手術室外等待，好不容易才進去。手術後法札娜醒來，發現自己的繃帶越來越多。她的胸部被支架撐著，左腿也是，好將她的腓骨拉回原位。她幾乎動彈不得。

為了讓妹妹繼續動手術，傑漢吉爾動用了多年來從垃圾生意，還有他自己的山間空地及賈維德的恩賜小心翼翼積攢下來的存款。儲蓄不夠時，他就變賣了那輛為他在街坊鄰舍間帶來成功光彩的摩托車。他迅速地沉淪，不過傑漢吉爾一心只想著法札娜。除了變幻莫測的山區運氣外，沒有別的東西可以依靠，因此，愛在垃圾山的陰影中發揮了強烈、錚亮的光芒。在他們人生搖晃不穩的轉折中，愛時常是唯一恆定不變的，也是他們一無所有時唯一擁有的。

傑漢吉爾的錢逐漸耗盡時，海德．阿里走到法札娜的病床前，盡可能輕柔地摘下她所戴的耳環，拿去賣掉。「Jab ladki hi nahi bachegi to sona leke kya karenge?」他後來解釋道。如果她活不下去，金子又有什麼用？

在山區，拾荒者繼續停工，或是遭警衛禁止進入。他們到處抗議，試圖為法札娜尋求幫助，並且讓人們注意到他們自己。他們聽說輾過她的推土機是當地法人團體的一名成員所擁有，便到他的辦公室外面抗議。他沒在那裡會見他們。後來他們才知道那些推土機並不是他的。儘管如此，他們仍然繼續找尋新的地點抗議。幾十年來，他們一直努力不讓市政當局、警察、城市、卡車、推土機發現；但是由於大火、警備加強，以及法札娜的事故，情況有些改變。現在他們挺身奮戰，為了回到可見的世界，讓人看見他們，那些在他們太過接近時避開他們的人，以及應該為輾過他們負起責任的人。

在市府辦公室裡，官員為自己的戰役忙得焦頭爛額。在為了符合歐卡的最後期限而擬訂的工廠計畫表中，九月要安排投標前的會議。他們要與有興趣的公司協商，聽取他們的建議，然後在一個多月後的十月分第一次招標。顧問建議唯有具多年建造大型垃圾發電廠經驗的公司才准申請，可是倘若迪歐納的垃圾發電廠將是印度規模最大的，那麼沒有人建造過這樣的工廠。在八、九月中，傳聞市政府官員會晤了中國、南韓、巴西的公司，據說他們將與印度的公司合夥。

然而在會議中，這些公司的高層人員表示，擔心塔特瓦遭遇的問題可能也會摧毀他們的工廠。他們也可能陷於困境：沒有可焚化的垃圾、可租借的土地、興建工廠的資金，或者得不到市政當局的支持。失敗計畫的陰影，以及與市政當局間持續的仲裁，困擾著擬議的計畫，減弱了大家的興趣。回到山區，拾荒者的挫折感越來越強烈。他們尋找推土機的所有者，找到後帶去海德．阿里那裡。他說，法札娜根本不應該在山上。推土機幾乎和他的房間一樣大。推土機接近時她為什麼不走開？她是瘋子嗎？他們聽說她瘋了。

莎哈妮聽說推土機的所有者告訴市政府官員，倘若有人被壓在推土機下面，他們就被要求支付賠償金，那他們不要到山區工作。他們很清楚他們的推土機必須不斷地行動，如往常一樣將垃圾壓到山丘上，垃圾車隊才能繼續從城裡運來。莎哈妮聽說推土機的所有者對市政府官員說：這不應該是我們的問題。

海德・阿里決定讓潔哈娜留在醫院陪法札娜，其他人則回去工作，以便籌措治療法札娜的錢。他大多時候都待在家裡。他一看到女兒殘破的身體就哭，潔哈娜不得不叫他走。

動過幾次手術後，法札娜從加護病房轉到醫院E病房，迷失在疼痛與半昏迷的薄霧中。病房裡有三十多個女病患，瀰漫著生病的氣味。潔哈娜走過病房，看著這些病患，冷淡地說她們「bhayanak」（很可怕）。她們全都是在事故或燒傷後逐漸復原的人。

可是沒有人哭喊得像法札娜那樣。每隔幾天，醫生早上來巡房，為她更換繃帶、包紮傷口時，她總是大聲哭喊。他們解開長長的紗布繃帶，露出法札娜勉強保持完整、肌肉外露的粉紅色身體時，潔哈娜就轉過臉去。醫生檢查看看她的傷口是否乾燥後，撒上藥粉，擦抹藥膏，再裹上新的繃帶。「Poora kamra sar pe utha leti thi.」潔哈娜回憶包紮傷口的日子時經常苦笑著說。整個房間都在看著她聽她哭喊。

他們離開後，法札娜時常精疲力竭地陷入沉睡，潔哈娜則去拿藥或檢查結果。她和其他病人的親屬聊天，他們詢問法札娜纏那麼多繃帶的原因。夜裡，潔哈娜昏昏欲睡的時候，法札娜清醒過來，痛得哭泣。潔哈娜瘦骨嶙峋、神色嚴肅，具有堅定可靠的氣質，不愧是九個孩子中的老大及六個孩子的母親。在山坡上，她經常能夠讓勇猛、無法攔阻的法札娜聽從她扼要的指示；可是在醫院裡，她只能看著法札娜在昏暗的病房裡含糊不清地說話和尖叫，無法像往常一樣讓法札娜恢復神智。

後來，潔哈娜會說她認為法札娜躺在推土機下面時，鬼魂終於離開了她。然而在那些永無止境的夜晚，潔哈娜認為這只可能是撒坦在她體內胡亂擺動。每當病房裡的燈熄滅後，潔哈娜便覺得有團霧氣在法札娜的身上翻滾。每次閉上眼睛睡覺時，法札娜總發現自己回到那天早晨陰沉沉、灰濛濛的山上，站在推土機前面。她高聲叫司機別再往後退。她大喊著她在他後面。

法札娜呼喊母親和神，請他們幫她逃離逐漸逼近的推土機。她看見推土機越來越近，出了一身大汗。她大聲叫喚一個名叫里亞茲的人。潔哈娜認為法札娜可能看見了她自己看不到的人，懷疑法札娜警醒的雙眼所看到的，以及說話的對象是她體內的鬼魂。法札娜覺得口渴，潔哈娜拿塑膠包裝的果汁給她，法札娜飢渴地吸著冰涼的果汁，然後艱難地蜷縮起長長的四肢睡覺，儘量避免拉扯到縫合釘或傷口。倘若轉錯方向或是動作太快，劇痛將會讓她哀號上好幾個小時。潔哈娜睡在鋪在地上的床單上輕聲哭泣，等著法札娜的睡意降臨，通常要等到黎明。

一天下午，排在潔哈娜之後的妹妹莎哈妮來了。兩人在法札娜睡覺時閒談。「Vo to naram kachre mein giri to bach gayi, nahi to...」莎哈妮越說越小聲。她摔在柔軟的垃圾堆裡所以才得救，否則……她認為，如果推土機是在馬路上而不是在垃圾山上撞到法札娜，後果可能會更嚴重。潔哈娜問她是否知道里亞茲是誰。莎哈妮提醒她，以前巷子裡有個男孩，年齡和她相仿，名叫里亞茲．謝赫。他父親的手受傷無法再工作後，他便輟學到山區工作。他們已經很多年沒見到里亞茲了。

莎哈妮離開後，潔哈娜發現法札娜醒了。她不記得自己在睡夢中喊過里亞茲或是推土機司機。不過法札娜讓潔哈娜想起了他們的確認識他，在她開始成天在山坡上工作之前那幾年，他下午也去撿垃圾，經常在他們離開之後還留下來。

二〇〇九年八月一個暴風雨的早晨，她們姊妹上山時，看到山頂上有一小群人。她們看見拾荒者站在幾乎深及膝蓋的泥巴裡，渾身被大雨淋得溼透。潔哈娜與法札娜走上前去，看到他們聚集在躺著的里亞茲身邊，他被壓進垃圾堆裡，臉和身體都被壓扁了。粗厚的輪胎印輾過他身上。拾荒者認為，肯定是市政當局在雨季使用的特大型推土機輾過了他。他們送他到拉賈瓦迪醫院，可是抵達那裡時他早已身體冰冷死掉了。他大概躺在垃圾堆中度過了大半個雨水浸透的夜晚。

法札娜聽說他母親夏奇拉一整個早上都在溼漉漉的山坡上尋找他。她想，或許他在山坡上待了一夜，因為他還沒找到足夠的垃圾夜晚就已來臨。也許他找累了又不想帶著空垃圾袋回去，因此等著從旅館載滿值錢垃圾的卡車到來而睡在山坡上。夏奇拉問拾荒者是否看到她兒子睡在垃圾中。他穿著棕色的褲子，可能隱沒在泥濘的山坡裡。她聽說有個穿棕色長褲的人被送到醫院後就到醫院去。里亞茲的死亡證明上寫著他是死於意外。那個灰暗的早晨浮現在法札娜眼前。她告訴潔哈娜，每當她想要睡覺時就會看見里亞茲印著輪胎痕、被壓扁的臉。

一連幾個月，里亞茲的父親整天都坐在兒子的墳墓旁，夏奇拉則漫無目的地在班加拉巷走來走去。她看起來好像只剩半個人，憔悴得如幽靈似的，除了經營借款來街角的小店，藉此養活三個年幼的孩子以外，淚水從未遠離，也從不離開巷子。無論是她的村莊裡舉行婚禮，或是她母親生病去世，夏奇拉都從未離開。「Usko yahaan chhod ke kaise jaoon?」她說。我怎麼能把他留在這裡？「Mujhe dhoodne aaya to?」萬一他來找我怎麼辦？即使在十年後，她還是會這麼問。里亞茲也不會離開法札娜。

法札娜痛苦地在生者與死者的世界之間徘徊時，潔哈娜繼續疲憊地守夜。每天傍晚時分，阿蘭吉爾的朋友納迪姆都會來病房，他的前額頭髮往後梳成閃亮的龐巴度髮型，顏色只比金黃的太陽略淺，外面的髮色逐漸變深。守候的拾荒群眾逐漸變少，但他還是持續來。潔哈娜經常派他去拿止痛藥，或是請他幫忙扶著法札娜往枕頭上移。他兩邊的頭髮剃得很短，使他的龐巴度頭顯得更高，讓他獲得額外的幾吋身高。他匆忙地邁著大步走進來，彷彿要彌補什麼似的：他的身高不夠或是成天缺席。

他成為法札娜的影子。他移動雙臂，彷彿那是她自己纏了繃帶、動彈不得的雙手，為她按摩頭部和腫脹的雙腳直到她睡著。他輕輕地撥弄她的繃帶，以免繃帶拉扯到她，惹她疼痛哭泣。他走來走去，彷彿他是她動也不動、骨折的雙腿，拿水給她喝或拿毛毯給她。他輕輕地坐在法札娜旁邊的床上，在她耳邊輕聲地說話。潔哈娜聽不見他說了什麼，不過有時候，她會看見他的話讓法札娜的臉上露出淡淡的笑容。

潔哈娜是在最初幾天的拾荒人群中第一次見到納迪姆。當時他們巷子裡的人湧進醫院的走廊，她所認識巷子裡的人大半都在那裡，她在尋找傑漢吉爾或阿蘭吉爾時經過他身邊，幾乎沒注意到他。起初法札娜轉移到病房時，納迪姆開始和阿蘭吉爾一起來探望她，後來就自己一個人來。

每天傍晚，陽光減弱，燈光亮起時，法札娜便焦躁不安地在床上翻來覆去。這時納迪姆來了，坐在法札娜的床邊，身上因為工作沾滿泥巴，龐巴度頭搖搖晃晃，幾乎要掉落在他臉上形成金色的條紋。潔哈娜看見他們鬥嘴聊天。她不確定他是否應該在這裡，但是他主動提議幫她去拿用完的藥物或是自助餐廳的果汁。潔哈娜開始留他照看法札娜，自己離開法札娜床邊休息片刻。

她在外面的走廊上來回踱步，看著夜間的照顧服務員拿著床單和羊毛睡帽匆忙走過。當日她頭一次想到了自己的孩子，不知他們是否吃了晚餐。多年來，她每天晚上都在設法湊出晚餐給他們吃。現在她幾乎不去想這件事了。潔哈娜曾試著叫她丈夫去工作，然而由於山區邊緣的紙牌遊戲、流言蜚語、酒精和隨之而來的毒品，他滿腦子都是懷疑與陰謀的傳聞，讓他猛烈地抨擊潔哈娜。在他心中，她總是和別人在一起。他散漫地追逐卡車，賺的錢只夠他自己私藏。他仔細搜找埋在垃圾堆中的寶石色酒瓶，在空地待到很晚，喝光酒瓶內發酸、剩餘的殘渣。

潔哈娜的丈夫和他的朋友們身材消瘦，用髮膠把頭髮整齊地往後梳，眼睛周圍塗著眼圈墨。他們重新占據了以枯葉搭建的廢棄小屋，就是法札娜和她朋友曾經為了在山上聚會而建起的那種小屋。他們的身心都因醉酒而萎縮，酒精也激起了猜疑及無法控制的憤怒與暴力，他們將這一切全發洩在自己的女人身上。

潔哈娜曾試圖撿拾垃圾來維持家計，可是丈夫的嫉妒心一次又一次把她拉回來。她想到在那些漫長的夜晚，圍著空空如也的爐子準備晚餐，而他在屋外盤旋確保她不會踏過門檻時，不禁流下淚來。最後孩子會向她要幾盧比去買一袋洋芋片或餅乾。她會叫他們去海德．阿里家拿。

她陪伴法札娜的日子非常痛苦、夜不成眠，卻讓她擺脫了在家裡的經常性焦慮和做不出飯來的煩惱。法札娜的掙扎緩和了她自己的焦慮，讓她有別的事情可想，不必去想自己的問題。她在走廊上踱步，想著法札娜哭泣呻吟的無數個夜晚。潔哈娜意識到，納迪姆——意思是同伴——是法札娜每晚含糊低語時最常提到的名字。納迪姆這個靠金色龐巴度頭拉高的矮小男人，前來探望照顧法札娜，成為她的影子，將自己的四肢變成她的。

納迪姆主動幫忙將夏奇姆每晚煮的晚餐送到醫院。法札娜光是看到食物都覺得噁心。潔哈娜堅持要她吃，姊妹倆為了法札娜幾乎碰都沒碰的晚餐爭吵起來。納迪姆介入協調讓她們停戰。他將晚餐分成一小口一小口地餵她。

連續好幾週以來，法札娜一看到食物胃就翻攪，她開始覺得食物淡而無味，突然想吃些辛辣的東西。有天晚上，他從自己家帶晚餐過來。他請他母親做了「saalan」，一種味道濃郁油膩的羊肉咖哩，搭配米飯。

他遲到時，她無力地試圖反抗。他整晚坐著陪她，看著她哭，幫她翻身，輕柔地說話直到她睡著。潔哈娜和他看著她就連極其輕微地動一下都痛得大叫。等到日出前法札娜好不容易睡著了，納迪姆就去工作。將破曉時，他搭乘垃圾車和其他的垃圾車一起，開始在這座漸亮的城市繞來繞去，載滿了城市的殘骸再傾倒在山區。

第十八章　在一粒米上結合

二〇一六年九月底，法札娜在逐漸消退的雨水中回到家。山區火災的季節又要開始了。在孟買回歸夏季的驕陽下，溫暖乾燥的風很快就會狂吹，揚起灰塵，在他們上方形成霧霾。在霧霾中，新的警衛出現了。他們站在市政當局為了監督多山的垃圾鎮區所新建的瞭望塔上，用雙筒望遠鏡眺望鎮區邊緣。

傑漢吉爾和阿蘭吉爾小心翼翼地抱著法札娜，從狹長的巷道入口走進來，將她放在家中的地板上。醫生已經完成了所有的手術，海德．阿里向政府保險方案索賠了一些開支，花光他所有的錢讓她接受治療，可是法札娜在醫院住了一個半月，卻幾乎沒有痊癒。雅思敏和拉綺拉學會在家為她換敷料，以免除往返醫院艱辛又昂貴的路程。她依舊大聲哭喊，直到鄰居來看發生了什麼事。夏奇姆彎腰駝背地坐在女兒身旁，趕走那些在巷子裡嬉戲、誤闖進來撿板球和足球的男孩，他們無禮地直盯著法札娜仍然慘不忍睹的四肢。

整個九月和十月的大半時間，市政府官員都在向潛在的投標者說明他們改善山區、縮小暈輪的計畫。他們徵得了一些公司的建議，並表示願意根據建議稍微調整他們的計畫。然而他們與塔特瓦之間的問題及持續進行的訴訟案件籠罩著這些會議。誰會願意負責管理這座鎮區，不僅有火災，還有在山坡上如影子般出沒的拾荒大軍，以及棘手的過往？他們擔心，這地方真的可以改變嗎？

隨著開始提交標單的日期接近，火災的陰影又來迎接他們。市政當局僱用了馬哈拉什特拉邦維安部隊（MSSF）來守衛山區，這是一支由警方訓練出來的突擊部隊，可以受僱保護設施、公司和有錢人。

海德．阿里站在牆邊，看著這些新警衛身穿迷彩服，戴著棒球帽和墨鏡，看起來比他以前見過守衛山區的人都要來得高大。他瞇起眼睛遮擋午後的陽光，想要破解他們的巡邏時間表。他們何時休息吃午餐？他們何時會走到山區長而環繞的外圍另一端，好讓他可以進去？他們何時下班？似乎總是有人在那裡。新警衛要除去山區的古老鬼魂、火災、侵占者，讓山區準備好迎接新的有意收購者。

一天晚上，海德．阿里因為分析新警衛毫不間斷的巡邏，很晚才回家，他看到法札娜站起來了。他們找來給她當拐杖使用的木棍被棄置在地板上，她倚靠著納迪姆。海德．阿里在走去山上時聽見人們在談論法札娜。她會留下永久的疤痕嗎？她能夠痊癒嗎？最重要的是，他們問道誰會願意娶她？她能夠生孩子嗎？他們聽說她全身的骨頭都斷了。他們聽說她是死而復生。這將是她下半輩子的生活嗎？海德．阿里已經躲避納迪姆好幾個月了。這年輕人與法札娜見面的一切行為都不恰當。假如被鬼魂糾纏、遭推土機壓輾到奄奄一息還不夠的話，那麼一個不是家人挑選又沒有親戚關係的男人在夜裡探訪他未婚的女兒，將會完全扼殺了她結婚的可能性。但是納迪姆日復一日讓法札娜恢復生氣。

那天晚上，海德．阿里決定他必須多了解納迪姆一些。他呼喚阿蘭吉爾，阿蘭吉爾四肢攤開地躺在法札娜附近的地板上，快要睡著了。他一副渾身痠痛、睏倦的模樣走了出來，後面跟著正要回家的納迪姆。阿蘭吉爾告訴海德．阿里，納迪姆來自帕德瑪鎮，是緊挨著山區的最後一個社區，據說是安置在一片蓮花溼地上。他父親曾經是名泥水匠，在城市慢慢朝迪歐納發展時賺了不少錢。有一陣子，儘管仍住在山區的陰影中，但他過著遠離垃圾的生活。他讓納迪姆和他兄弟進入附近的私立英語學校就讀。他為最小的女兒在幾間市立醫院尋求治療，她生來心臟就有缺陷。等她稍微大一點，他們才發現她既聾又啞。他開始要到山上找回翹課的納迪姆兄弟。他的失望之情與日俱增，最後將兒子們轉到市立學校，不過三個男孩在那裡也很快就退學了。從那以後阿蘭吉爾就經常在山區見到他們。

納迪姆的父親在二〇一六年四月過世了，在與癌症的搏鬥中打了敗仗。幾天後，由於需要償還治療期間欠下的債務，納迪姆開始當垃圾車清潔工，清洗卡車並幫忙裝滿垃圾。他經常被分配到阿蘭吉爾駕駛的卡車。當城市隨著拂曉逐漸變亮時，他們在空蕩蕩的街道上快速行駛。清晨的微風吹拂著他們，他們幾乎沒注意到逐漸裝滿的卡車散發出的惡臭。他們在庫爾拉郊區中心四處巡視，在該市一條盡是備用零件店與汽車修理廠的長長街道上為卡車裝滿炭黑色的殘留物。城裡鞋匠製作的廉價橡膠鞋底的紙型，以及魚缸的魚飼料，全都倒進他們的卡車裡。他們看見一間購物中心聳立在低矮的天際線之上，一棟棟高樓大廈在溼地遠端拔地而起，構成閃閃發光的新金融區。他們繼續開往薩基納卡，接著到波維，在那裡公寓大樓、電話服務中心、新創科技公司及燈光柔和的咖啡店取代了低矮的湖畔住宅。納迪姆將垃圾以外的東西收起來，留給自己和阿蘭吉爾稍後再賣。在阿蘭吉爾繼續往前開時，納迪姆便傾身看著。在舊庫爾拉和波維載滿垃圾再運送到迪歐納山區的過程中，兩人成了朋友。

即使在白天，阿蘭吉爾也經常開著車前大燈，因為要到這座仍在燃燒、煙霧瀰漫、彎彎曲曲的鎮區更偏遠的邊緣。火災打亂了山區的生活。新垃圾倒在燒焦的舊垃圾上。隱藏的寶物從層層燒毀的垃圾下浮出表面。大約就在這時，納迪姆頭一次注意到一個高䠷、苗條的女孩，從他逐漸清空的卡車上挑出瓶子、玻璃和金屬線。她長得很美，在拾荒者的混戰中勢不可擋，根本沒注意到他。朋友告訴他那人只可能是法札娜，傑漢吉爾和阿蘭吉爾的妹妹。他以前沒見過她嗎？

傑漢吉爾是賈維德的手下，他以旺盛的精力和口齒不清的嘮叨在山丘上崛起。納迪姆如果打算跟隨阿蘭吉爾的腳步從事駕駛垃圾車的工作，就必須向阿蘭吉爾學開車。兄弟倆都不能惹。法札娜是個麻煩。可是，在沒看到她的兄長在附近的日子，納迪姆會看著法札娜徐徐走進搶奪垃圾的混亂中，變成模糊的人影。

一天下午，納迪姆正要返回城裡，他那輛已經清空的卡車緩緩地開下蜿蜒的山坡。他瞧見法札娜與法哈站在下面。納迪姆靠近她們後停下來問，他能幫忙嗎？法札娜認出他是阿蘭吉爾的長髮朋友，總是穿著半敞開的襯衫，露出裡面色彩鮮豔的網眼背心。法札娜跟法哈爬進後座後，談話就僵住了。他們沉默地看著外面的垃圾山經過。納迪姆放她們在市府辦公室附近的卡塔店下車，以便她們販賣垃圾後便離開了。

那天以後，納迪姆覺得他看到法札娜在垃圾空地注視著自己。有天下午，他注意到她咯咯地笑著和朋友說話。她似乎是指著他一頭讓他看起來有點像是觸電致死、長長的直髮。納迪姆的心沉了下去。幾天後，納迪姆的卡車抵達空地時，他的兩側頭髮剪短，頂上梳成龐巴度頭。法札娜看到他時，僵硬地點個頭表示讚賞，然後轉身鑽進從他卡車噴發出來的大量垃圾中。

數日後，另一名卡車清潔工在空地走近法札娜。他的朋友納迪姆喜歡她，她也喜歡他嗎？「Sochoongi.」她回答後繼續將垃圾裝進袋子。我會考慮看看。她開始埋頭爭搶納迪姆卡車附近的垃圾，迴避他的目光。她用販賣垃圾的收入買了中式炒麵，那是混合了高麗菜絲、辣醬和印度香料的酥脆炒麵。這道食物融合了兩種東方文化，讓法札娜與法哈吃到舌頭變橘色並且流眼淚。在買炒麵途中，法哈經常用手肘輕推法札娜叫她看：納迪姆站在她們後面，就在街對面。法札娜感覺他的視線緊盯著她。

無論人在哪裡，法札娜都會聽到他的電話鈴響。等她和法哈回到家後，法札娜經常從妹妹的袋子裡翻出法哈從山上撿來修好的手機。她查看了納迪姆的電話後再把手機藏起來，然後整理當天的垃圾，希望傑漢吉爾或阿蘭吉爾沒看到那支手機。有時，法哈將納迪姆響個不停的電話塞到她面前時，法札娜會漫不經心地和他說一會兒話，很快就掛斷。在納迪姆透過朋友詢問過了幾星期後，法札娜終於接聽他的電話，說她也喜歡他。

山區的火苗依然在醞釀著。無人機在山坡上盤旋，電視工作人員在山上走來走去。山區開始不對他們開放。法札娜在空地等待，可是納迪姆的卡車經常被派去穆倫德垃圾山。有些時候，他在空地到處找她，她卻已經被警衛遣回家。他們努力爭取越來越常錯過的見面機會。法札娜一直試圖穿越大火、煙霧和警衛，來與他見面。她身體發著燒，手上戴滿護身符，可是當她計畫去見納迪姆時，沒有什麼能讓法札娜留在家裡。

到了晚上，納迪姆開始跟著阿蘭吉爾到他的卡塔店幫忙整理垃圾、秤重、付錢給拾荒者，只不過因為火災生意清淡，沒有什麼事情可做。他們早早鎖上門，移到阿蘭吉爾家去聊天。法札娜在附近徘徊，通常不理會他們，偶爾轉身跟他們說，他們那些關於警衛，以及哪個朋友遭到毆打、哪些人付錢進去在夜間工作的消息是錯的。卡車司機對拾荒者了解多少？

當他們真的同時到達同一塊垃圾空地時，法札娜和納迪姆會偷偷一起散步，掩藏在仍然冉冉升起的煙霧中。熾熱的太陽曬得法札娜口乾舌燥，悶燒的垃圾山燙傷了她的腳底，害她的腳底脫皮。濃煙燻得她咳嗽、喉嚨及胸腔刺痛。納迪姆開始帶瓶裝水給她。

一天下午，納迪姆到達的時候，法札娜拿著一個透明的小塑膠袋在等他。納迪姆抬起頭來看了看她臉上露出的笑容，再疑惑地看著那個袋子。那是她送他的禮物，是顆未煮過的米粒。「Dhyan se dekh.」她說。仔細看清楚。「Zyada.」她再說一次。再看清楚一點。她在哈吉．阿里聖殿請人將他們的名字刻在米粒上。納迪姆與法札娜，在一粒米上永遠結合在一起。

到法札娜十八歲生日時，雨水清除了火與煙，山丘開始飽含水分，再度擴大。法札娜已經成年，在大家都睡著以後，她靠著手機的光與納迪姆通話，要求他來見她的父母談婚事。他們正在幫她找對象。她已經在米拉．達塔爾的聖殿掛上了綠手鐲。如果他不快點來見她父母，她就會嫁給別人了。納迪姆經常在他們家，總是避開她父母和傑漢吉爾。他在等待拿到駕照以及隨駕照而來的工作，他希望能夠藉此讓她兄長留下好印象。她睡得斷斷續續，在拂曉前就去工作。

阿蘭吉爾的妻子雅思敏已經起了疑心。「Naak to uski pakode jaisi hai.」一天下午，她迂迴地問起那個總是來他們家的矮個子男人時跟法札娜說道。他的鼻子看起來像放進熱油裡面做炸蔬菜的麵糊。她未能從阿蘭吉爾那裡得到任何情報，他只說納迪姆沒開過卡車，需要學習如何駕駛。他喜歡她嗎？雅思敏問法札娜，但是沒有套出答案。「Naata hai vo.」她皺起鼻子說。他對你來說太矮了。法札娜是六個姊妹中個子最高的，雅思敏認為她可以找到比納迪姆更好的對象。

———

一天早晨，納迪姆搭乘垃圾車來到山區，他坐在司機旁邊，水瓶在腳下滾動。法札娜正在等他。她撿完卡車倒出的東西後，納迪姆把水遞給她。她急切地一邊喝水一邊說笑，幾乎沒有停下來喘氣，水順著她長長的頸項滴下來。那天下午稍晚，他從城裡巡視一圈回來時，沒有看見法札娜或者平常圍在卡車四周的群眾。一名拾荒者告訴他，其他人送某個在空地被推土機輾壓到奄奄一息的人到醫院，很快就會回來。那個受害者不大可能活下來。

山區到處都是傳聞。納迪姆聽說過在母親忙著爭搶垃圾時，小孩子遭山犬吃掉的事。他也知道幫派鬥爭引發寧靜的山頂上發生持刀傷人的事件。曾經有個幫派分子為了躲避警察，將自己捲在丟棄的地毯裡，躲了好幾天。裹在裡面與外界隔絕的期間，他改過自新，等出來後成為附近一座清真寺的神職人員。很難說瀰漫在山間空氣中的哪些傳聞是真的，哪些是假的。

之後，納迪姆聽說壓在推土機下面的是法札娜。他在輪班工作途中拋下卡車，在醫院走廊上徘徊了好幾天，卻都見不到她。慢慢地他們的朋友都回去工作了，不過納迪姆依舊在雙開式彈簧門外等候，直到阿蘭吉爾告訴他法札娜在呼喚他。納迪姆聽說，儘管醫生對她的預後並不樂觀，她還是含糊地喊著他的名字。一連幾星期，納迪姆晚上到醫院，白天在卡車上，一邊還要維持家計，因此腦袋總是昏昏沉沉。隨著日子一天天過去，他母親跟海德．阿里都認為納迪姆會停止去探望法札娜，他晚上會回自己家。然而納迪姆繼續返回醫院走廊、病房，最後到海德．阿里的家。

那晚海德．阿里與兒子談過後，明白法札娜就是為了納迪姆才熬過煙霧引起的發燒與咳嗽，她在醫院裡呼喊的人也是他。他立刻叫阿蘭吉爾打電話給這個年輕人。海德．阿里問納迪姆，他為什麼每天都來？他很清楚法札娜的身體毀損得多麼嚴重，她仍然傷痕累累。納迪姆告訴海德．阿里，他在醫院熬過漫漫長夜並不是為了現在離開法札娜。他想要娶她。海德．阿里的眼淚奪眶而出。

幾星期以來，朋友們一直告訴納迪姆，法札娜可能會終生畸形。這不是唯一的問題，他哥哥也告誡過他別接近山區的女孩。「Love shove shuru ho jata hai.」他說。她們會在山坡上發展出婚外情。「Bhai tu door hi reh.」他警告說。老弟，離她們遠一點。可是納迪姆已經對法札娜許下諾言，也承諾了海德．阿里。傑漢吉爾也想要找個匹配的對象將他妹妹帶離山區。但是他知道婚姻市場上消息傳得很快。誰會願意娶變成這樣的法札娜呢？更何況，她絲毫不肯讓步。「Usse nahi karoongi to mar jaoongi.」她只會這麼說。如果不嫁給他，我寧可死。

於是計畫開始進行。納迪姆告訴海德．阿里，他會讓他母親認可法札娜。然後他必須帶村子裡的叔叔伯伯過來。儘管他們從未住在一起，但是他們是家族中的長輩，這樁婚事必須徵得他們的同意。按照習俗，海德．阿里吩咐阿蘭吉爾為法札娜向納迪姆的母親提親。納迪姆與法札娜，這兩個在煙霧繚繞、不斷變化爬升的垃圾山頂上的年輕靈魂之間曾許下的承諾，將會為恆久不變的包辦婚姻儀式所取代。

在這段期間，市政當局也在為棘手的山區宣傳以徵求適合的公司。大家對投標前會議的關注始終不大熱烈。一名市府工程師說他們經常被派去參加研討會，討論如何判斷標書的好壞，怎樣寫標書才會發揮作用，才能吸引人投標。他們針對這點加以改進。但是要在讓市政當局可以接受，以及為垃圾鎮區吸引到合適的有意收購者之間找到平衡點卻很困難。建造該工廠的公司必須支付一大筆押金，五年後才能收回，以確保工廠維持良好的營運狀況。一家印度的合作夥伴將要經營這座工廠，然而印度從未經營過規模如此龐大的工廠。各家公司擔心市政府的條件難以符合。

潛在的投標者也擔心市政府與塔特瓦間的混亂餘波，包括對市政當局沒有達成原本同意的條款的指控，以及還在進行的仲裁。另外還有山區的拾荒大軍，儘管花費了很多心力驅逐，他們卻始終沒有離開。一位參與規劃該工廠的市府工程師說：「事實是我們從來沒有辦法真的築起一道牆包圍住山區。」但是潛在的投標者擔心，如果沒有牆來標明山區是他們所屬，並以此擋住大批的山區居民，新公司如何能夠在山坡上安頓下來。

二〇一六年十月二十五日，市政當局發出在迪歐納山區興建垃圾發電廠的投標邀請。十一月九日，孟買另一位市政專員桑傑·穆克吉非常樂觀地對記者說：「這將是世界上規模數一數二的工廠。」[1]

幾天後印度教慶典的時節結束，山區的風變得更乾燥猛烈。狂風很快就會吹得植物枯萎，將群山變為褐色，榨乾裡頭剩下的雨水，讓山區再度縮水。當暖熱的風吹過斜坡，可能會碰上從慢慢腐化的垃圾山，或是被太陽曬得沸騰的垃圾，所散發出的氣體而爆發火災，就算是在公開招標期間也一樣。警衛繼續嚴密地巡邏。海德·阿里看著拾荒者緩慢地爬上斜坡，警衛圍在他們四周，用棍子毆打他們，趕他們回去。他收藏這些令人憂心的故事，轉述給那些晚上來家裡的朋友聽。他們也講述自己的遭遇。一股寒意在巷子裡蔓延開來。

來自城市偏遠角落的拾荒者天未亮就來，在無人巡邏的深山隱蔽處工作。幾天後，等警衛發現他們時，拾荒者再尋找搜羅垃圾的新地點。祕密地點迅速地減少。海德·阿里聽說越來越多朋友在夜間工作，趁警衛早晨到達之前回家。警衛開始連晚上也巡邏。

海德·阿里坐在外面的長椅上，把膝蓋縮上來，將下巴靠在膝蓋上。他盯著莎哈妮與雅思敏用撿來的木頭碎片生火煮飯的銀灰色餘燼。他們一家的生活懸在法札娜的傷病與漸趨式微的山區運氣間。海德・阿里已經好幾星期沒有為裡面的爐灶買烹煮用油了。自從他停止支付有線電視的帳單後，電視上成天播放的肥皂劇就停了。夏奇姆的縫紉機和攪拌機也在發出劈啪聲後壞了。莎哈妮拿來研磨缽與杵磨碎了酸辣醬，搭配她們用被銀色灰燼環繞的爐火烤好的薄餅一起吃。海德・阿里已經收到財產稅帳單三年了，這表示市政當局承認他住在這裡，不過他一張帳單也沒繳。「Bhar doonga. Ayenge hatane to bhar doonga.」他說。如果他們來趕我走，我就付。

市政當局規畫要在二〇一七年一月前提出標單。四月以後才會開始動工，而興建工廠將需要花費近三年的時間，因此不可能趕上歐卡法官提出的二〇一七年六月的最後期限。可是官員希望藉由些微的進展能讓垃圾山區再維持一段時間。

第十九章　測驗

納迪姆的母親夏馨等著人家來提親等了好幾個星期。她曉得納迪姆連續好幾晚都在外過夜是因為朋友的妹妹出了意外住院了。當他請她為那個不喜歡醫院食物的女孩煮飯時，夏馨的鄰居問她是否知道自己是在為未來的媳婦做飯。她看見他對著牆上的小鏡子沒完沒了地整理頭髮，猜想是為了住院的那個女孩。

當阿蘭吉爾在二〇一六年十二月終於出現時，夏馨告訴他，他們的房子和海德．阿里家的不同。在這條巷子滿是用垃圾搭建的住屋之中，他們家是第一間用磚塊與石頭建基座的房子，表明他們是這定居點裡相當富裕的家庭。這房子高過順著山坡流過巷子的雨水，在這片地基上斷斷續續地擴建。當夏馨還是新娘時，這裡只有兩面側牆，猛烈的雨季風雨穿過房子。丈夫去工作時，她獨自在家，拿著棍子坐在前面的開口旁，防止撒坦進入。納迪姆的父親慢慢建起前後的牆壁，之後才蓋二樓。但是不像夏馨所聽說的法札娜家那樣簡陋的屋子，這間房子全用磚塊砌成、非常堅固。法札娜算是高攀。

雙方同意夏馨在幾星期後去審查法札娜。海德．阿里聽到這個消息後，整個下午都在班加拉巷來回踱步，為法札娜得通過的測驗而煩惱。法札娜是為了納迪姆才強迫自己下床，痛苦地拖著腿走路。和他在一起，她才能擁有別人認為她永遠無法擁有的生活。只要她能通過新娘的審查。可是她能通過嗎？他很擔心。

幾週前，他看見巷子裡掛起了成串的彩色小燈，閃爍著經過他家一路朝山上去，最後到帕爾玟．謝赫的屋子前。帕爾玟戴著眼鏡、身材矮小、個性陰沉，多年來，她一直以自己憑著撿垃圾攢下的儲蓄供兩個兒子讀到高中畢業為傲。她每天晚上檢查他們的口袋，確保黑幫沒有用錢或毒品誘惑他們。「Khaane se zyaada to maine fikar khayi hai.」她經常對夏奇姆說。我兒子成長時我吞下的擔憂比食物還多。夏奇姆從來不知道該如何回應：除了最小的拉姆贊外，她的兒子都從沒看過學校裡面長什麼樣。

帕爾玟的大兒子伊斯梅爾為手機公司收錢，小兒子當裁縫，會把碎布拿給她賣。數天前，帕爾玟正在煮晚餐時，伊斯梅爾帶著新娘走進來，那是他的同事，與他祕密成了婚。帕爾玟希望從他們村子找個聽話的女孩的夢想破滅了，但面對家裡的新娘，她只能籌劃一場婚禮與宴會，在巷子裡裝上彩燈。

法札娜和伊斯梅爾一起長大；他只比她大幾個月。她認為自己非得參加婚宴不可。此外，她也想見見那位新娘。她竟然能翻轉帕爾玟精心策劃的計畫，班加拉巷的每個人都在談論她。法札娜說她會比爸媽早去，而且不會久待。宴會廳就設在巷子入口。海德．阿里無法狠下心來拒絕。

法札娜挑了一件用金線縫製的藍色長裙和上衣來穿。莎哈妮幫忙她更衣打扮。在對著鏡子梳理頭髮時，法札娜覺得自己的喉嚨難看地鼓起，使她的臉看起來僵硬扭曲。她用鑲有金色流蘇的藍色長圍巾緊緊地裹住臉部、遮掩脖子，並在臉上撲粉讓臉色變得明亮。她出來時，海德·阿里看見了以前的法札娜骨瘦如柴、形容憔悴的影子。

她和法哈慢慢地順著巷子走去結婚禮堂，海德·阿里拿了一杯茶坐在突出屋外的長椅上。他聽見法札娜在哭。海德·阿里心想，這些日子以來他淨聽到哭聲。可是她的哭聲越來越大。他將玻璃杯擱在一旁，伸長脖子望向巷子盡頭。他看見法札娜一手摟著法哈一瘸一拐地慢慢走回來。淚水弄花了她塗白的臉，她離開時強烈的興奮之情也蕩然無存。莎哈妮扶她進屋，讓她坐在地板上，試著調整她的衣服。

法哈解釋說，她們才走到小巷的一半，繡在法札娜裙子上的扇貝圖案中一根長金屬線就勾到了她小腿上的縫合線。法哈彎下腰去試圖解開，可是法哈心想，使勁拉那條線可能會扯開傷口。法札娜可以感覺到腿在陣陣抽痛，巷子繞著她打轉。

法哈和法札娜一起哭了。她的手掌變得溼黏，在姊姊的皮膚上打滑。她站了起來，讓法札娜的手臂摟著她的肩，腳步蹣跚地帶她回家。莎哈妮與法哈試著解開勾住小腿的裙子時，法札娜的尖叫聲充斥著整間屋子。海德·阿里在外面一籌莫展地哭著。他聽見她們要求她別動，好讓她們解開金線。

然後屋子靜了下來。他鬆了一口氣地想，她肯定是脫掉了那件衣服。屋內的沉默持續。海德·阿里再啜飲一口這時已變微溫的茶，心想她鐵定是睡著了。

一會兒後，法札娜再走出來，這回穿著淡粉紅色的莎爾瓦卡密茲。她重新梳理了頭髮補了妝，準備出門了。她告訴他，她已經錯過了婚禮，但無論如何都不會錯過宴會。海德・阿里看著她再次走下班加拉巷，心想這確實是以前的那個法札娜。

晚上納迪姆都會過來。法札娜一手搭在他的肩膀上，踩著緩慢的步伐往前走。雅思敏問法札娜，她比他高嗎？所以她的手才能夠那麼輕鬆地放在他肩上？法札娜自己微微彎腰地說，他是為了她才彎下腰。在大多數的夜晚，他們在屋內散步途中，她時常停下來轉身問他，他要送她什麼結婚禮物。他說，她得等一等才能知道。婚禮突然提前閃著微光，她必須開始準備了。

—

法札娜參加了「庫拉阿斯曼」——專為巷子裡的女孩開設的免費足球課程——想要治好她的跛腳。梅倫和其他女孩都努力在下午前做完煮飯、提水、刺繡等家事，以便到傾斜的小空地上踢球。跛腳的法札娜無論在哪一隊，那隊都肯定會輸。其他人懇求她別參加比賽，看她們踢就好。但是一星期兩次，法札娜穿上印著庫拉阿斯曼（意即「開闊的天空」）的淡藍色T恤，在比賽開始前就到場，等著被選中。她告訴她們，醫生吩咐她要多運動。她喜歡努力奔跑，然後筋疲力盡地回到家。

她試著沿著巷子走到她姊姊家，然後再走遠一點到朋友家。她認為這樣可以在夏馨來之前治好她的跛腳。一天下午，她走在九十呎路上要去朋友家時，低下頭去伸直膝蓋。等她抬起頭來時，一輛推土機正緩緩地駛向她。她看著推土機逐漸接近，越來越大的隆隆聲在她耳邊迴響。她站在原地，推土機越來越近。眼淚順著她的臉龐流下。法札娜心想，她無處可逃。那輛推土機和在她的夢中一樣直朝她撲來。

一個鄰居看到法札娜站在推土機前面哭泣。此時推土機正在後退，壓下熾熱的混凝土，修補被雨淋得坑坑窪窪的道路。那個鄰居送她回家。法札娜整個下午幾乎都在啜泣。「Vahi cheez thi.」那天晚上她和納迪姆在屋子裡散步時，她跟他說。無論怎麼做都一樣。他叫她繼續走。

他離開後，她按摩膝蓋減緩疼痛與腫脹。以她的長相和走路的方式，想要結婚是否是奢求？法札娜很苦惱。不過納迪姆每晚都來。他們互開玩笑，納迪姆的聲音輕柔，法札娜較為大聲。他溫柔的聲音讓她心情開朗起來。他鼓勵她站起來、走路、動起來。

法札娜不記得自己曾被附身過，也從不確定有鬼魂或者任何東西阻礙過她的發展。但是隨著夏馨的拜訪即將到來，她任由海德．阿里與雅思敏擺弄她的護身符，唸新的禱詞進護身符裡，以阻擋任何剩餘的鬼魂，他們認為是這些鬼魂令她的手發抖、拖住她的腿。法札娜擔心她該穿什麼衣服，以及如何坐著喝茶手才不會顫抖。她請莎哈妮買了淡黃綠的玻璃手鐲來搭配玫瑰粉的莎爾瓦卡密茲，上面繡著栩栩如生的小朵玫瑰花苞與玫瑰，以及適當的亮綠色莖葉。夏馨來的那天，她會穿上這件衣服，希望她看到的不是法札娜目前的模樣，而是她未來可能的樣貌。

當官員向法院委員會提出他們的計畫時，有些成員擔憂他們的野心過大。即使過了二十年，經營這間工廠的公司的特許權到期後，這工廠也不一定能夠賺錢。他們能否從規模較小的工廠開始？此外，焚化爐需要的是容易燃燒、能產生電力的乾垃圾。但是一般家庭倒出來裝滿垃圾車的，只有未分類的一團混亂。有錢人家產生的垃圾最有價值，卻有時甚至連垃圾桶都沒有，因為主人不確定這些物品使用完畢後要怎麼辦，便交給管理家務的人去處理。從食物到鞋子、刮鬍刀片、廢電池、注射器、長條藥片、尿布，所有東西全都攪在一起送到山區，倘若一起送進焚化爐將會降低焚化爐的效率。但是調查顯示，孟買只有不到百分之十的垃圾經過分類。

一九七〇年代以來，迪歐納就裝了垃圾焚化爐，城裡的那座甚至比山區更早出現。[1]可是焚化爐失敗後，拾荒者撿拾卡車清出的一切，將喀奇拉變成廢料（bhangaar）、對另一個人來說的殘羹剩飯，或者製成別樣物品的原料。「塑膠人」搜尋塑膠，「磁鐵人」尋找金屬，「破布人」搜羅破布。他們將這些垃圾帶到所住的巷弄裡，分類整理後再賣出去供人重新製造。

官員加強宣導家庭垃圾分類。市政府要求建築物管理人員把社區裡的可分解生物垃圾分開製成堆肥，只將乾垃圾用卡車運往迪歐納、穆倫德或坎傑馬。如果不這麼做，管理人員就可能會被罰款或失去建築執照。在山區，顧問計畫不用拾荒者，而是用篩網和磁性分離器來分離垃圾，以便提供合適的垃圾給工廠。山區的隱形大軍將會遭到取代，不過他們在工廠或者清理乾淨的巷道裡會有更好的工作。

莎哈妮不知道該如何告訴法札娜，她越努力走路，她的腿就拖得越嚴重。夏馨來訪的前一晚，莎哈妮爬上搖晃不穩的金屬樓梯到閣樓去，法札娜清醒地躺在床上。她穿著藍色的莎爾瓦卡密茲，佯作害羞地蓋住頭。莎哈妮翻開被褥，掀起妹妹穿的寬鬆莎爾瓦，查看法札娜的粉紅色傷口，從腳踝往上一點點的地方開始，一路延伸到左腿，最後到臀部，傷口由於是在失去的肌肉上縫合而塌陷下去。她的兩條手臂上也有長長的縫合痕跡。莎哈妮戳了戳法札娜腫脹的膝蓋及腳踝。「Kaun isse shaadi karega aise.」她問，為即將來臨的考驗感到苦惱。誰會想娶這樣子的她？

翌日，夏馨走上海德．阿里家中的樓梯去見法札娜。她身材豐滿，有種柔和的氣質，可能是因為她從未在山區工作，不曾搶奪過垃圾。她們兩人沒說什麼話，卻感覺彼此認識。納迪姆告訴過他母親，法札娜不能提重物，也不能蹲著洗衣服。「Mil ke ghar chalaenge.」她告訴準新娘。我們要一起經營這個家。她下樓後向海德．阿里表示同意這樁婚事。「Nahi to bachon ka dil tootta hai.」她後來回憶道。我不同意的話會傷透他們的心。她告訴海德．阿里，納迪姆的叔伯將在明年四月他父親逝世週年時來拜訪，將會給予最後的認可。

海德．阿里走上樓去告訴法札娜，她等著聽這個消息等了好幾個星期。可是他發現她睡著了，由於要確保她的腿不會拖在後面，薄紗的長頭巾不會從頭上掉落，還有為了當個適合婚姻市場，遵守習俗、順從、受保護的女孩而保持沉默，她已經精疲力盡。這一切讓她疲憊不堪，但是與納迪姆共同生活的未來就在前方。

海德・阿里回到樓下，思考著如何能在不取消婚禮的情況下拖延婚事。夏馨告訴他，這是自她自己的婚禮後，她家第一次辦婚事。新郎的大家族裡有很多人會來。海德・阿里甚至連他那一半的婚禮費用都付不起。他再也沒有可以借錢的對象了，就連傑漢吉爾也無法借給他，法札娜的住院費用嚴重地衝擊了傑漢吉爾。

—

海德・阿里將法札娜的婚禮安排在二〇一七年六月，將近八個月後。他亟需要錢，可是山上的工作依舊不穩定。自從幾週前他們開始在垃圾堆裡發現錢以後，警衛就不讓拾荒者在那裡工作。海德・阿里聽說有人發現了一個裝滿鈔票的粗麻布袋。消息傳開後警察就來了，拿走那些現金，並且告訴他們大多數來自城裡的紙鈔都一文不值。二〇一六年十一月八日，總理明令禁止使用高額鈔票，以防止恐怖分子印製假鈔，損害印度逐漸成長的經濟。偷偷藏匿在城裡多年的鈔票開始到達山區，突然變成了垃圾。拾荒者以低於印刷金額的價格售出這些鈔票，直到警衛和警察阻止他們進入山區。海德・阿里心想，為什麼錢裝在袋子裡送到山區就變得毫無用處了呢？

「Pradhan Mantri hamare liye i-card bhej rahe hain.」巴德爾・阿蘭姆是住在他們家閣樓的表兄弟，有天晚上他們在家裡聊天時，他對巴德爾・阿蘭姆說。總理就要發身分證給我們了。只有等讓他能夠正大光明在山區走動的通行證來到，他才會到山上工作。海德・阿里認為，如果他身上帶著總理的通行證，警衛就不能趕他們走。這是他聽義工說過以後所理解的「新固體廢棄物法規」，這項法規裡說拾荒者將被列為管理城市廢棄物的一分子。

表兄弟倆聊到要在法札娜的婚禮前重振刺繡工坊。海德・阿里輕聲透露儘管他下了決心，但他昨天還是上山工作了。

他看向房間角落的黑色袋子告訴巴德爾・阿蘭姆說，他收集了十公斤壓扁的塑膠。巴德爾・阿蘭姆迷惑不解地看了他一眼。海德・阿里無奈地攤手，不然他能怎麼辦？距離法札娜的婚禮只剩幾個月了。[2]

孩子中年紀最小、僅十歲的拉姆贊走了進來。「Isko kabhi nahi bhejoonga.」海德・阿里說。我絕對不會把他送去山上。當他說到拉姆贊是他孩子中唯一一個自己起床、泡茶、早上七點半就去上學的孩子時，眼睛閃閃發光。拉姆贊的校服領帶和書包掛在牆上的鉤子上，和法札娜的護背腰帶放在一起。拉姆贊回答說他喜歡去山上。海德・阿里佯裝驚恐地瞪大眼睛。「Bagule marne jata hoon.」拉姆贊安慰父親。他以相當於「閒聊」的口吻用烏都語說，我是要去那裡殺鸛鳥。

二〇一六年接近尾聲時，隨著垃圾繼續填滿山區，那些不尋常的鈔票收成逐漸離開垃圾山。買賣舊鈔的灰色市場萎縮，粉紅與橘色的新鈔出現在市場上。拾荒者放棄了等待正式的身分證。山上的警備放鬆，他們又回去撿垃圾。官員緊張地等著火災發生，準備滅火。工廠投標的最後期限是二〇一七年一月，但沒有任何人出價。

第二十章 跳票

在一個微風習習的一月晚上，雅絲明參加完醫學試驗後回到家。她用身上帶著的錢付了租金，搬回她離開前空出的房間。孩子們也帶著他們的少許家當回來，在母親不在的期間這些家當就存放在卡塔店和其他人家裡。梅倫把整個家重新安頓好，在雅絲明打盹時，將所有人的衣服都折好放進金屬櫥櫃，再把餐具擺在流理臺上排好。

隔天下午，一群人大排長龍，堵住了班加拉巷的入口，想要到開設在狹窄的巷口對面的免費健康診所看病。診所頂上有塊牌子，在紅綠雙色的背景上畫了一輛腳踏車，那是社會黨（Samajwadi）的標誌。據說是印度或者亞洲最富裕的城市——孟買市的選舉再過幾週就要舉行。孟買的選舉車輛在他們的巷道間移動、閃閃發亮。可是選舉的承諾卻幾乎傳不到雅絲明的家，她家在山的陰影中昏暗無光，在山區邊緣搖搖欲墜。屋內，總是待在家的梅倫從青少年階段畢業，直接步入了成年。

梅倫正在蒸煮米飯，淡淡的甜香瀰漫著整個房間。雅絲明穿著一件向日葵黃的莎爾瓦卡密茲，邊上點綴著呈扇形的粉紅與金黃色的花朵，她告訴大兒子夏里布和梅倫，有些婦人沒有通過試驗，所以不得不被遣回家。不過她通過了試驗，而且在服用了那種避孕藥後毫無感覺；雅絲明滿面笑容地說。幾週後，她要再回去，讓醫生檢查藥物是否有任何副作用，再掙一個月的租金和開銷。

流理臺暗了下來，梅倫轉身看見大她兩歲的哥哥薩米爾站在門口擋住了光。太陽照耀在他四周，在他的輪廓上鑲了一圈金邊。他渾身覆蓋著一層乾掉的山上泥巴，看起來像是染了深褐色的照片，只除了雙腿上淌著的血。梅倫端飯菜給大哥夏里布，夏里布一臉悶悶不樂地抬頭看向薩米爾。

夏里布告訴他們，他早上走路去工作時聽到了尖叫聲。他轉身看見警衛掄棍子猛打一名拾荒者，那人瘦長的身軀在他們的擊打下緊緊地蜷縮著。當他們的棍棒回到空中時，他伸直身子來呼吸，他們便猛踢他的腹部，讓他痛得又蜷縮起來。其他的拾荒者站在周圍和斜坡上觀看。夏里布氣喘吁吁地走近時，警衛停下手，底下那個滿是塵土的身影舒展開來，是薩米爾。

夏里布請求警衛放薩米爾走。夏里布保證他絕對不會再回來，挽救了薩米爾。兩人一起走下山坡，直到薩米爾轉向，一瘸一拐地走向市場，去翻找滿得溢出來的垃圾箱，垃圾車很少去清那裡。最後他淌著血回到家裡，雅絲明叫他在週五的聚禮和阿拉伯語課前洗掉身上的血跡。

每次參加完試驗帶著錢回家時，雅絲明都會再次稱讚自己為了讓孩子脫離山區陰影所做的努力。薩米爾吃過梅倫端上的飯菜後，亂翻她放在櫥櫃裡的衣服，差點就錯過了聚禮，直到他找到一套不相配的深色衣服，和夏里布一起離開。

梅倫整理了櫥櫃後，開始在長紗麗的飾邊上繡滿金花，就在這時赫拉來了，後面跟著她的婆婆和小姑。她的小姑身穿紅色的莎爾瓦卡密茲，上面圍了一條紅綠雙色、印著腳踏車圖案的長圍巾，彷彿診所頂上的牌子披在她的肩膀上。母女倆整個早上都在巷弄間走動，為社會黨奔走遊說。

該黨傳統的基本盤是在北方邦的穆斯林和亞達夫種姓群體，那裡是由該黨執政。他們的根在山區陰影中蔓延，因為山區到處都是來自該邦的拾荒者，這些巷弄成為該黨在孟買的大本營。將近二十年來，控制孟買市及其財富的主要政黨——印度人民黨（BJP）與希瓦吉之軍黨——大多避開山區。相反地，他們在城裡發動激烈的選舉活動；在擔任資淺的夥伴多年後，BJP控制了中央與邦政府，如今將目光擺在印度數一數二龐大且富有的城市上。馬哈拉什特拉邦的年輕首長德文德拉・法德納維斯在孟買各地的大型競選廣告看板上微笑。其中一個刊登在顯著位置的承諾是利用迪歐納的廢棄物來發電。迪歐納計畫的招標日期已過，沒有任何公司投標，不過承諾依舊存在，毫不動搖。

社會黨的市議員反對興建工廠，說工廠會讓他們選民的肺生病，由於吸入城市廢棄物多年，他們的肺已經很虛弱了，另外工廠也不會提供拾荒者他們期待已久的工作。但是由於市政當局受希瓦吉之軍黨和BJP控制，這兩黨又代表著將垃圾運送到看不見的山區的城市，因此這計畫終於獲得批准。工廠將會來到山區，只要有人投標的話。

——

城市來到了雅絲明的家中，有一些是透過官方的管道，但更多時候是透過非官方的途徑，說著生硬的官腔。那天下午，這群女人在閒聊的時候，黑幫的收費員在門口等著收取電費，那些電力是他們非法接到巷子裡的家家戶戶的。梅倫請他們過一會兒再來，她會借錢來繳費。

短短幾天內，雅絲明就幾乎花光了參加試驗後帶回來的錢，又回去參加另一次試驗。夏里布的背上開始長出一片發炎的紅疹。他在建造阿施拉學校附近的一間屋子時，疹子在太陽下蔓延變紅。老闆看到疹子越長越多就叫他回家，夏里布痛苦地躺在家裡地板上，不停地翻來覆去。

掌管家裡的梅倫上午大概都在想辦法提回免費的市政府供水。她必須沿著長巷走到九十呎路，溜進吵得鬧哄哄的人群中，走近溼滑的市政府水車，然後設法確保碰上能夠幫她將水罐提回去的人。她也可以向鄰居買水，他將自家的水管偷接到供水系統上。但是她付不起他索取的費用。

到了下午，她就一直埋頭將花卉縫在女裝的袖子上，擔心兄弟們會問她午餐吃什麼，而她卻一無所有。雅絲明回來了，比預期的早，因為她檢查出患有貧血，醫院拒絕讓她參加試驗。她懇求他們無論如何都讓她參加，她需要那筆錢。可是醫院將她拒於門外，只給了她交通費。初冬的黃昏經常早早降臨，梅倫根本還來不及採買日用品、點燃爐灶準備煮飯。在這些漫長、安靜的午後，梅倫一直繡著珠子，她淡褐色的眼睛越來越大，臉龐越來越消瘦。她縫製的金花飄浮在她眼前和空無一物的胃裡。

唯一讓她看起來像符合實際年齡的十二歲孩子的話題，是那些從山上收集累積而來、被丟棄的娃娃，如今因為多次搬進搬出同一間屋子而丟失了。「Vo log ub jaate hain na.」她說。娃娃的主人肯定是厭倦了，對吧。「Theek hai. Tabhi to hamein mila.」沒關係。娃娃就是這樣才到我們的手中。這也是城市來到他們家的方式。

當巷弄裡插滿了政黨的旗幟時，雅絲明尋找在選舉產業工作的機會。一個朋友帶她去參加城裡的一場競選集會，她在那裡聽到邦議員說他把水帶進了山區周圍的巷弄裡。雖然知道水並沒有到達他們家，雅絲明還是按照提示鼓了掌。後來，她聽說幫忙充集會群眾人數的價格上漲到八百盧比，遠比她第一次去時要來得高。雅絲明心想，倘若她去參加幾場集會，那就一個月都不需要去參加醫學試驗了。可是她根本得不到工作，因為太多人想要像在集會裡充人數這樣薪酬優渥的工作了。

為了縮小夏里布的紅疹範圍，雅絲明用最後幾張鈔票買了藥膏，並且交給梅倫更多的刺繡工作。一天下午五六點左右，梅倫和阿施拉將細小的金色水晶黏在黑色布卡上，貼出拉長的棚架圖案。「Bhook nahi hai.」梅倫對阿施拉說，幾乎像在自言自語，我真的不餓。不久阿施拉就走開了，因為她無法集中注意力在工作上。梅倫站了起來，拿著一條金色的紗麗飾邊，這條飾邊比她人還長，能夠為他們購得一頓餐。

在解釋為什麼讓梅倫繡那些複雜精細的飾邊和袖子時，雅絲明會說那些醫學試驗讓她的身體變得虛弱。她知道巷子裡的人都在議論她長時間不在家，將梅倫鎖在屋子裡，還有她毫無規律的工作時間及不定期的神祕收入。她曉得他們認為這就是莫哈蘭姆·阿里離開她的原因。

雅絲明想要讓薩米爾報名參加一項戒毒計畫。她懷疑他腦袋糊塗、說話遲緩結巴、頭不時轉來轉去，不只是因為弄髒他牙齒的嚼菸草（gutkha）。但是在她四處都張羅不到錢時，他還拿出錢來。於是她延後他的治療，直到她讓梅倫脫離這條巷子後。梅倫困在山區的陰影中，沒去上學，四處尋找食物，拚命設法弄到水，一日比一日更寡言、透明，再加上債權人悄悄地靠近。雅絲明想讓她離開。

一天下午，雅絲明決定去梅倫的學校一趟，探問梅倫是否能夠回去上課，或者拿到修業證書，好讓她將女兒轉去別處就讀，遠離山區。母女倆用緊抱在胸前的長圍巾包住頭，穿上拖鞋，轉身關上家門。雅絲明咯咯笑了起來，看起來像個孩子。「Aadmi ghus sakta hai.」她指出：門底部的木板脫落了，留下了一個洞。一個人鑽得過去呢。梅倫將木板大致放回原位，讓潛在的侵入者以為門完整無缺，然後轉身離開，儘管年齡不到但看起來幾乎像是個年輕婦女。兩人順著巷子走出去。

新蓋好的橘綠相間的校舍位在公園對面，廣大的門廳陳列了一些國家領袖的照片，其中大多數梅倫都不認識。她們走上樓梯，上面漆著用馬拉地語和烏都語要求小孩子不可亂丟垃圾的標誌。還有一張海報，上面有小孩子在採石場敲石頭的照片，並寫著鼓勵他們去上學別去工作的標語。可是梅倫跟雅絲明一樣不明白意思。雖然她學習烏都語一直學到中學，但是她看不懂。在每處樓梯平臺，垃圾山的景色都會透過牆上的幾何形格子窗映入眼簾。每到一處樓梯平臺，心不甘情不願的梅倫都會要求回家，但雅絲明叫她繼續走。

走到四樓時，梅倫看起來氣喘吁吁又如釋重負。那天是星期五，學校沒上課。她們往回走下樓，梅倫跟雅絲明說，這是她離開學校一年多來第一次回到學校。她告訴朋友和老師她要轉去一所私立的英語學校。他們取笑她，下次他們見面時她只會說英語了。在那之後，他們升到下一級，學了更多的烏都語和英語。「Main unse kya kahoongi?」梅倫說。如果碰到他們，我該說什麼？

到了校外，她們走入她們從高處看到的那條巷子，小巷裡擠滿了手推車和購物人潮。兩人穿過成群的蒼蠅時，星期五的布道開始急促刺耳地從擴音器傳來。「如果你在睡前做祈禱（namaz），就永遠不會孤單地睡覺，祂將會陪伴著你。」她們走回家時，擴音器傳來的聲音蓋過了購物人群的嘈雜聲。

——

幾週後，希瓦吉之軍黨在市政選舉中險勝ＢＪＰ，可是沒有獲得足夠的席次選出他們自己的市長，因此兩黨必須再次合作來實現該市不斷增加的願望。不出所料，社會黨在由孟買市殘餘的渴望所構成的垃圾山陰影中獲勝，可是在該市其他地區幾乎沒有引起絲毫注意。城市與山區繼續待在不同的世界裡。

第二十一章　移山

市政府顧問在針對未來垃圾處理場的計畫報告中，精心規劃了一份時間表，其中二〇一七年三月畫滿了藍點，顯示到那時應該已經選出的公司何時該完成設計的月份。等到六月法院的最後期限到來時，報告表格上的藍點變成了綠色，然後橘色，在計畫時間表上標示出最終會焚毀城市垃圾的建設開始動工了。在報告的長長時間表上，顏色如上升的波浪向前推進，但是在迪歐納並沒有任何工廠正在興建。沒有公司投標。在關閉垃圾鎮區最後期限的兩個多月前，市政當局回到法庭，要求再延展鎮區的壽命四年。[1]

積極分子拉吉・夏爾瑪提出自己的訴狀，說明歐卡法官所要求的東西，包括邊界牆、攝影機、電燈、停止丟棄殘磚破瓦，幾乎沒有一樣實現。[2]幾個月來，他一直拍攝到人們鑽過破牆，看到破瓦殘礫鋪滿鎮區內的道路、加高了山頂。當山區與周圍巷道邊界附近的警備進一步加強時，其他的法院委員會成員聽說拾荒者用搜尋到的橡膠和塑膠製成筏子，經由小河划進鎮區。他們要求沿著小河邊安裝帶刺鐵絲網，但是也尚未裝好。[3]夏爾瑪反對延長最後期限。法院決定了審理雙方申訴的日期，就在停止於迪歐納傾倒垃圾的最後期限——六月三十日的一週前。

聽證會在擁擠的十三號房間舉行，距離歐卡法官下達建設禁令，並設定關閉迪歐納鎮區的最後期限約一年半。為公眾利益而提出的訴狀，例如夏爾瑪的申訴，輪流在歐卡裝飾華麗、架高的椅子前陳述，描繪了孟買的種種創傷與痛苦，以及隨著城市興起而發生衝突的夢想，形成了一幅動人的畫面。人們擔憂的事物形形色色：該市擁擠不堪的監獄、節慶時日夜演奏、多達數百萬人的噪音管弦樂隊的聲響、居民烹煮鄰居的信仰禁止他們聞到的肉類、煙霧從看不見的垃圾山飄到城裡高聳的大樓。歐卡騰出空檔審理這座空間狹小的城市裡無窮無盡的夢想和需求。

上訴者、律師、各種各樣的政府公務員擠過彼此身邊，對歐卡講述這些長年以來的問題。在法庭擁擠的人群中，唯一的安慰來自空調設備，這是將近十年前錢德拉楚德法官裁決迪歐納垃圾山的命運時安裝的。在迪歐納一案多年累積的文件中，山區的隱形大軍只扮演了縱火犯的角色，當這些文件放到歐卡的桌上時，發出沉悶的砰然一聲。

他問道，在全國各地廢棄物法規都只給予兩年多的時間來解決垃圾場問題，為什麼孟買的垃圾還要再繼續傾倒在山丘上四年呢？安尼爾・薩卡雷是市政當局長期負責此案的律師，他說市政府在符合歐卡的目標與廢棄物法規方面已經有重大的進展，是夏爾瑪自己抱持著蓄意阻撓的態度。

矮小的夏爾瑪穿著過大的襯衫及高腰褲，站在他的律師後面，用手肘輕推一下律師指出，他正式提出了參觀山區的要求。當市政當局沒有安排，他便鑽過牆上的裂縫，拍攝山區，寫了一份報告給法院，詳細說明了歐卡的命令沒有傳達到山區的各個方面。歐卡要求市政當局允許夏爾瑪及其律師檢查市政府的山區記錄簿。他將下次聽證會安排在六月二十九日，也就是終止在迪歐納傾倒垃圾的最後期限的前一天。

夏爾瑪走到法庭外的柱廊時，一名市府工程師將他拉到一旁，走進陽光普照的庭院，殷勤地和他閒聊。他告訴夏爾瑪，他們為迪歐納籌劃的垃圾發電廠這次一定會起飛。他並沒有提到目前為止無人投標，或者市政府延後競標的截止日期並放寬相關的規範，希望有助於吸引投標者。他說，孟買的垃圾可以產生足夠的電力，只是在焚化前必須烘乾幾次以減少溼度。他向其中一個賣茶小販買了茶請夏爾瑪喝，那些賣茶小販在繁忙的法庭周圍走來走去，提著熱氣蒸騰的茶壺，褲子口袋裡塞著小玻璃杯。

「我們在這裡出生，在這裡生活了一輩子，」他用北印度語熱烈地說。「我們很清楚在這座城市裡什麼東西行得通。我不考慮其他地方發生的事情。」他吞下最後一點茶，詳述這項計畫將如何改變孟買市和迪歐納鎮區。「人們一直跟我們說浦納模式、浦納模式，我們應該看看浦納模式，」他說，所指的是因管理廢棄物而獲獎的鄰近城市，「他們根本不知道孟買有多麼龐大複雜。」他說，他們需要夏爾瑪的幫忙，讓計畫可以展開，這些法庭案件只會耗費他們的精力，耽誤工廠的興建。夏爾瑪點點頭。

夏爾瑪的律師估計過去幾個月來傾倒在山區的建築殘骸多過垃圾。[4]他想知道為什麼垃圾商人因為在山區非法傾倒垃圾而入獄，市政當局自己卻傾倒了過量的廢物。市政府官員說他們所做的是在容許限度內，而且那是為了平息火災，鋪設到達鎮區偏遠地帶的道路、改善鎮區。

在下一次法庭聽證會上，當歐卡法官審問前一樁案件中代表邦政府的律師時，雙方的法律團隊都在緊張地等待。報紙上滿是幾天前死亡的曼茱拉．謝提耶的報導，她是關在孟買亞瑟路監獄的一名三十八歲女囚，因為在一九九六年謀殺嫂子而被判終身監禁。她的獄友宣稱，她是在索討早餐應該得到的雞蛋和麵包後，遭監獄工作人員毒打致死。

歐卡透過眼鏡往下看，從案件檔案中挑出幾頁，然後抬起頭來，唸出幾個月前他發布的改善該邦監獄的命令。他們做了嗎？律師說，和迪歐納的情況很像，他們依照歐卡的指示，成立委員會改善監獄的基礎設施，減少獄中過度擁擠的問題。他們將在幾個月內提出一份報告。歐卡提高嗓門打斷律師的話，他認為即使再過幾個月也不會有絲毫進展。有好一會兒，法庭內的律師與上訴者都從自己的案件檔案上抬起頭來，領會他的憤怒。案件在法庭上可以拖延，但是在城市裡，延遲可能會導致突發、悲慘的轉變，例如山區的大火，以及謝提耶的死亡。在這些案件背後，那些被遮蔽的人生歷程有時候會因為意外、火災、暴力，以及山區日漸拉長的陰影而永遠改變、終止，或是變得黯淡。

負責迪歐納案件的律師們走上前去接受審訊，夏爾瑪的律師說歐卡的命令並未傳達到鎮區，市政當局的律師則說有。他們只需要將鎮區的壽命延長一點。歐卡指示夏爾瑪的律師建議幾個垃圾管理專家的名字，請他們造訪山區，然後向法庭回報那裡是否有執行他的命令。他將停止傾倒垃圾的最後期限延到幾週後的下一次聽證會。

聽證會結束幾天後，夏爾瑪開始打電話給他在孟買的垃圾世界行走多年所認識的專家。他請他們依照法院的指示去巡視垃圾鎮區，再向歐卡回報。

——

儘管法院和市政府試圖加強對孟買垃圾的控制，但是垃圾仍不斷地從底下溢出。似乎沒有人知道究竟有多少垃圾：一份報告估計該市每日產生大約九千公噸的垃圾，並且推斷隨著孟買人持續移居到郊區的烏托邦，他們的垃圾也會隨之而去，因此未來二十年，每年只會增加百分之一。[5]迪歐納幾乎可以容納這個量；這似乎暗示並且符合市政當局在法庭上的論點——垃圾鎮區可以再維持一陣子。

但是稍早委託的另一項研究估計，該市每天產生一萬一千一百九十八公噸的垃圾，以及兩千五百公噸的建築廢棄物，這項研究是垃圾發電廠厚厚的招標文件的一部分。[6]

總的說來，由市政當局委託的報告表示，垃圾的量沒有多到會讓迪歐納鎮區進一步超載、不得不關閉，不過足以讓工廠獲利。孟買的垃圾不可思議地膨脹萎縮，以符合各種不牢靠的垃圾管理計畫。

另外還有一件醜聞爆發，一名垃圾車承包商控告市政當局沒有支付他的帳單。市政當局自己的調查揭露，該承包商運送、收費的一些垃圾根本不存在。[7]他將泥巴和廢棄物混合在一起，以增加垃圾的重量。他得到浮報重量的酬金後，將一部分酬金轉給市政府官員。官員似乎與他串通一氣，收取浮報的垃圾運送費用，賺得過高的報酬，已經好幾年了。警察局在調查一月的火災時所寫的羅希亞報告也發現鎮區的地磅遭到操弄，所顯示的垃圾重量至少超過百分之十，好讓承包商獲得過多的報酬。[8]隨這些人為膨脹的垃圾而來的，是添購不需要的設備的經費、運送處理不存在垃圾的費用，以及支付給不需要的承包商的酬金。

市政當局在垃圾車載運垃圾秤重的地磅站安裝了數位攝影機及自動秤重機，以確保從卡車上傾倒出來的是垃圾，而不是泥巴，並開始仔細地監控付款記錄簿，但是問題似乎無窮無盡。[9]「你人住在屋子裡時能夠修理屋子嗎？」一名年邁退休的市府工程師問道，他管理迪歐納鎮區的垃圾山及城市的廢棄物多年。「只要垃圾繼續運來迪歐納，我們要如何改善這裡？而我們的垃圾根本不會停止運來。」

第二十二章　紅玫瑰與乳白夜來香

二〇一七年四月，納迪姆的叔伯來看法札娜。在前一天，海德・阿里驚慌地打電話給他未來的女婿，問他該如何向他們解釋法札娜的傷疤、跛足，納迪姆告訴他什麼都不必說。他說，只要告訴他們，你透過阿蘭吉爾去提了親。由於納迪姆引導了前進的方向，海德・阿里感覺自己的緊張情緒平靜下來。等納迪姆的叔伯到來，海德・阿里談起他們的家人、村莊，以及兩家人來到山區陰影中定居的過程。

法札娜在他們眼前走進房間，視線低垂地坐著。她穿著一件桃紅與金色相間的庫塔，長袖遮住了她的傷口。她的姊妹用長頭巾包住她的頭，再用髮夾固定住以免頭巾滑落。海德・阿里告訴他們，她待在家裡，學習了阿拉伯語，並且知道一些可蘭經的經文。

納迪姆的叔伯同意了這門親事，只要求將婚禮提前到五月，以便他們參加。婚禮日期定在五月二十一日，就在那年齋戒月的第一次齋戒的六天前。夏馨的家人大多來自納西克，她丈夫的家人則來自更遠的阿科拉，她告訴海德・阿里，他們會擠進租來的運動休旅車，開車前來參加婚禮。他試著勸她不要邀請那麼多人。但她稍後再打電話來，卻告訴他參加婚宴的人數又增加了。

海德・阿里租用了巷子入口的結婚禮堂，接下來的幾星期都在為規模不斷擴大的婚宴瘋狂匆忙地籌錢。傑漢吉爾、阿蘭吉爾、巴德爾．阿蘭姆和他都向朋友借錢，夜裡都到山上工作。他詢問雅絲明，雅絲明說她沒有錢可以借他。不過她有一些朋友有政界的人脈。她帶他去見他們的邦議員，對方請助理給他們一些錢和一件禮服，當作法札娜的嫁妝。海德．阿里不確定這些點點滴滴是如何在最後幾天湊在一起，不過他們辦到了。

婚禮當天，莎哈妮與潔哈娜協助法札娜穿上夏馨送的繡有金花的紅色禮服。她們在她頭上披了一條紅色長頭巾，上面再鋪一層厚厚的乳白色夜來香與鮮紅的玫瑰。鮮花圍繞著她的臉蛋，她用手掌去觸摸的時候感覺冰涼而柔軟光滑。沉重的服裝上點綴著金飾與花卉，讓法札娜的動作受到侷限，不會顯露出顫抖或跛行。她依照潔哈娜的要求，始終低著頭、沒有笑容，讓法札娜成為一位端莊、芬芳、容光煥發的新娘。在結婚禮堂裡，納迪姆坐在單獨的房間裡，穿著白色與淺灰藍色相間的莎爾瓦卡密茲，上面披著他自己的花毯。一彎新月形的紙月亮掛在他的額頭上，下面垂著一層花的面紗。

當晚，班加拉巷所有的人都進入禮堂。雅絲明帶著孩子來，阿施拉穿著上次齋戒月莫哈蘭姆．阿里在市場買給她的衣服和裙子。他們遇見了鄰居和山區的老朋友。不過納迪姆的親戚人數還是多過他們。他們一起擠滿了禮堂，這是婚禮成功最重要的標誌。火焰色的肉類咖哩開始迅速地清空。

整個晚上，男人都慢慢向納迪姆擠去，女人則擠向法札娜。他們停下來擺姿勢拍照，照片中法札娜的臉朝下，眼睛盯著地板，新的金手提包舉到腰部，面對照相機。簽完婚約後，納迪姆摘下面紗，他和法札娜一起迎接賓客。納迪姆那帶有金色斑點的龐巴度頭梳理得甚至比平常更高，好讓他看起來高一點。不過新娘還是比他略高。事後，兩人都堅持那是因為她的高跟鞋，法札娜指著她的肩膀，表示那是她能到達納迪姆的高度，是令人滿意的新娘身高。

客人聚集在法札娜的嫁妝四周。在潔哈娜送的嬰兒床上，夏奇姆擺了衣服、特大的烹飪用盤子、涼鞋，以及海德．阿里買的金耳釘，用以取代法札娜不省人事地躺在醫院時，他從她耳朵取下的那對耳環。朋友們想請夏奇姆加上他們的禮物，但是很難和她說上話。「Meri maa poori shaam roi.」法札娜回憶道。我母親整個晚上都在哭。夏奇姆有五個孩子已經結了婚，但是要放開法札娜的手太困難了。

那天晚上，法札娜搬到納迪姆家。兩天後，他們再度穿上結婚禮服，在納迪姆的堂兄弟與其老婆孩子的陪同下，到城裡度一整天的蜜月。他們去了哈吉．阿里，那是座矗立在海中的白色大理石陵墓，法札娜曾在那裡買了米粒，並請人將他們的名字刻在米粒上。他們沿著岩石構成的狹長小徑走，海浪拍打著小徑兩側，法札娜設法確保自己走在納迪姆後面，如她見過的其他新娘那般。一群群的乞丐站在小徑兩旁，輕聲吟誦著討錢。他們的手肘或膝蓋下面垂著一小截殘肢。他們慢慢走近時，法札娜往後退縮、轉過臉去。法札娜心想，他們可能變成她這樣，而她本來可能變成他們那樣。

納迪姆與法札娜分別從不同的入口進入陵墓，把要放在墳墓上的鮮花與一塊錦緞交給墳墓的穆賈瓦，他揮舞著孔雀羽毛，用羽毛輕拍他們的頭，為他們祝福。然後他們穿過陽光普照的庭院走了出來，走到從海浪中突起、遭受風吹的岩石上，法札娜坐在那裡，感覺浪花噴濺在她臉上。納迪姆傾身靠近海浪，請他堂兄弟幫他拍照。後來，他們去了照相館，法札娜坐在硬紙板做的月牙上，腿上抱著納迪姆的小堂姪。納迪姆站在他們後面背景幕的群星當中，為她拉著月亮的細繩。

——

幾星期後，在一個陽光燦爛的午後，納迪姆陪法札娜走回海德．阿里家。那是齋戒月的最後幾天：雨季已經開始了，但是那天下午空氣暖熱、沉重、潮溼。班加拉巷有種懶洋洋的氣氛。大多數人躲進屋子裡逃避炎熱，餓得無精打采。

海德．阿里和夏奇姆在雅絲明家，閒談著他們相信已經從法札娜身上擊退的撒坦。他們討論在八月那個陰霾的下午，撒坦為何抓住法札娜，在推土機接近的當頭絆倒她，「Vo khoobsurat thi na, usne fasaya」是海德．阿里唯一的回答。她長得太美了，所以撒坦設陷阱捕捉她。

納迪姆和法札娜走了進來；她頭一次穿著布卡。法札娜說，這是她結婚後夏馨送給她的。她開始解開紐扣，顯露出手掌上用指甲花染劑新畫好的褐紅色圖案，上面用英文寫著納迪姆的名字。她說，鄰居前一天拿著錐形的曼海蒂染劑過來，為開齋節預做準備，她害羞地將手掌握成拳頭。

海德．阿里沉浸在婚禮大為成功的喜悅中；他估計賓客人數從五百到兩千不等。他說，他自己幾乎買不起任何禮物送給法札娜，不過她收到了三十套衣服。夏奇姆尖著嗓子說，納迪姆隨時都有可能拿到駕照：他會從清潔工晉升為司機。

海德．阿里解釋說，他們的生活漂浮在命運的漲潮中，而「納希布」（命運）這個辭與納迪姆押韻。他撥弄手中破裂的塑膠手機螢幕。一個男人低沉的聲音響起，房間裡迴盪著節奏緩慢的歌曲，海德．阿里說明這首歌的靈感是來自可蘭經的經文。螢幕上，鏡頭先照著歌手乳臭未乾、鬍子稀疏的臉龐，然後搖攝過一排包著白色裹屍布的屍體，其中一具屍體正緩慢地放入墳墓。法札娜將目光移開，海德．阿里解釋道，他唱的歌詞和納希布有關，說明命運如何操縱生活。

「Upar vala pahunchata hai apne naseeb tak.」將我們帶到命運所在的是神，不是我也不是她。海德．阿里指著他的妻子。「Naseeb ne use Nadeem se milaya, shaadi karai.」他享受押韻的樂趣說。命運，也就是納希布，將法札娜帶到她的伴侶納迪姆身邊。是她的命運幫助他用這麼少錢辦成了如此盛大的婚禮，並且幫助她逃離他和夏奇姆擔心她將度過的人生。是她的命運讓婚宴規模如此宏大，食物險些不夠。

他撥弄著手機。螢幕上，鏡頭搖攝過黑暗的墓地和新挖掘的墳墓，讓海德．阿里繼續談論命運和天命的話題。他解釋經文說，無論生前住的是平房，還是像他們家這樣的地方，每個人都得回到土裡去，只有幾尺的布料會跟著他們一起去，這就是命運。他用瘦骨嶙峋的手指著雅絲明屋後隆起的山丘說，所有填滿後面這些山的東西都會留下。

海德．阿里在山上撿拾垃圾將近二十年，然而這些山丘不減反增。他說，不管人們來來去去，這些山都會留下來，說著又在手機上找出更多拍攝墓地的影片。

雜亂延伸的所有物品墓地也在紐約市逗留不去，想要關閉垃圾場的抗爭幾乎也是同樣的曠日持久。逝去已久的人們的所有物依舊塞滿了牙買加灣附近的海灘。這片被稱為死馬灣的海灘在三〇年代吸收了該市大半的垃圾。半埋在沙裡的是電木製作的配電盤、杯、盤及其他的物品。電木是種早期的塑膠，易於成形，不會破碎、不會導電或傳熱，可以便宜地製成產品，讓人們可以擁有各種形式的欲望，從轉盤電話到有蓋餐盤都有。這些物品儘管完好無缺但很快就過時，因此為了更換新品，這些物品遭到丟棄、運往海灘。這片垃圾掩埋場已經清空、轉移到別處，但是其殘留物，包括讓開始在辦公室上班的婦女光彩四射的絲襪，依舊纏在雜草裡，其彈性尼龍絲維持了半世紀以上。

在迪歐納初期的幾十年裡，印度人還不是那麼富有。他們重複利用可再利用的物品，送到垃圾山的大多是剩餘的食物，這些廚餘會腐爛、讓那裡的土壤肥沃。研究過垃圾山成分的工程師認為，早年只有動物骸骨和少量的金子會存留下來。但是在隨後的幾十年中，由於財富增加，卡車開始傾倒出塑膠的外帶容器、裝過一次穀物的大布袋和塑膠袋、裝牛奶和果汁的鋁箔及塑膠盒、擠出牙膏或檀香味面霜的彈性管子。他們丟棄裝有藥錠的長條金屬片，拾荒者會撿來服用；逐漸增多的糖尿病患者所使用的拋棄式注射器經常戳傷拾荒者，以及其他永遠不會化為土壤的東西。孟買令人眼花撩亂的成長時代正在留下不朽的痕跡。

在紐約的史坦頓島上，數十年來該市的垃圾一直送到不斷擴張的佛瑞許基爾垃圾鎮，使這裡成為美國消費的黃金年代的紀念碑持續至今。這座垃圾城市的範圍遼闊，甚至有交通號誌燈指引該市的垃圾車隊駛過高聳的垃圾山間。在九一一恐怖攻擊後，世界貿易中心大樓的殘骸埋在此地，紐約市開始關閉佛瑞許基爾垃圾鎮。在鎮的入口處，有壓碎的浴室洗臉槽及馬桶。這些東西被放置在太陽下曬乾，之後沉入海床，讓牡蠣可以在其表面繁殖。佛瑞許基爾這名字來自荷蘭文，指的是曾經流經此地的淡水溪流。溪流會再度流過這片慢慢淨化的山丘，魚也會重新被引入溪中。後來報紙報導說，儘管只有一層薄薄的土壤覆蓋住核心的腐爛垃圾，山丘上卻不可思議地長出樹木。[1]

在迪歐納，剛丟棄、無法融合的東西不斷被傾倒在山丘上，只有拾荒者將新的垃圾拿走，供人重新製造成新的物品。可是現在警衛索討一百盧比才讓他們到山上撿破爛。海德・阿里一天掙的錢不比這價格多多少。因此，他多半待在家裡看那些有關墓地的影片。「Aur hain. Aur achhe.」他邊說邊篩選儲存在手機裡的影片。我還有更多、更棒的影片。他繼續講述影片裡的訊息。「Vo bata rahe hain, kaise sab cheez jama karo par naseeb yahi hai ki jana akele hai.」他們告訴你如何才能夠積攢一切，但是命運會讓我們獨自離開世界。

納迪姆侷促不安地動來動去。他說，他得回去上卡車的午班，他要帶法札娜一起回去。夏奇姆勸誘他讓法札娜留下來，保證她會叫阿蘭吉爾晚點送他妹妹回家，可是納迪姆示意法札娜離開。海德・阿里與夏奇姆陪他們走到巷子盡頭，雅絲明則留下來安排隔天的「Alvida Jumma」，也就是齋戒月的最後一個星期五。隔天晚上很可能會看到帶來開齋節的新月，招來一年當中最幸運的日子。

第二十三章 懸宕的群山

到了二〇一七年七月，下一次開庭日，一直到近午時分才輪到迪歐納垃圾山區的案件接受審理。拉吉·夏爾瑪看著法庭上的人潮起起落落，以為自己的聽證會很快就會結束。他已經和一位垃圾專家談過，安排他去巡視山區，並且向歐卡回報那裡是否執行了他要求改善山區的命令。當迪歐納的案件編號終於被叫到時，歐卡法官詢問律師們是否想到了可以去巡視山區的專家人選。市府律師說沒有必要找人；垃圾鎮區隸屬歐卡成立的委員會的管轄範圍，該委員會成員就包含了科學家。法院何必尋求外界幫助來監督垃圾山區？

夏爾瑪的律師說，幾個月前，法院委任的委員會主席在醫生告訴他山區暈輪可能讓健康問題惡化之後就辭職了。從那以後，委員會就一直毫無方向，也很少開會。市府律師打斷他的發言，提出相反的主張：委員會在找尋接替的人選時由另一位委員率領，他們實際上有在開會。歐卡和另一位坐在法官席上的維巴·坎坎瓦迪法官疑惑不解地看著，他們的委員會在兩位律師的爭論中死而復生，而山區和其居民的問題卻懸而未決。

法官繼續努力試著縮小暈輪，暈輪雖然顫抖，卻幾乎沒有離開山區及其居民的上空。歐卡要求法院委員會去巡視並回報目前的進展。儘管夏爾瑪自己已經偷偷進去拍攝過山區，但是這回整個委員會的人都會去。七月下旬，在巡訪的前一日，委員會兩名科學家的其中一位退出。其他委員在垃圾場新裝修好的市府辦公室裡觀賞垃圾發電廠的介紹，在首次招標的幾個月後，官員仍然希望可以吸引到投標者。接著一行人出發去檢視山丘，他們在坑坑洞洞的路上顛簸著前進，吸入令人頭暈的氣味，胃強烈地翻攪，根本無法走到偏遠的角落。垃圾山聳立在兩側，因為雨季的雨水和孟買的碎石而變得灰濛濛的。一根斷了的電線桿將兩座崎嶇的山丘邊緣連接起來。警衛禁止拾荒者進入，讓狗和俯衝下來的鳥類撿走當天下午從垃圾車倒出的垃圾。這些山看起來就像一處偏遠的考古發現，塞滿了孟買市過時的欲望，四周環繞著不斷拔地而起、由玻璃與鋼鐵構成的新大樓。

——

幾週後，在二〇一七年八月底，歐卡的法庭登上了新聞頭條。夏爾瑪經常注意另一件申訴的庭審，該件申訴是要求大家遵守國家的靜音區法規，在靜音區內應該將城市震天價響的噪音降低至耳語的程度。歐卡曾下令，在法院、醫院，或教育機構一百公尺以內的任何地方都必須是靜音區。[1]要在一座所有人事物都緊密地擠在一起的城市裡執行他的命令，意味著要限制節慶、示威遊行、哨子、喇叭、隊伍、抗議，和沒完沒了地在孟買飄蕩的音樂的聲量，使得孟買總是處在緊張的狀態。

當新的國家準則允許邦政府標示自己的靜音區時，官員立刻避開了歐卡的命令。孟買喧鬧的節日期間的超大鼓聲很快就會震耳欲聾地進入城市，擴音器會充滿大街小巷。但是歐卡堅持不退讓。

邦政府律師指責他有偏見，要求他迴避，由首席法官代替他審理噪音汙染的案件。

律師協會籌劃了擠滿人的抗議集會，聲援他們所遇過最強悍的法官，於是邦政府不得不讓他回來處理此案件。然而歐卡的勝利卻是得不償失。邦政府撤銷了在高等法院的反對意見，卻在幾天後向最高法院提出上訴，最高法院廢除了他的靜音區，並限制他不得再對這議題下達任何命令。[2]如同垃圾山區始終毫不動搖一般，孟買混亂的噪音管弦樂隊也不動如山。

歐卡擔任法官十四年，在此之前當了二十多年的律師。他父親史瑞尼瓦司．歐卡曾經是鄰近的塔納地方法院的律師，歐卡接手了祖父及父親忙碌的法律業務。在他職業生涯中八成目睹了各種事物，如發展、正義、廢棄物處理廠，甚至乾淨的空氣在法庭上向前邁進，差一點就到達城市，卻在最後一刻轉身滑走。他大概知道，像孟買這樣的城市有時看似前進，卻只是停留在原地。

廢棄物法規要求在垃圾山鋪上薄薄的一層土壤或碎石瓦礫，以保持山的穩定、防止坍方。二〇一七年夏天，市政府官員從城裡運來比平常更大量的破瓦殘礫——不過是在容許限度內——填平蜿蜒在山間坑坑窪窪的道路。他們將碎石瓦礫扔進滿是垃圾的波浪和紅樹林中，以擴展鎮區並修築內部道路，好讓消防車能夠抵達偏遠的角落。他們在山頂覆蓋上碎磚破瓦，掩埋在裡面燃燒的大火，這樣一來城裡人就會繼續忽視鎮區，孟買的垃圾車隊可以繼續不斷地運來。

火災、坍方和其他災難通常也是垃圾山在別的城市變得引人注目的原因。那年夏天，在委員會巡訪迪歐納的幾個月前，在衣索比亞的阿迪斯阿貝巴市的柯希垃圾山發生了事故。這座首都城市部分銷毀的物品雪崩式地坍塌下來，掩埋了正在尋找東西以轉賣的拾荒者和他們歪斜的房屋。政府當局就連將救護車和擔架送到山間裂隙都很困難，倖存的拾荒者用垃圾製成擔架，將死傷者抬下來。這起廢棄物品的坍方事故可能奪走了一百多人的性命，不過沒有人確切知道究竟有多少人在柯希山的斜坡上生活和死亡。[3]

菲律賓馬尼拉市的煙霧山，多年來由於火災和坍方垃圾突然爆發，掩埋了許多拾荒者。厭倦了這些死亡事件及隨後的頭條新聞，市政府最後在一九九〇年代末將煙霧山夷為平地。拾荒者只是搬到樂土山，那裡的垃圾山坡逐漸堆得更高，垃圾坍方及不為人知的掩埋仍舊繼續。

在迪歐納，市政府官員很清楚建築的殘骸會增加山區的有毒暈輪，送進焚化爐也不易燃燒發電。然而，這是唯一能夠把火掩埋在垃圾山裡面的方法。那年降雨減少後，火災在二〇一六年十月及二〇一七年再度發生，雖然都不若二〇一六年年初的大火那麼猛烈。

意識到山區即將對他們關閉，他們的運氣也將迅速流走後，拾荒者試圖脫離此地，但是他們無處可去，山區又將他們拉了回來。二〇一七年整個冬天，賈維德・庫雷希遭到逮捕後，傑漢吉爾好

幾次胡亂試著找尋垃圾以外的工作。賈維德被捕的原因是曾經參與阿提克與拉菲克・罕的有組織犯罪集團，因此很難獲得保釋。傑漢吉爾認識一名私人承包商，他提供市政府跟著卡車行動、將垃圾桶的東西倒入卡車的工人，傑漢吉爾向他要一份工作。傑漢吉爾心想，幾年後，他就會晉升到市政府的名單當中，獲得正式的身分證和薪水，一直工作到退休，領取退休金。這在他們巷子裡是大受吹捧的工作。

由於市政當局負擔不起將供應商源源不絕的人員管道加在自己早已過分飽和的名單上，要求供應商停止僱用垃圾裝填工，因此那位代理商安插傑漢吉爾擔任一個一年前空下的職位。傑漢吉爾僱了一個小男孩替他工作，將自己的薪水一部分付給男孩，一部分給承包商。這麼一來他幾乎不剩什麼錢，因此他試圖悄悄溜進罕兄弟遭逮捕後所騰出的空間。

他試著在罕兄弟掌管的那段九十呎路上收取停車費，直到他開始接到匿名電話，問他是否有和市政當局簽訂收費契約。據說罕兄弟多年來一直在那段路上收取停車費，即使在他們與市政府的契約終止以後也是如此。[4]而傑漢吉爾根本沒有簽訂任何契約。打匿名電話的人威脅他說，他會像罕兄弟一樣遭到逮捕。受到驚嚇的傑漢吉爾讓出了停車區，擺脫了麻煩。無論是以非法或合法的方式，他打算逃離的企圖都挫敗了，於是傑漢吉爾又回去山上積累玻璃和塑膠。

下午工作結束後，法哈經常去法札娜的新家探望她。她時常發現她姊姊正在看電視上的電影，電視的噪音籠罩著她，絲毫不受越來越迫切尋找垃圾的影響，不像法哈自己每天的生活盡是這件事。她對法札娜說，最近她幾乎都沒見到傑漢吉爾。「Is baar kuch bada soch raha hoon, dekhna.」他只會說這句話。這次我想做點大事，你等著瞧。法札娜也很少回娘家。納迪姆通常都在工作無法陪她去，而且他提醒過她不要獨自踏出家門，否則她很可能又會跑去山上，再度陷入危險之中。

法哈心想，只有納迪姆負擔得起讓法札娜待在家裡。潔哈娜與莎哈妮兩人都在山上工作，努力為家人產出食物。法哈經常看見法札娜身穿玫瑰粉色的莎爾瓦卡密茲，上頭繡著小朵玫瑰花苞和綠色花莖，就是夏馨到他們家同意婚事的那天晚上她所穿的那件。她端莊地用長頭巾包住頭，再圍住頸部，不讓人瞧見。法哈想著，這就是遠離山區陰影的中產階級婦女的生活方式。法哈看過法札娜在山上的太陽下容光煥發，在微風中飄蕩，如今變得恬靜，藏居在納迪姆家糖果粉色的牆壁中。法哈猜想，垃圾山已經從她內心消失殆盡。

有時，法札娜的長頭巾滑落，法哈瞥見她腫脹的頸部。這讓她的臉蛋也顯得浮腫、兩眼鼓脹，看起來有點像為了參加帕爾玟兒子的婚禮盛裝打扮時的模樣。法哈回想起當時她的脖子似乎也腫腫的。有時候，她看見法札娜的脖子一邊膨脹起來，將她的臉擠向另一側。有些時候，她的脖子看起來整個都腫了，臉龐因而變小，還有些時候，圍在薄薄的長頭巾後面的脖子似乎很平滑。

夏馨也擔憂地注意到法札娜膨脹的喉嚨。她打算叫納迪姆帶法札娜去看醫生，不過這些日子她只有在晚上才見得到納迪姆——如果有見到的話。他每天工作十個小時，將城裡的垃圾運送到迪歐納或穆倫德的山區。幾星期後，法哈再到納迪姆家時，看見法札娜的頸部又有些凹凸不平的腫塊。法哈懷疑她姊姊在山上發生事故所造成的傷是否又從她的體內出現，在她的皮膚表面下冒泡。

——

十月時，雨水退去，火災的季節又回到鎮區。連續幾天，煙從山上升起，瀰漫在附近的巷道間，消防車撲滅火勢，防止煙飄進城裡。不過拾荒者仍然在黎明前幾小時就醒來，走過拉菲克鎮漆黑、空蕩的巷弄迷宮，巷子裡關閉的店面和賭窟緩緩地沿著坡道往上排列。他們半睡半醒地溜過他們在牆上鑿開的裂縫，在黑暗中走上垃圾山坡，跟在長串的卡車後面，拿著手電筒篩選塑膠瓶、小裝置和金屬線。

山坡上還是幾乎沒有安裝歐卡法官一再要求的電燈，讓多年來歷任法官試圖驅散的黑暗依舊籠罩著鎮區。攝影機來回轉動。假如警衛經過，拾荒者就躲進黑暗的隙縫，否則就一直撿垃圾，撿到黎明時警衛開始巡邏為止。他們將垃圾袋搖搖晃晃地頂在頭上，和粉紅色的晨曦一同走回所住的巷子。

當太陽溫暖地曬在她們身上時，有些婦女坐在一起，整理她們在家門外巷子裡清空的袋子內的東西。她們撣去泥土和灰塵，將不同厚度的塑膠和玻璃分類堆在四周。她們不得不拿到更遠的卡塔店去賣：那一長排環繞著牆壁、深而寬敞的卡塔店，曾經擺滿了阿提克與拉菲克．罕的垃圾，如今已上門關閉。

多年來，這裡一直是罕兄弟的地盤。他們的攝影機安裝在街道兩旁，他們的掌控手段非常激烈，不過拉菲克鎮巷弄裡的女人回想起他們都懷著喜愛之情。「Koi police ka matter rahega to vohi dekhte the na, nahi to hamari kaun sunega.」一名婦女邊說邊從沾滿泥巴的一團混亂中把東西撥開。他們會幫忙我們處理警察的問題。不然，誰會聽我們的？那對兄弟就住在附近，多年來在他們需要錢的時候借錢給他們，收購他們的垃圾，僱用他們的孩子。

婦人們抱怨道，應該為警衛不斷巡邏、牆壁總是在重建負責的人，是那個叫法札娜的女孩，而不是罕兄弟。「Main thi na us din.」其中一人說。我那天在場。她繼續說，天下著雨，山坡溼滑。她的腳被什麼東西纏住了，所以卡在那裡。她回憶道，推土機輕微地從她身上輾過去。「Zara sa.」她重複一次。輕微。她用食指碰一下姆指，表示推土機多麼輕微地輾過法札娜。

「Ab to vo theek bhi ho gayi.」法札娜結了婚，四處走動。她現在沒事了。山區不應該因為她而關閉。這些婦人似乎不知道圍繞著鎮區打轉的法庭案件。另一名婦女尖聲插話說，她從小就在那裡工作，就連她母親也撿過垃圾。「Ham kidhar jayenge?」我們還能去哪裡？她說，好像他們會向市政當局要求任何東西似的。

莫哈蘭姆．阿里跟著一些朋友過來，坐下來和這群婦女一起閒聊，沒有透露他過去住班加拉巷的時候認識法札娜或她父親。他新來這一帶，不過這群婦人是他在山上夜間工作那些年認識的老朋友。他加入了她們，一群人互相交換山區帶給他們創傷的故事。有一次一根破掉的燈管刺進他的小腿，莫哈蘭姆．阿里哈哈大笑說著，邊撩起褲子給她們看。他流著血一瘸一拐地走回家。後來，他縫了十五針。他們還記得嗎？他抱著期待看著這群人。他們不記得了。其他男人也掀起長褲，拉起襯衫袖子，露出自己的小腿和手臂，上面滿是傷疤和他們笑談的回憶。他們交流有關警衛巡邏時間表的記錄，大家都同意，最好在太陽升起、警衛到達前工作。

二〇一七年的大半時間裡，雅絲明都不確定莫哈蘭姆．阿里在哪裡。他幾乎都不接她的電話，只偶爾打來告訴她，他不在山區工作了，他在做建築工作。他告訴她，他到浦納、新孟買和其他更遠的城鎮蓋房子。他說他離開了好幾天。然後，一個朋友告訴雅絲明，她看到他從拉菲克鎮的一條小巷走出來，那裡的巷子窄得宛如牆上的一道裂縫，開口都被商店、房子和密密麻麻的手推車給遮住。他們還來不及走近他，他就消失在拾荒者及購物的人群中。她打電話去問那是否是他的時候，他告訴她自己只有在建築工作之間的空檔才在山區工作，不會在這裡久待。他正要回村子去。但是山區附近的巷弄裡到處都是穆斯林、達利特人*，以及其他在村裡沒有土地，也沒有牲畜或任何東西讓他們留在當地的人。就像莫哈蘭姆．阿里，他十幾歲就搭上火車離開，他們許多人都踏上漫長

* 譯註：Dalit，印度種姓制度中地位最低的賤民。

的旅程以遠離一無所有。

莫哈蘭姆．阿里神色憔悴卻仍散發往昔的魅力，他告訴大家他在村子裡舉行了從他父親那裡學來的儀式。他眉開眼笑地說，村民過來向他訴說自己的病痛，他們相信唯有他能治好這些毛病。最近有個朋友深夜來，帶莫哈蘭姆．阿里去看他的乳牛，乳牛因為陣痛嗥叫了一整晚。莫哈蘭姆．阿里說他吟誦禱詞，不到一小時，乳牛就產下小牛。他說，最重要的是，他舉行了效果強大的「Tohna」儀式。他說，他在朗誦禱文時，一股刺鼻的芥末味瀰漫了整個房間。所有人都難受地皺起鼻子。幾分鐘後，那股氣味減弱，他們的煩惱也隨之消失。他的儀式似乎解決了大多數的問題，除了他自己的以外。由於舉行妹妹的婚禮和城裡的債務越積越多，他賣掉了用山上找到的金鍊子在村裡買下的土地。他妹妹自殺了——雖然他相信是遭到她丈夫謀害。莫哈蘭姆．阿里向警方報案，卻只讓他的負債加重。於是他回到山區，搜尋已被城裡的拾荒者拿走的寶物。除了回到垃圾山，他無處可去。

他用手機螢幕給朋友看赫拉和她兒子的照片，那是他的第一個外孫。赫拉只有在遠處看過他上下人力車。「Kudrat ka keher gira hai.」她回家時告訴母親。大自然的憤怒降臨在他身上了。雅絲明不情願地點頭表示同意，她耗費多年的時間保持這男人的襯衫清潔，為他補充除臭劑。

莫哈蘭姆．阿里再度試著在夜間工作。他說，有時警衛在黑暗中發現他高大的身軀，就朝他投擲棍子。棍子在空中移動速度加快，擊中他的小腿或膝蓋後面，疼得他倒在地上。他抱怨道，要是法札娜沒害他們發生這種事就好了。

在山區環狀破碎的長牆另一端的帕德瑪鎮，法札娜蜷縮在電視前面，她的脖子脹得擠到臉上，眼神呆滯，膽汁湧到喉嚨裡。夏馨等待納迪姆下午請假，叫他帶法札娜到附近的沙塔布迪醫院，就是她被推土機輾壓後，傑漢吉爾最初送她去的那家醫院。

他們在擁擠不堪的走廊上等了一個多小時才見到醫生，法札娜穿著布卡，渾身又熱又癢，納迪姆則急著想趕回卡車上值班。醫生讓她做了些檢查，兩人就走了，在走回去的途中才意識到他們忘了問她脖子的事。幾天後，納迪姆和法札娜不情願地回到醫院。醫生拿出檢查結果，告訴他們法札娜懷孕了。

法札娜帶回家的醫療檔案顯示她先前的病已經沒有了。在繁忙的檢查室裡，法札娜告訴醫生，她沒有什麼可報告的。她相信垃圾山已經離開了她的身體，沒有什麼可說的。

第二十四章 視而不見

二〇一八年初，高等法院聽證會再度展開。距離第一批要求關閉山區的申訴已經超過二十年，距離歐卡法官開始審理此案也已經十年。自從迪歐納溼地開始填滿垃圾，已將近一百二十年。那時，市政當局試圖縮小山區的努力已經陷入鬆軟、高聳的山坡裡，這反映在一月初早晨歐卡辦公桌上逐漸堆高的文件上。法庭內的迷霧漸增，似乎與山區無法移動的暈輪相襯。

歐卡看了看案件檔案後詢問邦政府律師，他們是否提供了之前允諾給市政府的兩塊土地，以便市政當局能夠建立新的垃圾鎮區來取代迪歐納。一塊是在新孟買的卡維爾，另一塊在穆倫德，那附近的舊垃圾場即將關閉。邦律師點頭說有，市府律師卻搖頭說沒有。

市府律師說市政府已經付給邦政府一筆預付款，但不能接受邦政府十多年前提供的卡維爾那塊地。歐卡低頭查看，要求邦律師翻到他們所提交文件的第三段。他問，現在居住在那裡的人比最初提供時要來得多，市政府怎麼能夠開始在那塊地上傾倒垃圾。這塊土地屢次在法庭上被提起，因為定居在那裡的部落人民甚至阻攔官員勘測土地，更別提奪走土地了。

邦律師說，三十八公頃的土地中只有少數有人居住，可以用圍欄將這些定居點隔開，其餘的土地提供給市政府傾倒、處理廢棄物。「但是被侵占的地區遍布整塊用地，」歐卡指出，他指著厚厚的書面文件中間更多的詞句。他要求邦律師在幾週後的下一次聽證會前，研究是要重新安置那裡的居民，或是找尋別的垃圾場。

在二月十一日舉行的下一次聽證會上，市府律師提到貫穿那塊地的瓦斯管線。按規定，垃圾堆不能覆蓋住管線。律師們討論道，這條管線能否改道繞過這塊土地？

歐卡轉而討論邦政府提供給市政府的另一塊地，靠近市內現存、老化的穆倫德垃圾場。有些市政府的地圖已經將當地顯示為垃圾傾倒場。可是幾年前，官員前去調查時，中央政府的鹽務局官員阻攔了他們。他們說，那塊地上到處都是鹽田，是屬於他們的。邦政府為此打了多年的官司。除非輸掉官司，否則鹽務局的官員不會將那塊地移交給邦政府，邦政府卻已經答應把土地給市政府作為新的垃圾場。

三月十五日，在歐卡下達建設禁令將近兩年後，儘管迪歐納的問題沒有絲毫進展，最高法院仍准許孟買重新開始建設。[1]在不推翻歐卡禁令的情況下，最高法院准予六個月的施工期限，以「探討是否可能有准許某些建設進行的安全方法」，讓該市的開發商獲得短暫的解脫。夏爾瑪與仍然沒有主席的監督委員會承擔了「防止微粒散布到空中」的責任，必須確保在孟買裝滿碎石瓦礫的車隊傾倒在遠離城市的採石場，而不是迪歐納鎮區的情況下，才准進行建築工程。法官想起了上一任主席離開的原因是山區空氣會損害他的健康。「任何人都會有這個問題。他們必須去巡視。」歐卡微笑著說，並詢問可能擔任委員會主席的人選。

接著他又回來討論長達將近二十年尋找取代迪歐納鎮區的地點的議題。「為什麼堅持要那塊被侵占的土地？」他問邦律師蘭錢德拉．阿普泰。他回答說政府很快就會清除卡維爾地區的侵占者，買下原本不屬於政府的大片土地，移交給市政府。歐卡指出提交文件中有一行寫著該片土地上有七十九間房子。「阿普泰先生，根據你的經驗，你認為這會引起多少件訴訟？」歐卡問。他表示，驅逐居民引起的訴訟可以拖延多年，增加法庭的迷霧與堆積如山的文件，肯定耽擱土地的轉移、延長迪歐納鎮區的壽命。

幾天後的三月二十日，電視螢幕上出現了熟悉的畫面：迪歐納垃圾山冒出的火焰與煙霧映襯著黑暗的天空。這是兩週內的第二次火災。[2]十多輛消防車日夜不停地噴水。儘管市政當局在山頂上堆滿了碎磚破瓦，火苗依舊在腐爛的垃圾裡面打轉。

市政當局很快就會派鎮區的水車去灑水，冷卻不斷升溫、經常焚燒的垃圾山。法院委員會成員之一的安努拉格．賈格博士是孟買印度理工學院環境工程學的教授，他要求在山區大火上噴灑泡沫而不是灑水。[3]他說，水會滲進山裡，將垃圾聚集流入小河，汙染河水。然而與泡沫供應商的契約也還是懸而未決。在找到供應商之前，消防車將會繼續噴水，將山裡的垃圾沖進小河。

在過去數十年裡，迪歐納的案子有好幾次似乎即將解決。歐卡設定了最後期限——查核市政當局是否如期達成要求，並敦促官員在期限內完成。每一次垃圾山似乎都瀕臨移動而顫抖。市政當局只需要再幾星期，然後再幾個月，每次拖延都延長了山區搖搖欲墜的壽命，群山依舊存在。歐卡曾經主導一件類似的案子，為高等法院大樓尋找新家，指定了在偏遠郊區靠近新金融區的一塊地。不過法院也同樣留在原地。[4]

同一時間，在德里不斷擴大的邊緣，有些垃圾山頂堆得高到快要觸及環城的電力線，而要求解決此問題的法庭案件卻曠日持久。當拾荒者在這些山上埋頭搜找垃圾時，碰到電線就觸電而死。[5]那年夏天，那裡的垃圾坍方倒塌下來，造成一名拾荒者喪命，讓最高法院注意到首都垃圾山的問題，要求德里的市政當局加以改善。[6]

在下一場七月二十五日的迪歐納聽證會上，找尋鎮區替代地點的迷霧只有越來越多。那天早上，歐卡一開始先讀邦政府提出的回應。他讀了以後訝異地抬起頭來。文件上說穆倫德的那塊地已經租給一位私人的製鹽商，他在那裡採收鹽，並且在邦貝高等法院控告了鹽務官。這件案子也在同一棟雜亂的法院大樓審理了十餘年，歐卡卻毫不知情。他以為這塊地是三邊在爭執，沒想到竟是四邊。歐卡帶著逐漸升起的怒氣詢問阿普泰，市政當局得到那塊地的機會有多大？「希望渺茫？非常渺茫？」

歐卡在法庭上催逼市政府解決垃圾鎮區的問題時，幾年前曾經被指定為迪歐納鎮區的替代地點，位於新孟買卡維爾的遙遠小村莊卻萎縮到只剩殘根。在聽證會結束幾個月後，那裡變成一大片綠地，上面只有溪流、空屋，以及座落在附近懸崖上的哈吉·瑪朗聖殿的陰影。法札娜在錫安醫院徘徊在人世與陰曹地府之間時，她姊姊阿芙莎娜曾經去參拜哈吉·瑪朗，據說他是平民的聖徒。她帶回一條手鐲，繫在法札娜的手腕上。阿芙莎娜相信是那條護身符將法札娜拉回人間。

就在法札娜的婚禮之前，她跟阿芙莎娜及阿芙莎娜的姻親曾經走上最後幾段岩石構成的懸崖，來到聖殿。他們感謝聖徒賜予法札娜不可思議的生命。姊妹倆坐在懸崖邊緣，沐浴在微風中，體會法札娜單身生活的最後片段，以及眼前無邊無際的翠綠，和綠地上閃閃發亮的細長溪流。她們並不知道自己居住的腐臭山區及其鬼魂有一天會來填滿這片綠地。

當法札娜前往哈吉·瑪朗朝聖時，底下小村莊的居民正在和他們的代表會面，代表們承諾將會保住他們的家園。他們考慮提起訴訟，不過代表告訴他們沒有必要。該市無窮無盡的垃圾車隊不會走兩小時的顛簸路程來這裡堆放垃圾。除此之外，他們很難負擔得起請律師的費用，官司也許需要花上好幾年，況且要從這裡到幾小時車程外的法院也很困難。由於歐卡在法庭上的憤怒加劇，代表們空手而回。到二〇一八年年底，警方驅逐了居民，強迫他們住進環繞在那塊地邊緣的酷熱鐵皮屋裡。

大約兩年後，在二〇二〇年七月，歐卡用視訊對法律系學生演講。[7]他不記得自己在將近四十年前，為何從研讀數學轉為法律。年輕時，他所接到的都是訴訟當事人請不起更好的律師，或是勝訴希望渺茫的案子。「當你接觸了這樣的訴訟當事人，你會明白生活的真諦。當上法官後，我領悟到……我們的法律體系面臨的真正挑戰不是待審案件目錄表（法律文件）激增，而是被排除在待審案件目錄表之外的案子。」他繼續說：「我們的法律體系存在著某些缺陷，使得我們的大部分人口都默默地承受著不公不義。」歐卡表示，儘管大家經常談論堵塞在印度法院裡不斷堆積的待決案子，但更大的問題是，決定民眾命運的法院依舊忽視像法札娜與卡維爾居民之類的人物。

當孟買暖和的冬天到來，垃圾是要繼續運送到法札娜他們的山區社區，還是送到位在卡維爾翠綠山谷的小村莊的問題依然存在。市府律師請求法院給予更多的時間。在法院耶誕假期期間舉行的一場聽證會上，市府律師宣布，該市還需要將近五年的時間來改變垃圾車隊的路線，將垃圾運送到迪歐納以外的地方。市政當局已經延長迪歐納垃圾發電廠的投標截止日期七次了，但是始終沒有公司出價。塔塔顧問工程師公司的一份報告顯示，沒有一家公司競標興建該工廠的原因之一是，潛在的投標者想要迪歐納垃圾鎮區，但不要垃圾山。他們說，遷移這些垃圾山工程艱鉅、所費不貲，使得該工廠難以成功。於是市政當局放棄了建造那座工廠的計畫，決定改在迪歐納興建三座規模較小的垃圾發電廠，因此需要延長期限到第一座工廠蓋好。法院延長了迪歐納鎮區的壽命，直到假期過後歐卡法官可以審理此案為止。

第二十五章　一切都不屬於你

二〇一八年整個夏天，法札娜的腹部大了起來。她膨脹的喉嚨上面的臉龐也腫大起來，而且反覆地發燒。大多數早晨，納迪姆出門去工作後，她就在電視前面鋪一張床罩，一直看到睡意朦朧得闔上眼瞼。房間裡迴盪著八〇年代印度動作片的音樂。搭檔死了，情侶復合，演職人員名單滾動。法札娜醒過來，切換頻道，繼續待在原地。

每回他們去沙塔布迪醫院時，夏馨都會吩咐納迪姆讓醫生看看法札娜的頸子。可是不知怎地，法札娜每次到了擠滿孕婦的候診室總是疲憊不堪，納迪姆又必須快點趕回去值班。有兩次，他們在回家的半途中才想起，她腫脹的脖子還小心翼翼地蓋在長頭巾和飄動的黑色布卡下面。

在家裡，隨著腹部和脖子的腫塊脹大，法札娜的活動減少了。她的脖子僵硬，使得臉部表情看起來古板而陰沉。她的手臂發癢，上面布滿了長長的粉紅色傷疤，是將皮膚縫合覆蓋住小心接在一起的骨頭所留下的痕跡。下一次坐在醫生對面時，法札娜解開布卡和長頭巾，露出腫脹的脖子。接著她撩起袖子讓醫生看她的手臂，仍然遍布著縫合的疤痕。「Bulldozer chad gaya tha.」法札娜輕聲解釋。推土機輾過我身上。

醫生驚訝地抬起頭來。她請法札娜將錫安醫院的病歷拿來。在下一次看診時，醫生翻閱了納迪姆請海德．阿里送過來的厚厚檔案。一個大腹便便的孕婦站在法札娜後面，等著她騰出發亮的檢查凳。其他在外面排隊的人也把頭探進診療室。醫生闔上檔案，叫法札娜回錫安醫院複診。法札娜因為避開檢查舊傷而鬆了一口氣。她回到電視前的位子，心不在焉地搔抓著手臂。

——

按照習俗，海德．阿里得送禮給納迪姆的家人，好把法札娜帶回娘家生孩子。為了攢錢買禮物，他努力在山上工作。但是有天下午，他在巷子裡遇見了雅絲明，他告訴她山上的生活大不如前。警衛用車子壓扁他的垃圾袋，或者索要大筆的賄賂才讓他們工作、帶走垃圾，以至於他們工作一個早上後什麼都不剩。雅絲明聽說，幾星期前法哈在搜垃圾時找到了一條金鍊子，不過海德．阿里隻字未提。反正法哈發現那是假的，最近來到山區的都是這種貨色，她聳了聳肩。

隨著山區寶物日益減少，莫哈蘭姆．阿里到更遠的地方去找工作，卻空手而歸，回到空蕩蕩的家。他的新妻子厭倦了等待他快速致富的計畫實現，已經離開了他。他打電話給雅絲明，問她和孩子自己是否能夠搬回去住。「Phir chala gaya to,」她問海德．阿里。萬一他又走了怎麼辦？「Meri usse koi ummeed nahi rahi.」她輕聲說，幾乎是在自言自語。我對他已不抱任何希望。

二〇一八年的夏季緩緩消逝，納迪姆仍然忙碌，白天黑夜都跟著垃圾車隊到處跑。法哈開始陪法札娜去醫院。一路上，她們沿著山區腐朽的長牆外緣走。她們看到人們鑽過裂縫爬到斜坡上，她們一起在那裡度過大半的人生，觀看板球比賽，閃避在焦乾的山丘上遊蕩的水牛，追逐垃圾車。如今法哈獨自在山上工作。

她們經過了傑漢吉爾讓出的那段停車區。法哈跟法札娜說，他似乎滿腦子都是新的事業。她只知道這回與垃圾無關。他告訴他們，他打算做件不同的事，可以讓他遠離垃圾山區的事。他經常與他的合夥人，或是他的跟班說話。他的合夥人聽起來像是個女人。在山區周圍，傑漢吉爾和其他人悄悄侵襲著幫派老大們不斷擴張的非法領地邊緣。

法札娜的預產期接近時，海德．阿里心不在焉地工作，等著納迪姆帶她過來。七月八日，夏馨打電話來說孩子快要出生了，當天深夜法札娜產下了一名女嬰。她在朦朧的睡意和痛楚中在醫院裡醒來，看見姊妹們在嬰兒身邊擠成一團，大聲說著她長得好像納迪姆。夏馨用山上撿來的破布拼成一條被子，蓋在嬰兒身上，她的態度緩和下來，同意讓她在出院後到海德．阿里家。

在家裡，夏奇姆撕開白布，在裡面裝滿小茴香和薑黃，捆成兩小包，分別繫在嬰兒和法札娜的手腕上。這東西會困住她們體內的鬼魂，在最初幾個月，在法札娜和嬰兒周圍形成一道屏障，因為在這段時期她們可能會受疾病、悲傷折磨，或是遭鬼魂附體，可能永遠受鬼魂的控制。

母女倆一直裹在一起。法札娜整天對著寶寶說個不停，直到深夜。她沒完沒了地說著，直到古蒂（小娃娃）變成了布蒂（老婦人）。「Tune suna Guddi? Tera kuch bhi nahi hai. Kuch bhi? Sab tere Abba se aaya.」她一邊低聲說一邊擺弄寶寶的鼻子或臉頰，直到寶寶哭了起來。古蒂，你聽到了嗎？你擁有的一切都不屬於你。沒有一樣是你的。全都是你爸爸給的。法札娜將寶寶抱在懷裡搖晃，讓她平靜下來。

幾週後，法札娜回到家，夏馨利用山區破布縫製了更多包裹嬰兒的被褥。她攤開手邊最大塊的布，在上面放了不同顏色的碎布，一種是深色的，那色調在馬拉地語和孟買的北印度語中稱為巧克力色，可能是褐紅色、棕色、紫紅色，或深紫色；一種是翡翠綠，有如山區雨後長出的青草；還有一種是濃烈到幾乎可說是紫色的粉紅色。她給被子加上細窄的淺粉紅色飾邊。但是法札娜回來時，夏馨一看到她就吃了一驚。她的脖子腫脹到臉都僵住不能動了，要看旁邊得用眼角餘光。

——

幾天後，法哈打電話給法札娜，叫她打開新聞頻道。「Bhai hai.」哥哥上新聞了。電視新聞上出現了傑漢吉爾用圍巾遮著的臉，旁白報出他的姓名、年齡、地址。警方破獲了包括他在內的五人綁架集團，救出一名他們劫持來索要贖金的孩子。

在一連串的事業都陷入困境的情況下，傑漢吉爾制定了最後一個擺脫山區雄心勃勃的計畫。一個住同條巷子的朋友介紹他認識一個女人，她的姊夫是城裡有錢的生意人。警方後來宣稱，她想綁架他兒子索要贖金，再分給他們一部分的錢。[1]

據稱事發當晚，她將男孩帶給傑漢吉爾和他朋友，他們用圍巾蒙住他的臉，塞到人力車上。男孩一路哭著被載到山區巷子裡的車庫，他們計畫把他關在那裡，直到他們拿到錢。他們把止咳糖漿混在冷飲裡面給他喝，讓他覺得睏倦、睡著。當他們解開他臉上的圍巾，才發現那孩子其實是他們綁架目標的十三歲哥哥。

傑漢吉爾心想，這可以讓他們得到更多的錢。他排練了要贖金的電話。然而他們還來不及出手，警方就突襲了車庫，解救男孩，逮捕了傑漢吉爾和他的同夥。

桑傑鎮的巷子對傑漢吉爾遭逮捕的新聞議論紛紛。拾荒者在報紙、電視上，還有透過巷子裡手機傳遞的訊息裡看到他遮起來的臉。海德．阿里沒有錢請律師或繳交保釋金。「Hamein kuch pata nahi tha.」他說，他的聲音因為羞愧而變得嘶啞。我什麼都不知道。

幾天後，夏奇姆與海德．阿里拿著一個搖籃來到夏馨家，搖籃的金屬框架四周纏繞著彩色緞帶。他存錢買了這份禮物，放在法札娜懷孕期間成天頹然坐著的那面牆邊。現在她已經騰出那塊地方，四處走動，搬運給寶寶的東西，把髒衣服堆起來給妯娌洗，折疊洗好的衣服，一面輕輕抱著寶寶讓她入睡，一面不斷地跟寶寶說話。「Guddi tu samjhi na? Teri naak kiske jaisi hai? Teri aankh kiske jaisi hai?」娃娃，你知道的，對吧？你的鼻子長得像誰？你的眼睛像誰？

傑漢吉爾遭逮捕的幾星期後，法札娜的喉嚨腫得擠到臉上，於是她去看了薩提斯・達拉普醫師，那是兩年前為她動手術的外科醫師團隊負責人。如今他在更深入城市的BYL奈爾醫院，他看了看她發黃的病歷，再看一遍她的療程，然後問她在那以後狀況是否還好。

她點點頭，緊緊抱著孩子，解開布卡露出頸部。醫生輕輕按壓、戳著頸子上的腫塊時，法札娜疼得往後退縮。她回答他的問題說，她的確有發燒，很痛。他說他們必須抽出裡面的液體來檢查，有可能是癌症，也可能是結核病。

幾天後法札娜回醫院動手術，醫生帶她進手術室時，法哈抱著孩子。一會兒後，護理師叫法哈進去：法札娜滿是鮮血的脖子上裹著沾了黃色藥膏的紗布，她無助地輕聲啜泣，口水流到臉頰和金屬窄床上的橡膠床單上。脫掉布卡的法札娜手腳緊緊地蜷縮成細長的V字型，蓬鬆地罩在她身上的那件內襯緞子的粉紅色蕾絲庫塔，在傍晚的光線中閃閃發亮。

法哈看著她，然後將寶寶放入她懷中。法札娜的眼淚滾到女兒柔軟、近乎無毛的頭上。「Budhi, teri aankh kiske jaisi hai?」她低聲說，儘管淚水滾落臉頰，還是綻放出淡淡的笑容。老太婆，你知道你的眼睛屬於誰嗎？她輕聲含糊地說話，緊抱著寶寶，邊哭邊餵奶。

法札娜張開手掌抓住床，慢慢地爬了起來。她穿上布卡，抱起寶寶，和法哈一起動身回家。她們在醫院對面的公車站等車，看著傍晚的光線逐漸黯淡下來。今天是象神節期間的浸禮日。巨大的象頭神神像每年都會來此城市十天，然後被送到海裡，當成是超脫物質的一課。那天晚上，大腹便便的神像塗著令人眼花撩亂的幸運色彩，在汽車、公車、鑽孔機之間緩緩移動，那些鑽孔機鑽進孟買狹窄的道路上，將馬路變成塵土，準備建造孟買的地鐵交通線路。寶寶嚎啕大哭。特大號鼓敲出的咚咚聲時而蓋過鑽孔機與喇叭的噪音，時而淹沒在鑽孔機與喇叭的聲響裡。交通因施工而中斷，施工又因交通而停頓，兩者隨著孟買偶發的交響樂斷斷續續、參差不齊地舞動著。法札娜抱著寶寶走到街上，留意尋找將要載她回家的公車。她看見公車在遠處等候，接著緩慢地朝她駛來，然後轉向開走。

納迪姆打電話來。她為什麼還沒回家？她還在醫院附近嗎？公車怎麼這麼久沒來？她真的去了醫院嗎？等法札娜回到家時已接近午夜。第二天，納迪姆因為前一晚的事而生悶氣，把她送到海德．阿里家，囑咐她別靠近山區，遠離那裡的男人和危險。法札娜將寶寶抱在懷裡，睡了好幾天。她試圖緩解納迪姆的擔憂情緒，大多時候都遠離聳立在上方的垃圾山。

一天下午，夏奇姆坐在山邊，看見法札娜抱著孩子走過。「Kaam kaise karein?」——我該怎麼辦——她問道。她的兒子在監獄，女兒又生病。「Fikar khaye jaa rahi hai.」她深吸一口比迪菸*說。我擔心得不得了。她看著太陽轉變成桃紅色，緩緩落入山丘時，她想著要叫海德．阿里回去找九十呎路另一邊的治療師。

* 譯註：bidi，印度傳統的手捲菸，是用樹葉捲生菸草製成。

法札娜獨自帶著寶寶回去醫院聽檢查結果，醫生跟她說她患了結核病。他說會開藥給她：擅自停藥可能會導致疾病變得致命，即使重新開始服用同樣的藥物也不會有效果。法札娜不耐煩地打斷他，說她會去看她家附近的醫生，在那裡開始治療。

法札娜知道結核病不斷困擾著拾荒者。她親眼看著結核病讓海德．阿里的表兄弟巴德爾．阿蘭姆變得瘦弱，他曾住在他們家閣樓裡，後來動身回村子時憔悴得不成人形。他們有兩個多月沒聽到他的消息，海德．阿里擔心他已經過世了，直到大約一星期前他再度出現，雙頰豐滿，臉龐富有光澤。他說，是一位治療師的儀式和他老婆的照顧治好了他。但是法札娜知道並不是每個人都能夠像巴德爾．阿蘭姆這樣子回來。她有些兒時朋友在結核病讓他們的父母日漸消瘦後到山上工作，卻輪到他們被山峰貪得無厭的胃口所吞噬。

幾天後，法札娜將寶寶裹得嚴嚴實實，收拾了一個裝滿衣服和毛巾的袋子，跟阿蘭吉爾一起到亞瑟路監獄去探望傑漢吉爾。之前阿蘭吉爾每次去探監，傑漢吉爾總是會吩咐弟弟：「Farzana ka khayal rakhna.」照顧法札娜。阿蘭吉爾揶揄他，問他沒有別的兄弟姊妹嗎？「Hain...」傑漢吉爾越

說越小聲。我有啊。阿蘭吉爾打斷他說：「Par tu usko hi sabse zyada chahta hai?」可是你最愛她？傑漢吉爾只會說：「Bhejna usko.」叫她來看我吧。

幾週後，法札娜被帶進裝有玻璃隔板的房間。傑漢吉爾走進來坐在隔板的另一側。「Kaisa hai Bhai?」法札娜對著她這一側的電話輕聲地問。哥，你還好嗎？傑漢吉爾點點頭，看向寶寶。法札娜抱起她，舉到玻璃隔板前。「Teri beti hai?」這是你女兒？法札娜點頭表示沒錯。「Achhi hai.」他回答。她長得很可愛。兄妹倆互相對望。他們兩人都差點離開山區和其陰影，可是群山卻停留在兩人的心裡，牢牢地掌握住他們，不放他們走。警衛進來告訴法札娜該離開了。「Tu theek hai na?」傑漢吉爾問道。你沒事吧？她點了點頭。

幾天後，奈爾醫院的人打電話來問法札娜是否有按時吃藥，並且問她的銀行帳戶明細，好讓他們將政府給結核病患者的補助金匯給她。她已經停藥了一陣子。法札娜說，那藥讓她頭暈目眩，眼前一片黑。她把時間都花在陪寶寶玩耍上，他們幫她取名為艾伊莎，聰明的孩子。莎哈妮後來說，納迪姆沒有再買任何藥物。

法札娜的燒起起伏伏，脖子時而腫起時而縮小。不過她一直全心全意地陪伴寶寶，寶寶長高也變胖了，露出還沒長牙的齒齦笑起來。「Guddi, Guddi, tujhe pata hai na, teri hasee teri nahi hai?」娃娃，你知道那笑容不是你的，對吧？法札娜搔了搔寶寶的鼻子，逗得艾伊莎陣陣大笑。在法札娜的胡言亂語裡，艾伊莎從嬰兒長成老婦，但是沒有一樣東西屬於她。一切都來自她的父親，來自聳立在他們背後的垃圾山，以及無窮無盡從城裡來的車隊。

「Tujhe pata hai na, teri naak bhi teri nahi hai?」

就連你的鼻子都不是你的，你明白吧？

「Budhi, Budhi, tera kuch bhi tera nahi hai, theek hai?」

老太婆，老太婆，你擁有的一切都不屬於你，對吧？

後記

二〇一九年的第一週，我走上法院宏偉的石階到二樓。歐卡法官的案件和房間重新分配過了，迪歐納的案子跟隨著他。我走到昏暗的樓梯平臺時，看見了一塊大理石匾額，上面刻著巴爾．甘格達爾．提拉克的話，他是一位自由鬥士，在一九〇八年因煽動反對英國政府的言論被判有罪，就在匾額後面的那間法庭裡。「有更高的力量主宰著人與國家的命運，或許這是天意，我所代表的事業透過我的苦難比我保持自由之身更能昌盛起來。」他在丁肖．達瓦爾法官做出不利於他的判決後曾說。[1]

由於命運的捉弄，在一八九七年，當瘟疫肆虐孟買與鄰近的浦納（提拉克所居住的地方），那時還是個律師的達瓦爾法官曾經為被指控犯了煽動罪的提拉克辯護。隨著對英國軍隊侵擾住家、生活和身體的憤怒加劇，提拉克在他的報紙《凱薩里》上寫了一篇文章，含蓄地抨擊了英國處理瘟疫的行動。政府律師指控他激化了緊張的局勢，煽動謀殺浦納的瘟疫防治委員會主席W．C．朗德，提拉克被判入獄十八個月，這只讓兩座城市的怒火更加高漲。[2]幾星期後，喀奇拉列車開始運送邦貝的垃圾到迪歐納溼地的垃圾場。瘟疫消退，繁榮復甦，城市消耗大量的物品，然後丟棄、運送，最後傾倒在遙遠的溼地裡，這片溼地開始升高，但在城裡完全看不見。

當迪歐納邁入第一百二十個年頭，在走廊盡頭的法庭裡，仍持續不斷地努力解決孟買垃圾鎮區的問題，縮減擴散到城市上空的有毒暈輪及其造成的疾病。我拐過轉角進入歐卡的新法庭，這間法庭非常寬敞空曠，他的聲音好像在遠處迴響似地低沉，正在討論一樁刑事案件：「他們是在哪裡發現屍體的？」

接著是迪歐納的檔案重重落在他桌上的熟悉聲響。他問道，那些對他隱瞞與新穆倫德垃圾場相關的所有法庭案件的官員受到懲罰了嗎？要興建科學化垃圾掩埋場的土地何時能夠移交？最重要的是，迪歐納垃圾鎮區多快能夠關閉？市府律師察覺到他如今已很熟悉的怒氣，告訴他說幾乎已經關閉了。現在垃圾車隊大多前往坎傑馬的現代化垃圾山。我站在迪歐納鎮區外緣的垃圾山頂上時，看見坎傑馬的垃圾山在小河對面升起。垃圾山已經在那裡堆積了五年，明年將會被拆解製成堆肥。

二〇一九年四月九日，歐卡下達了一項命令：這將是垃圾鎮區的最後一年。二〇一九年十二月三十一日以後，新的垃圾不能再傾倒在那裡。[3]舊的山丘將會慢慢開始弄平，或是改變成別的東西。翌日，歐卡被調任為鄰近的卡納塔卡邦高等法院的首席法官。

我繼續拜訪山區及周遭的巷弄，等著垃圾車隊停止運送到迪歐納的山丘，等待廢棄物處理廠的契約簽訂，等候新的垃圾鎮區展開。車隊雖然減少，但並沒有停止。市府工程師告訴我，一切即將發生。他們計畫接下來幾年在迪歐納興建三座規模較小的垃圾發電廠，目前已經為第一座發出了廣告。

在山上，我遇見了潔哈娜。她聽說了鎮區確定要關閉的消息嗎？她反問我是否聽說了阿西夫的事。她說我肯定認識他，我點了點頭，雖然我其實不確定是否見過他。拾荒者告訴我，他去上學，下午到山上工作。他十四歲。一個多星期前，他遭到警衛巡邏隊的追逐。他的朋友們都偷偷地往家的方向跑，但是阿西夫繼續往前跑，一直朝小河跑去。警衛始終跟在他後面。然後他就消失不見了。

當他的朋友們回到拉菲克鎮，他母親阿芙莎娜詢問他在哪裡。他們告訴她，他一定會回來的。也許是警衛拘留了他，或者是他一直躲到他們離開。當黃昏降臨，她出去找他，徹夜未歸。她到警衛崗哨詢問，不過他們沒看到他。隔天，她到警察局投訴。她曾經陪同警官到山坡上，可是他們找不到阿西夫。警衛和警察找了他好幾天，但是都沒有找到他。他們問，他是不是搭木筏逃走了。她說，他沒有木筏。在那之後不久，阿西夫開始出現在她夢中。他面帶笑容地對她說話，說他就在附近。我去見她的時候，她告訴我，她一定要找到他。

每天早上，阿芙莎娜都和日班的拾荒者一起前往山上。她在多刺的灌木叢裡尋找，在炎熱的夏季灌木都光禿禿的。她走到不再傾倒垃圾的舊空地，踏入及胸深的水中，在滿是塑膠的紅樹林裡艱難地行走。她在夜班拾荒者開始工作後才回來，仍然沒有看到他的蹤影。

阿芙莎娜借錢租了艘小船，在鎮區邊緣四處漂移，看他是否陷在小河邊柔軟的泥巴裡，或是纏在浸泡水中的塑膠或樹根裡，或者是被湧入小河的汙水沖到遠方。

拾荒者開始認為他一定是為了躲避警衛跳入了小河。阿芙莎娜心想，但是到這時他應該會沖到岸上某處才對。有關他的傳聞在山區到處流傳，他們又說他可能是被器官販子綁架了，以便他們採集他的腎臟。但是阿西夫一次又一次出現在她夢裡。她覺得他就在附近。阿芙莎娜非找到他不可。一連幾個月，她每天早上帶著他的照片出門，天黑後才回家。她給我看阿西夫身穿米黃色莎爾瓦套裝的照片，他有張娃娃臉，雙頰仍胖嘟嘟的，露出堅定的笑容。

在我到山區走動的那些年，我發現過綻放著塑膠向日葵的兒童涼鞋、手繪的帆布畫，以及半滿的香水瓶，感覺像是人們厭倦了的禮物。我好奇這些東西在擁有者的生活中扮演何種角色，是否讓那些遠離山區的關係更加深厚，讓那些收到禮物的人覺得自己更為珍貴。可是後來我看到了一無所有的阿芙莎娜，堅持要找到兒子。她帶著阿西夫的照片走遍山區。他來到她的夢中。他一直在她附近。她非找到他不可。

在某次造訪山區時，我遇見了阿提克．罕，罕兄弟中的弟弟，他在服刑三年後保釋出獄。他說他和垃圾山區或火災都毫無關係。他的隨從盜用了他的名字。那堵牆總是破損，火災經常發生。「Ham jhukte nahi na, to hame mohra banaya gaya.」他談到自己與哥哥拉菲克時說。我們不向任何人屈服，所以被當成了棋子。

法札娜又懷孕了。有時候，當她的長頭巾滑落，腫脹的頸子就會露出來。其他時候，她的頸子都隱藏起來，或者也許甚至消腫了。醫生在產前檢查時看到了腫脹，叫她去做結核病檢查。她回診卻只是為了生下一名男嬰。

我只在法庭上見過傑漢吉爾，他的孩子化了妝、穿著潔白鬆軟的衣服到法院，彷彿來看他是件喜慶的事。「Maine phone to kiya hi nahi tha to phirauti kaise hua?」他對我如此說，他總是在尋找可鑽的漏洞。我沒有打那通電話，他們怎麼能夠指控我索要贖金？

到那時候，我到班加拉巷走動只是去見那些拾荒者——我們在二〇一六年停止借貸給那裡的人，因為我們觀察到我們的客戶跌跌撞撞地從一場危機陷入另一場危機。疾病、警衛、婚禮，或者幫派老大的嚴懲都可能奪走他們用貸款、收入創造出的緩衝地帶。慢慢地我們也撤出了孟買市的其他地方，改在該邦的鄉村地區工作，在那裡我們綿薄的貸款補助可以進行更為持久的技能訓練。

我走在班加拉巷時，偶爾會聽見自己的名字，我猛然轉身後看見一顆金色的頭從一旁探出，咧開嘴對著我笑。雅絲明的小兒子薩米爾站在巷子裡，擋住陽光，用獨特的姿勢把頭垂到肩膀上向我打招呼。他一直在這區滿溢的垃圾箱裡工作，從垃圾箱深處挖出急需的錢。莫哈蘭姆．阿里幾乎是永遠消失了。雅絲明在前去參加醫學試驗的途中在火車站摔了一跤，失去了門牙和任何殘存的青春。後來她罹患了結核病，無法再參加醫學試驗，赫拉也是。梅倫一直沒去上學，十七歲就訂了婚。

有天下午，我拐了一個彎轉進一條巷子，發現巷子裡瀰漫著茉莉花香。薩爾瑪站在擠成一團的人之間，從一名婦人手中接過花朵，那名婦人正在分發要串成花環來賣的茉莉花。我們配合她拖著腳的緩慢步伐走到她家去。她告訴我，火災發生後不久，她動了眼睛手術，從那以後，每年冬天她的眼睛都會出現腫塊。一切都變得模糊不清。我問，阿斯蘭還好嗎？「Vo to do hafte pehle off ho gaya.」她輕聲說。他兩星期前走了，她用的是孟買表示死亡的說法。多年來，結核病、酒精和其他山區的癮頭一直在他體內打轉，從來沒有完全排出，直到耗盡他的生命。不久之後，薩爾瑪搬到遠離垃圾山的地方，但在幾星期後過世了。她的小兒子只是說死因為「極度恐懼」。

維塔貝開始在城裡接了好幾份清潔工作，向老闆借錢為孩子治病，讓跌落屋頂的孫子開刀，並且修理垮掉的屋子。她必須不斷地工作，不斷地還錢，不斷地借更多的錢。這讓她的行動狂亂，眼神雀躍，和我第一次見到她時一樣，儘管我看到她的手臂下垂凹陷，左右搖擺的步伐甚至更加緩慢。

我巡訪山區的最後一站經常是到海德・阿里家，他告訴我他計畫籌錢提交傑漢吉爾的保釋金，並用他在山區發現的東西招待我。有一次，他想叫我坐在一張枕頭般柔軟的黑色皮沙發上，我猜那是來自一對有錢的年輕夫婦的房子。不過，我還是和往常一樣坐在他對面的地上。他告訴我他打算賣掉房子，為傑漢吉爾聘請律師。那他們所有人要住哪裡呢？我邊問邊想著他們家擠滿屋子的幾世代人。就在這時，潔哈娜十六歲的女兒穆絲坎走了進來，她彎著腰，步履蹣跚。穆絲坎和法札娜一樣在學校與山區工作之間穿梭，直到垃圾群山掌控了她。她在地板上躺了下來，蜷縮在我旁邊。「Dekhenge.」他回答。再看看吧。他告訴我，穆絲坎的結核病正慢慢康復。我記得她在法札娜結婚照片中的模樣，個子瘦高，容光煥發，像貓一樣優雅。

我下一次去的時候，穆絲坎半睡半醒地躺在地板上原先擺放沙發的位置。我問，那張沙發哪裡去了？海德．阿里大笑起來。沙發上的臭蟲在房子各處出沒，叮咬所有的人，他不得不把沙發扔出去。他先要求用一套瓷的茶具端茶來，再要求用水晶玻璃裝水：兩種器皿都是在山區發現的。雅思敏送茶過來時，經常要跨過地板上的穆絲坎，她半睡半醒地躺在那裡。

再下一次我去他們家時，茶和水是盛在鋼杯裡端過來。屋子前面的部分在雨中倒塌了，耽擱了海德．阿里賣屋的計畫。他問，我聽說了嗎？穆絲坎三天前過世了。那時，她甚至失去了走到他家的精力，精疲力竭地躺在潔哈娜位在山區邊緣的屋子裡，連在她身上飛來飛去嗡嗡的蒼蠅都揮不開。傍晚的陽光照射進來，曬得她嘴巴乾燥。潔哈娜說，她去拿水給穆絲坎喝，等她回來時，女兒已經走了。

由於工作不穩定，海德．阿里去了他的村莊一趟，回來後囑咐大家說：每個人都必須記住他祖父的名字。十二月時，印度政府通過了公民身分法修正案，規定可以將無法提供公民身分的文件和證明的穆斯林關押在拘留營或驅逐出境。新法律概述，來自其他國家的穆斯林不可快速獲得印度的公民身分，因此他們必須證明自己的印度公民身分。在法札娜家的巷子外，我看見一條橫幅寫著：「Vo kehte hain, Hindustan chhod dein ham. Batao, bhoot ke dar se makaan chhod dein ham?」他們想要我們離開印度。告訴我們，我們應該因為有鬼魂出沒而拋棄家鄉嗎？

在海德．阿里家裡，屋子的前面再度搭建起來，賣屋保釋傑漢吉爾的計畫重新開始。法札娜在她家裡重複唸著曾祖父的名字。沒有人知道官員來詢問時他們需要告訴官員什麼資料，才會成為合法的公民，因為他們不確定自己是否持有符合要求的文件。他們記住自己能夠記得的資料，準備接受訊問，這訊問可能一舉讓他們在自己的國家裡變成非法居留者。

——

隨著時間緩緩流逝，夏爾瑪擔憂確保鎮區關閉的法院聽證會尚未開始，這個案子再也不曾在最高法院開庭審理。孟買市建造新建築物的六個月施工期限無休止地繼續下去。

二〇一九年十二月，聽證會在邦貝高等法院重新召開，由S．C．達爾馬迪卡里法官掌管迪歐納的命運。他說，設定最後期限並非法院的職責。市政當局正在努力關閉垃圾鎮區。他在繼續延長垃圾鎮區的壽命時說：像廢棄物處理廠之類的計畫確實需要時間。[4]二〇二〇年十一月六日，市政當局通過了興建三座垃圾發電廠中的第一座的計畫，這座垃圾發電廠將會消耗迪歐納鎮區六百公噸的垃圾，略少於每天送達的垃圾量的一半。[5]他們估計興建第一座需要費時三年。二〇二一年二月，印度政府宣布了一項四百億美金的計畫，藉由縮減垃圾山或「遺留廢棄物」、管理建築物殘骸等措施來減少印度日益嚴重的空氣汙染。

哈希姆．罕（又名南荷）因魯莽輕率的駕駛導致法札娜意外重傷的案件始終沒有開庭審理，他仍在保釋中。

誌謝

《家住垃圾山》能夠寫出來都是因為班加拉巷的居民歡迎我進入他們的家和生活中。我記得在二〇一六年年初回到那裡，不是為了提供貸款，而是純粹想多傾聽一些他們的事。拾荒者持續陪我走遍山區，帶我到他們家、他們看病的診所、孩子就讀的學校、刺繡工坊、卡塔店，讓他們的記憶、擦痕及潰爛的傷痛都變得鮮活起來。

我感謝所有選擇讓我寫入書中的人。其他一些很少出場或者選擇不要出現的人也幫了忙，包括Saabir Pathan、米亞・罕、Lilabai Pawar、夏奇拉・謝赫、席娃・謝赫、Rauf Shaikh、Akhtar Hussain Mullah、Hussain Shaikh，還有其他無數的人。

Geeta Anand每兩週就會閱讀並協助我塑造《家住垃圾山》的形狀，即使我感覺好像困在一團狂亂、不成形的雲霧之中。她搬到柏克萊後不久便告訴我，法札娜在凌亂的草稿中最為耀眼；她在遠端為我們兩人牽線搭橋，讓法札娜能夠說出她不忍說的事，而我可以探問、傾聽、書寫出來。Geeta幫助我親手傳達法札娜的故事，她的智慧和友誼，我可能需要花上迪歐納鎮區一百多年的時間才能感謝得完。

我要感謝Taran Khan，幾乎每天陪我走過我的失敗和錯誤，面對這個深深刻印在我內心、非得講述出來的故事。Manu Joseph 總是在我寫作陷入一團混亂、明顯的出版絕境和毫無邏輯的孟買隱喻末尾，讓我看到了光明。Taran 和 Manu 攜手協助我度過了《家住垃圾山》最艱難的關口。

我的編輯 Alessandra Bastagli 改造了我的底稿，在我看來她似乎毫不費力，卻將《家住垃圾山》帶到前所未有的高度。她幫忙我講述法札娜的故事，讓距離迪歐納千里之外的讀者深受感動，覺得她的故事是自己的故事。Cecily Gayford 是我在英國 Profile Books 的編輯，她最先承接下這個計畫，認為這故事描述的是法札娜不可思議的旅程，揭露出不僅是法札娜的世界也是我們的世界。Alessandra 與 Cecily 兩位編輯的思慮周到、通情達理及潤色啟發並提升了《家住垃圾山》。

我的經紀人 Sophie Scard 和 Alison Lewis 在市場日趨惡劣的情況下，一直冷靜地引導著這項計畫。我要感謝他們和 Georgina Le Grice，將班加拉巷裡垃圾搭建住屋中的生活帶到世界上遙遠的地方，在那裡被丟棄的渴望製造出更多的垃圾山和其他的生活。我希望他們的努力有助於擴展這項計畫，能夠縮減欲望及其漫長黑暗的痕跡。

R．K．夏爾瑪經常是我在垃圾世界裡勇猛的同行者。我們時常在山區行走，拜訪廢棄物處理廠，坐著旁聽庭審，喝著一杯又一杯的茶，沉思垃圾山區的命運。我無比地感激他與我有同樣的執念。每次我認為需要資料文件才能在迷霧中看清山區時，我就會求助於 Dayanand Stalin。多年來 Stalin 協助我通過資訊權利法的申請步驟，透過該法我收集到數千頁重現垃圾山世界的文件。

Jairaj Phatak、Ajit Kumar Jain、Bhalchandra Patil、Rajiv Jalota、M. R. Shah、Amiya Sahu，和其他十幾位不願透露姓名的退休和在職的市政府官員，提供了山區生活以及有關管理山區、賦予山區新生命等種種挑戰的背景和細節。雖然資料由他們提供，但分析是我自己做的。Chandan Singh 和其他人欣然而有耐心地處理數百件有關山區的資訊權利法請求。

K. P. Raghuvanshi 與 Rahul Asthana 兩位曾擔任過迪歐納高等法院委員會的主席，提供了他們的見解。

普拉嘉基金會的 Jennifer Spencer 和其團隊提供了山區周圍地區健康及教育的數據，為這區域的欠缺發展提供了亟需的背景資料。在我撰寫本書期間過世的 Jockin Arputham 不僅心心念念著范達納基金會，也提供了許多山區周遭的貧民窟是如何安頓、拆除又重新安置的軼事。他的指導和故事跟 Rashid Kidwai 的同樣令人懷念，Rashid Kidwai 在這本書出版前幾週過世了。

R．K．夏爾瑪法律團隊的 Vighnesh Kamath 提供文件佐證我的記憶和參加幾百小時庭審所做的筆記。Rohit De 和拉赫拉．霍拉基瓦拉透過他們精彩的著作和談話幫助我理解法院的意思。

儘管當時 Sukriti Issar 已經離開牛津大學，加入巴黎高等政治學院，但是她從遠端支持我在波德利圖書館的研究，幫我追溯迪歐納鎮區從官方引用的一九二七年一直到一八九九年的歷史。馬哈拉什特拉邦議會圖書館的 Nilesh Wadnerkar 拿出了有關迪歐納的會議記錄和報紙文章。

A. D. Sawant 博士耐心地解構山區的有毒暈輪及其對健康的影響。Anjali Bansal、Devina Parekh、Asad Hussain、Sarfaraz Arzu、Tanvi Kant、Shivaji Nimhan、Abdul Rauf Shaikh、Rukshana Shaikh、Dr. Khalid Shaikh、維卡斯．奧斯瓦爾醫生、Birju Mundada、Kishore Gayke，以及 Prafulla Marpakwar 在研究方面提供了寶貴的幫助，Kanika Sharma 與 Abhijeet Rane 則提供法律程序方面的協助。

身體虛弱的 Sachin Tambe 是收取分期借款的人，他經常陪我走過山區附近細長的巷子，幫我追蹤拾荒者的行蹤，和他們不斷搬遷的家及搖搖欲墜的生活。范達納基金會的 Prashant Shinde 幫忙寄送、追蹤、收取我沒完沒了的文件申請。

Biaas Sanyal 幫忙核實我似乎永無止境的研究。Ashlesha Athavale 則負責重新檢查馬拉地語的文件。兩人都幫忙彌補我的錯誤。

寫作駐村地幫忙我將多年來收集到的採訪和研究資料轉化，在紙上重新創造出迪歐納鎮區的世界。兩次的洛根紀實文學獎助金幫助我開始創作，並幾乎完成了《家住垃圾山》。洛克菲勒基金會貝拉吉歐中心的 Pilar Pilacia 和其團隊為寫作提供了最溫暖舒適的寧靜場所，還有優秀的同伴以及與迪歐納相差十萬八千里的視野。藍山中心給了我身為孟買人幾乎從未體驗過的安靜與平靜，讓迪歐納的世界以慢動作出現在我腦海中，讓我可以捕捉到。我是在上岩之家開始寫這本書。在 Arshia Sattar 與 Pascale Sieger 的照料下，隨著納里亞葛拉姆舞團舞者的節拍，一直不停地將筆記的資料全部輸入電腦。我也要謝謝多拉瑪爾之家，在疫情爆發封城關閉了旅行的機會時，我原本應該在那裡的，我希望以後能去那裡工作。正因為這本書是由於迪歐納鎮區充盈在我身邊而誕生，因此如果不是在遙遠的駐村地，我可能無法清楚地表達出來，對此我深深地感謝。

駐村地也提供了寶貴的作家同伴，他們寫的書比我的更為出色。Lisa Ko 和 Kiran Desai 向我講述了他們在藍山和貝拉吉歐長時間散步、划獨木舟和搭渡輪、長時間用餐，以及狂發電子郵件時的各種經歷。在我只想要隱身的時候，Suzannah Lessard、Adrian LeBlanc 和 Suzy Hansen 給了我寶貴的建議，教我用第一人稱表達自己的觀點。Risa Lavizzo Mourey 和 Parina Samra Bajaj 幫忙我理解法札娜極其嚴重的醫療記錄，即使我看見她痊癒了。Abby Seiff、Melanie Smith、Rana Rosen、Diane Mehta、Philippa Dunne、Justin Kaguto Go 從遠處提供了我有關寫作、藝術、城市及稍微用不同角度看待事情方面的建議。

斯德哥爾摩皇家理工學院的馬可・阿米耶羅提供了有關義大利垃圾危機的見解、軼事與知識。Rajesh Parameswaran 和 Markley Boyer 是我研究紐約市垃圾掩埋場世界及其廢棄物與傳說時的夥伴。

我還要感謝阿斯特拉出版社的 Olivia Dontsov、Rachael Small、Sabrina Dax、Alisa Trager、Tiffany Gonzalez、Lisa Taylor，和其他的團隊成員，謝謝他們細心的編輯與支持。感謝 Rodrigo Corral 工作室設計了美麗的封面，還有謝謝 Jake Coolidge 繪製了地圖。

最重要的是，我想要謝謝我的父母親和姊妹。父親和我一起經營基金會，母親和姊妹支援我們——每天敦促我更深入地體會借款人的煩惱與痛苦。在寫這本書的過程中，他們的愛在我失敗喪氣時給我打氣，在我茫然瞪眼、完全卡住的時候，迫使我承認自己的不足，向電腦傾吐出來。

後記

1 Bombay High Court Archives (online): https://bombayhighcourt.nic.in/libweb/historicalcases/cases/1908%2810%29BLR848.pdf.

2 Judgment of first sedition trial in Bombay High Court: https://bombayhighcourt.nic.in/libweb/historicalcases/cases/ILR1898%2822%29BOM112.pdf.

3 Bombay High Court orders on April 9, 2019: https://bombayhighcourt.nic.in/generatenewauth.php?bhcpar=cGF0aD0uL3dyaXRlcmVhZGRhdGEvZGF0YS9jaXZpbC8yMDE5LyZmbmFtZT1DQUkyMjY5NzEzMDkwNDE5LnBkZiZzbWZsYWc9TiZyanVkZGF0ZT0mdXBsb2FkZHQ9MDcvMDUvMjAxOSZzcGFzc3BocmFzZT0xMDAxMjEyMzI2MTA=.

4 Bombay High Court order, December 19, 2019. Municipal Corporation of Greater Mumbai & Others v. Pandurang Patil.

5 Vijay V. Singh, "Mumbai: BMC Panel Greenlights ₹1,100 Crore Deonar Waste-to-Energy Plant Plan," *Times of India*, November 5, 2000, https:// timesofindia.indiatimes.com/city/mumbai/mumbai-bmc- panel-greenlights-rs-1100-crore-deonar-waste-to-energy-plan-plan/articleshow/79053083.cms.

Press, March 13, 2017.

4 根據警方有關阿提克與拉菲克・罕的犯罪指控記錄。

5 勞倫・蓋爾與克里斯多夫・賈佛洛在《Muslims in Indian Cities: Trajectories of Marginalisation》（*HarperCollins,* 2012）這篇論文開頭引述了全國抽樣調查的資料，顯示穆斯林的每月平均開支只有八百盧比，只相當於達利特人及阿迪瓦希原住民族的支出。達利特人和穆斯林幾乎構成了所有山區周圍的居民。高階種姓印度教教徒的支出是一千四百六十九盧比，這資料是二〇〇四至二〇〇五年的。

第二十四章 視而不見

1 最高法院於二〇一八年三月十五日下達的命令。Maharashtra Chamber of Housing Industry v. Municipal Corporation of Greater Mumbai and Others, Special Leave Petition (Civil) D23708 /2017, https://main.sci.gov.in/supremecourt/2017/23708/23708_2017_Order_15-Mar-2018.pdf.

2 Richa Pinto, "Fire Breaks Out at Mumbai's Deonar Dump, Spreads and Rages on," *The Times of India* , March 27, 2018, https://timesofindia.indiatimes.com/city/mumbai/fire-breaks-out-at-deonar-dump-spreads-rages-on/articleshow/63472468.cms.

3 透過資訊權利法獲得的法院委員會庭審記錄。

4 摘自拉赫拉・霍拉基瓦拉的《From the Colonial to the Contemporary: Images, Iconography, Memories and Performances of Law in India's High Courts》（Oxford: *Hart Publishing,* 2020）報紙上也報導了這件為興建高等法院大樓尋找新空間的案子。

5 出自與時任德里電力供應商塔塔電力公司的執行長的面談。

6 二〇一八年七月十日，最高法院下達了一道命令，表明「垃圾山區」幾乎掩埋了這座城市，市政府必須解決這種情況。https://main.sci.gov.in/supremecourt/2015/31019/31019_2015_Order_10-Jul-2018.pdf.

7 二〇二〇年七月五日對印度國家法律研究調查學院的法律系學生的演講：https://www.youtube.com/watch?v=BeTz72F8INc

第二十五章 一切都不屬於你

1 特別庭審、新聞報導，以及針對傑漢吉爾的犯罪指控記錄。

India: *Hart/Bloomsbury* 2020）中讀到，這被稱為「聽覺自閉症」。https://www.hindustantimes.com/mumbai-news/bombay-high-court-raises-a-stink-tells-bmc-to-identify-dumping-sites/story-Sfb9BRQlmSlI5K0uCDEz6M.html.

2 出自R．K．夏爾瑪向邦貝高等法院提出的訴狀。

3 法院委員會的會議記錄。

4 出自R．K．夏爾瑪在邦貝高等法院提出的書面證詞。

5 全印度地方自治政府協會提交給邦貝高等法院的報告。All India Institute for Local Self Government, Scientific Assessment of Impact of Future Development in Great Mumbai on Generation of Solid Waste, June, 1, 2017.

6 CSIR-National Environmental Engineering Institute, Studies on Quantification and Characterization of Municipal Solid Waste in Municipal Corporation of Greater Mumbai (MCGM), Mumbai Region (Nagpur, India: May 2016).

7 Chore Committee report, in Indian Express, July 12, 2017, https://indianexpress.com/article/cities/mumbai/show-cause-notices-to-4-officials-for-conniving-with-garbage-contractor-mumbai-4746554/.

8 羅希亞委員會報告。Inquiry Report on the Cause of Fire at Deonar Dumping Grounds on January 28, 2016.

9 "Deonar Dump's Garbage Collection Data Goes Digital: BMC," *The Asian Age*, December 17, 2016, https://www.asianage.com/metros/mumbai/171216/deonar-dumps-garbage-collection-data-goes-digital.html.

第二十二章　紅玫瑰與乳白夜來香

1 William Bryant Logan, "The Lessons of a Hideous Forest," *New York Times*, July 20, 2019, https://www.nytimes.com/2019/07/20/opinion/sunday/forest-garbage-trees.html.

第二十三章　懸宕的群山

1 邦貝高等法院於二〇一六年八月所下達的命令。Narsi Benwal, "Ganesh Chaturthi 2017: August 2016 Order on Silence Zones to Prevail, Says Bombay HC," *The Free Press*, August 24, 2017.

2 最高法院於二〇一七年九月四日下達的命令。

3 Elias Meseret, "46 Killed, Dozens Missing in Ethiopia Garbage Dump Landslide," *Associated*

錄簿副本。

第十七章　柔語如陽

1 出自塔塔顧問工程師公司的計畫報告。Development of Waste-To-Energy (WTE) Project at Deonar, Mumbai.

第十八章　在一粒米上結合

1 Vishwas Waghmode, "Deonar: Tenders Floated for Waste-to-Energy Project," *Indian Express*, November 9, 2016, https://indianexpress.com/article/cities/mumbai/deonar-tenders-floated-for-waste-to-energy-project-4365155/.

第十九章　測驗

1 一八九七年的市政專員報告顯示邦貝城裡有座加利克式焚化爐，在喀奇拉列車開始運送垃圾到迪歐納時被當成廢料賣掉了。Snow, Annual Report of the Municipal Commissioner of Bombay for the Year 1896–97.

2 由麻省理工學院的貧窮行動實驗室的阿比吉特・班納吉、辛西雅・金南、艾絲特・杜芙洛，和其他人所進行的隨機對照試驗顯示出，微型貸款有助於增加生意的投資，可是只有那些已經獲利最多的人才能賺到增加的利潤。這項在海德拉巴進行的研究發現，貸款人投資在發展自己的生意上，然而增長最多的往往是那些已經獲利的人。我也發現他們賺的那點小錢都因突如其來的疾病、婚禮、死亡，或是返鄉而賠光了。海德・阿里、莫哈蘭姆・阿里和其他人經常陷入這樣的循環：才賺了點小錢就因為突發事件而賠掉。

第二十一章　移山

1 July 2016. Development of Waste-To-Energy (WTE) Project at Deonar, Mumbai. 這是塔塔顧問工程師公司為迪歐納垃圾發電廠所寫的計畫報告草稿，有關庭審的記述是出自我自己的筆記。我參加了數百小時的庭審，從後面慢慢移到前面去聽。我後來在拉赫拉・霍拉基瓦拉博士的書《From the Colonial to the Contemporary: Images, Iconography, Memories and Performances of Law in India's High Courts》（New Delhi,

第十三章　驅魔

1　我覺得碧雅翠絲・弗萊德勒的著作《Red Thread》(Delhi, India: *Aakar Books*, 1994) 有助於理解古吉拉特的米拉・達塔爾聖殿的歷史、傳說及儀式。

2　摘自塔塔顧問工程師公司的計畫報告草稿及環境許可文件。Development of Waste-To-Energy (WTE) Project at Deonar, Mumbai.

3　出自塔塔顧問工程師公司有關環境許可的計畫報告。Tata Consulting Engineers, Development of Waste-To-Energy (WTE) Project at Deonar, Mumbai, http://forestsclearance.nic.in/DownloadPdfFile.aspx?FileName=0_0_5114123712111 AdminAppA-III.pdf& File Path=../writereaddata/Addinfo/

第十四章　熔金

1　根據雅絲明同意參與醫學試驗的文件。

2　透過資訊權利法的請求取得。

第十五章　陰魂不散

1　出自塔塔顧問工程師公司有關垃圾發電廠的計畫報告。Development of Waste-To-Energy (WTE) Project at Deonar, Mumbai.

2　出自市政當局的空氣品質監測辦公室，引述在計畫報告當中。Tata Consulting Engineers, Development of Waste-To-Energy (WTE) Project at Deonar, Mumbai: Feasibility and Detailed Project Report (Mumbai, India, October 2016). 二〇一五年以後的空氣品質資料是透過資訊權利法的請求取得。

3　塔塔顧問工程師公司的發言人沒有回應以電子郵件寄出的問卷。Tata Consulting Engineers, Development of Waste-To-Energy (WTE) Project at Deonar, Mumbai: Feasibility and Detailed Project Report (Mumbai, India, October 2016).

4　出自塔塔顧問工程師公司的計畫報告。Development of Waste-To-Energy (WTE) Project at Deonar, Mumbai.

第十六章　撒坦的獵物

1　我透過資訊權利法申請了這些記錄簿，可是並沒有拿到事故當天和那之後幾週的記

4 出自普拉嘉基金會的記錄，這是一個研究都市治理的非營利組織。

5 出自警方的犯罪指控記錄。（阿提克．罕曾告訴我，官員向他們索要的賄賂金額過高，使他們再也無法獲利，只得放棄了停車場。）

第十一章　隨群山縮水的運氣

1 Madan Yavalkar in the Achrekar Committee report (Inquiry Report on the Cause of Fire at Deonar Dumping Grounds on January 28, 2016.) "pavsali hungamyat kachryat paani gelya mule tyache aaakarmaan vadhte va teevra unhalyat tyatlya panyache bashmi bavan zhalyane kami hote."

2 邦貝高等法院於二〇一八年十月一日所下達的命令。這案子先是在特別法庭上審理，然後再到高等法院，這些命令解釋了警方與罕兄弟對他們在山區的角色的描述，並且拒絕保釋。罕兄弟因遭到拘留候審在監獄裡待了兩年半多，在這命令下達了幾個月後才獲得保釋。Javed Yousuf Qureshi v. The State of Maharashtra, Criminal Bail Application No 3020 of 2017, https://bombayhighcourt.nic.in/generatenewauth.php?bhcpar=cGF0aD0uL3dyaXRlcmVhZGRhdGEvZGF0YS9jcmltaW5hbC8yMDE4LyZmbmFtZT0yQkEzMDIwMTcwMTEwMTgucGRmJnNtZmxhZz1OJnJqdWRkYXRlPSZ1cGxvYWRkdD0yMi8xMS8yMDE4JnNwYXNzcGhyYXNlPTExMDEyMTE2NTA0NA==.

3 我後來讀到傑漢吉爾在羅希亞委員會報告中的陳述，他的說法與賈維德．庫雷希的陳述一致，他說年輕的拾荒者為了繼續工作而吸食毒品。他們經常燃燒電線來提煉銅，有時火勢會失控。Inquiry Report on the Cause of Fire at Deonar Dumping Ground (submitted on May 11, 2016).

第十二章　午夜夢囈

1 出自阿布杜拉．尤瑟夫．阿里所翻譯的著名可蘭經版本。雖然雅思敏不確定這就是她那天下午背誦的經文，不過她有時候會朗讀背誦出來。

2 二〇一九年九月邦貝高等法院裁決，市政府應該重新安置定居在這些煉油廠暈輪下兩處聚居地的市民，並支付賠償金。法院依據的醫學及環境研究顯示，由於周遭的煉油廠及工廠大量增加，這區域的空氣品質已經惡化。有項研究測量到這些村莊的苯濃度為 88.67 Mu/m3，增加了罹癌的風險和健康的問題。另一項早期的研究顯示迪歐納垃圾場的苯濃度高達 286 Mu/m3。

第九章　餘燼綿綿

1 "Major Fire Breaks Out at Deonar Dumping Yard again," Business Standard, February 15, 2016.

2 出自二〇一六年一月拉吉・庫馬・夏爾瑪所提出的訴狀。

3 RK 製片廠是以拉吉・卡普爾的名字來命名，他是一名演員、導演，以及製片廠背後的製作人。

4 出自二〇一六年發布的法院命令。Municipal Corporation of Greater Mumbai v. Pandurng Patil and Ors. Public Interest Litigation 217 of 2009, https://bombayhighcourt.nic.in/generatenewauth.php?bhcpar=cGF0aD0uL3dyaXRlcmVhZGRhdGEvZGF0YS9qdWRnZW1lbnRzLzIwMTYvJmZuYW1lPUNDQUkyMjY5NzEzLnBkZiZzbWZsYWc9WSZyanVkZGF0ZT0zMC8wMy8yMDE2JnVwbG9hZGR0PTExLzAzLzIwMTYmc3Bhc3NwaHJhc2U9MTAwMTIxMjMyNjEw.

5 法院命令說被禁止的新開發房地產占該市所有建設提案的百分之十八點七，而可以繼續的舊建築重新開發則占了百分之八十一點三。from January 1, 2014, to September 30, 2015.

6 這名六個月大嬰兒的父母親說，他從一月火災開始發生以來就一直呼吸困難，最後在三月的火災期間死去。空氣品質指標為三百一十九，「非常糟糕」。當局表示該名嬰兒出生就有呼吸道問題。*Press Trust of India.*

7 摘自阿切雷卡委員會報告中迪歐納垃圾場的初階主管達亞南德・奈克的陳述。他說垃圾場內並沒有攝影機。其他人說四十臺攝影機只安裝了四臺，而且沒有一臺可以正常運轉。Inquiry Report on the Cause of Fire at Deonar Dumping Grounds on January 28, 2016.

第十章　城市迫近

1 出自 MCGM 寫給塔特瓦的信，關於鎮區偏遠角落的牆壁破損一事。

2 羅希亞委員會的報告證實了這點。Inquiry Report on the Cause of Fire at Deonar Dumping Grounds on January 28, 2016.

3 汙染控制委員會的查驗發現這些生物醫學的器材是由無標誌的車輛按期運來，而且四座焚化爐只有一座依照規定運轉。至於是否應該准許在擠滿人的巷弄中間興建工廠也引起質疑。透過資訊權利法取得的文件顯示，該工廠在符合規定要求、重新啟動前關閉了一天。

幾份文件中都有提到，包括由市政專員於二〇一六年二月一日下令徹底調查火災的阿切雷卡委員會報告。Kiran Achrekar, Inquiry Report on the Cause of Fire at Deonar Dumping Grounds on January 28, 2016, February 1, 2016.

4 一項由非營利組織伯樂林及麻省理工學院貧窮行動實驗室所進行的研究發現，儘管老師按照課程教學，但是學生——通常是第一代學習者——卻往往進度落後。在孟買的阿施拉和其他地區實施了因材施教的教法，鼓勵老師花時間依照孩子的程度給予教導。這種教法最終推展到印度全國各地，並推廣到其他幾個國家。

第八章　火之鎮，霾之城

1 出自初階主管拉詹・安南特・帕提的證詞。MCGM's Achrekar Committee report (Inquiry Report on the Cause of Fire at Deonar Dumping Grounds on January 28, 2016), inquiring into the January 2016 fires.

2 迪帕克・阿海爾在阿切雷卡委員會報告中寫道。其他的市政官員說是早上八點三十分。消防部門的調查報告中說他們是在下午十二點五十八分接到電話，下午一點三十五分抵達現場。

3 摘自二〇一六年一月助理消防區長 M. N. 唐德的火災調查報告：Fire Investigation Report, February 15, 2016. 報告是透過資訊權利法取得，塔特瓦的行政主管並沒有回應請教他們意見的幾封電子郵件。

4 來自空氣品質與氣象預報及研究系統（SAFAR）的空氣品質指標評估。

5 由馬哈拉什特拉邦汙染控制委員會測量，並且引用在羅希亞委員會的報告中：Inquiry Report on the Cause of Fire at Deonar Dumping Ground on January 28, 2016 (submitted on May, 11, 2016).

6 From "Contractor Asks BMC for Rs 36.19 cr to Return Deonar Dump Ground," Hindustan Times, February 11, 2016, https://www.hindustantimes.com/mumbai/contractor-asks-bmc-for-rs36-19cr-to-return-deonar-dump-ground/story-Tp4EeBQKp5eTIOm46X5qKN.html.

7 出自《Mint》金融日報由馬卡蘭德・加吉爾所寫的報導，"How Maharashtra Bagged the $5 Billion Foxconn Deal", *Mint*, August 13, 2015, https://www.livemint.com/Politics/VXNlQnXrncM9FRBO5xE2pK/How-Maharashtra-bagged-the-5-billion-Foxconn-deal.html. 報導中說蘋果手機的代工合約製造商鴻海將在五年內投資五十億美元建造一座工廠，複製鴻海在中國的第二大工廠。但此項計畫停滯多年，到二〇二〇年中印軍隊在拉達克對峙時正式取消。

2 塔特瓦在北印度語中的意思是「要素」，在馬拉地語中的意思為「有原則的」。

3 Ajay Saxena Committee Report on Public Private Partnerships. Ajay Saxena, Inquiry Report on Public Private-Partnership Integrated Solid Waste Managements at Deonar, Mulund and Kanjurmarg Dumping Grounds, September 2011.

第六章 無人在此終老

1 出自二〇一五年三月十九日於邦貝高等法院針對塔特瓦請求仲裁一事所發布的法院命令。Tatva Global Environment (Deonar) Ltd. v. The Municipal Corporation of Gr. Mumbai, https://bombayhighcourt.nic .in/generatenewauth.php?bhcpar=cGF0aD0uL3dyaXRlcmVhZGRhdGEvZGF0YS9qdWRnZW1lbnRzLzIwMTUvJmZuYW1lPU9TQVJCQVAyMjY4MTMucGRmJnNtZmxhZz1OJnJqdWRkYXRlPSZ1cGxvYWRkdD0yNC8wMy8yMDE1JnNwYXNzcGhyYXNlPTEwMDEyMTIzNDYzOA==.

2 From the police charge sheet against Atique and Rafique Khan, filed in 2016.

3 阿提克．罕告訴我拉菲克的卡車與市政當局簽訂了契約，只運來許可範圍內的建築殘骸，並且傾倒在市政府要求的地點。然而警方誣陷指控說，拉菲克破壞了偏遠角落的牆壁，將殘骸非法運進來。

4 出自二〇一五年三月十九日於邦貝高等法院針對塔特瓦請求仲裁一事所發布的法院命令。Tatva Global Environment (Deonar) Ltd. v. The Municipal Corporation of Gr. Mumbai.

5 From Maharashtra State Assembly proceedings dated April 3, 2013.

6 出自二〇一五年三月十九日於邦貝高等法院針對塔特瓦請求仲裁一事所發布的法院命令。

第七章 山運幻夢

1 SK Goyal committee report submitted in January 2015 (S.K. Goyal and Shrikant Singh, Report of SIT for the irregularities in Mumbai SWM Projects in Deonar, Mulund and Kanjurmarg, January 27, 2015).

2 文件顯示撤銷興建工廠計畫的會議是在市政專員辦公室舉行；參考資料在 http://forestsclearance.nic.in/DownloadPdfFile.aspx?FileName=0_0_5114123712111AdminAppA-III.pdf&FilePath=../writereaddata/Addinfo/.

3 塔特瓦的契約終止。這點成為市政當局與塔特瓦之間持續進行的仲裁議題，在好周邊巷弄裡行醫的知名肺科醫師，他證實他在這些巷弄裡看過的間質性肺病比該市其他地區都要來得多，此外他有半數的病人都罹患了呼吸道疾病。其他的醫生也證實了這點。

8 生活在義大利坎佩尼亞省非法垃圾掩埋場附近的男性死於肝癌的發生率是每十萬人口三十五點九人，而義大利其他地區則是每十萬人口十四人 。女性死於肝癌的發生率是每十萬人口二十點五人，義大利其他地區則是每十萬人口六人。這是摘自發表於二〇〇四年九月的《刺胳針》的一篇研究。Kathryn Senior and Alfredo Mazza, "Italian 'Triangle of Death' Linked to Waste Crisis," *The Lancet Oncology* 5, no. 9 (September 2004): 525–27.

9 一千零五十億盧比的垃圾掩埋場改善計畫，摘自投標文件。

10 在透過資訊權利法所獲得有關此專案的計畫與投標的詳細資料當中，有大意是如此的信函。

11 Rajil Menon, "Gas Chembur," *DownToEarth*, November 30, 2009, https://www.downtoearth.org.in/news/gas-chembur-2658.

12 依照法院命令，二〇〇九年三月 NEERI 通知雷恩醫生發現了高濃度的甲醛。Shanti Park "Sorento" Co-Op Housing Society Ltd and Others v. Municipal Corporation of Greater Mumbai and Others (Writ Petition 1138 of 1196). 在上面的敘述中也曾提到過。

13 Dipanjali Majumdar and Anjali Srivastava, "Volatile Organic Compound Emissions from Municipal Solid Waste Sites: A Case Study of Mumbai, India," *Journal of the Air & Waste Management Association 62, no. 4* (2012): 398–407.

14 Human Development Report, by Municipal Corporation of Greater Mumbai (New Delhi, India: Oxford University Press, 2009).

15 出自D·Y·錢德拉楚德法官於二〇〇八年五月八日在邦貝高等法院下達的法院命令。Dr. Sandip K. Rane v. Municipal Corporation of Greater Mumbai & Ors. (2008), https://bombayhighcourt.nic.in/generatenewauth.php?bhcpar=cGF0aD0uL3dyaXRlcmVhZGRhdGEvZGF0YS9vcmlnaW5hbC8yMDA5LyZmbmFtZT1DT05QVzI2MDgwODA1MDkucGRmJnNtZmxhZz1OJnJqdWRkYXRlPSZ1cGxvYWRkdD0mc3Bhc3NwaHJhc2U9MTAwMTIxMjIyNDIw.

第五章　垃圾中的節氣

1 出自錢德拉楚德法官於二〇〇八年五月八日在邦貝高等法院下達的法院命令。Dr. Sandip K. Rane v. Municipal Corporation of Greater Mumbai & Ors. (2008).

22　Shalini Nair, "Gases Spook Comps in IT Park Built on Dump," *Times of India*, April 2, 2007. 報導同時採訪了印度國家固體廢棄物協會的創始人阿米亞・薩胡，他檢測並發現了垃圾散發的氣體飄浮在新建好的企業辦公室裡。

第三章　淘山熱

1　在本文中，一九九五年之前稱這座城市為邦貝，九五年之後稱為孟買。

2　Ministry of Environment and Forests, Management of Solid Waste (Management and Handling, 2000 Rules), 2000, https://www.mpcb.gov.in/sites/default/files/solid-waste/MSWrules200002032020.pdf.

第四章　肺裡隆起的山

1　出自 D・Y・錢德拉楚德法官於二〇〇九年七月七日在邦貝高等法院下達的法院命令。Dr. Sandip K. Rane v. Municipal Corporation of Greater Mumbai & Ors. (Contempt Petition 29 of 2008), https://bombayhighcourt.nic.in/generatenewauth.php?bhcpar=cGF0aD0uL3dyaXRlcmVhZGRhdGEvZGF0YS9vcmlnaW5hbC8yMDA5LyZmbmFtZT1DT05QVzI2MDgwNzA3MDkucGRm JnNtZmxhZz1OJnJqd WRkYXRlPSZ1cGxvYWRkdD0mc3Bhc3NwaHJh c2U9MTAwMTIxMjIy NDIw.

2　出自香緹公園／索蘭托居民向法院所提出對大孟買市政當局 (MCGM) 的申訴 (Writ Petition 1138 of 1996)，透過資訊權利法從 MCGM 取得。

3　香緹公園居民引述市政府提交的文件，資料中顯示迪歐納的可吸入懸浮微粒是2163Mg/m3，高出容許限度七倍。Shanti Park "Sorento" Co-Op Housing Society Ltd and Others v. Municipal Corporation of Greater Mumbai and Others (Writ Petition 1138 of 1996).

4　上訴者在法庭的書面證詞中引述市政府的調查發現，結果顯示山區空氣中的鉛含量是容許限度的二點五倍。

5　納拉揚・阿切雷卡在邦貝高等法院的書面證詞。當時其他的市政府書面證詞認為垃圾山區的火災是種「自然現象」。

6　香緹公園「索蘭托」合作住宅協會有限公司與其他訴 MCGM 及其他一案的申訴書。他們要求警察巡邏，並派遣消防車和水車來控制火災，另外提供夜裡煙霧變濃時的投訴電話號碼。

7　有關間質性肺病的細節是在胸腔科醫師庫瑪・多西醫生寫給雷恩醫生的信中說明的，這封信包含在雷恩所提出蔑視法庭的訴狀中。維卡斯・奧斯瓦爾醫生是一位在山區

她的雕像而燃起的怒火。人們對我說：「你們認為我們像瘋狗，你們想要把我們當成瘋狗一般殺掉。」 Annual Report of the Municipal Commissioner of Bombay for the Year 1896–97.

11 出自史諾的報告。在卡拉塔勞，一個容納五十七人的房間長僅一百一十一英尺，寬十八又二分之一英尺，而且沒有通風設備。Annual Report of the Municipal Commissioner of Bombay for the Year 1896–97 .

12 出自史諾的報告（Annual Report of the Municipal Commissioner of Bombay for the Year 1896–97.）中的章節〈神智不清地渴望遊蕩〉。

13 出自市政專員報告，內容說明在防疫措施強制推行一週後的十月十四日，「一些具有影響力的市民」寫信給他。他們說倘若強制執行這項措施，「將會有更多居民加速離開邦貝。」 Snow, Annual Report of the Municipal Commissioner of Bombay for the Year 1896–97.

14 威爾描寫了他和史諾會見警察總長的那天晚上，外面群眾紛亂。警察總長與衛生官員「認為公衛職員將會和暴民聯合起來，另外在這樣極度恐慌和激動的時候，也很難確定邦貝警察的嚴明紀律能夠發揮多大的作用」。Snow, Annual Report of the Municipal Commissioner of Bombay for the Year 1896–97.

15 一八九七至九八年的市政專員報告中執行工程師的記述。Snow, Annual Report of the Municipal Commissioner of Bombay for the Year 1896–97.

16 一八九九年市政專員報告中執行工程師的部門報告。Snow, Annual Report of the Municipal Commissioner of Bombay for the Year 1896–97.

17 執行工程師的報告。Snow, Annual Report of the Municipal Commissioner of Bombay for the Year 1896–97.

18 根據市政專員報告中的執行工程師報告，堤岸於一九〇一年十二月十五日完工。Snow, Annual Report of the Municipal Commissioner of Bombay for the Year 1896–97.

19 市政專員報告中執行工程師的記述。Snow, Annual Report of the Municipal Commissioner of Bombay for the Year 1896–97.

20 在一九六〇年代初期的報導當中，有一篇描寫了位在邦貝市中心維塔貝家附近的 chawl（廉價公寓）的居民。市政當局拆掉了公寓的門、窗框和瓦片屋頂，切斷了水電供應，有些居民在法庭上抗爭，想要留下來，不願搬去迪歐納。法院最終要求他們搬家。*Times of India Proquest Archive.*

21 麗莎・比約克曼 , *Pipe Politics,* Contested Waters: Embedded Infrastructures of Millennial Mumbai (Durham, NC: Duke University Press, 2015). 比約克曼說明了山區周圍的貧民窟是經過規劃、合法安置的。

multiple sources cited in Wikipedia's article "Deonar Dumping Ground," en.wikipedia.org/wiki/Deonar_dumping_ground.

第二章 長影

1 在邦貝市政專員一八九六至九七年度的施政報告裡，由衛生官員所記述的〈其他現象〉的章節當中。P. C. H. Snow, William Forbes Gatacre, Sir., Bombay (India). Municipal Commissioner's Office, Annual Report of the Municipal Commissioner of Bombay for the Year 1896–97 (Bombay, India: Times of India Steam Press, 1897).

2 Gyan Prakash, *Mumbai Fables* (Noida, India: Harper-Collins, 2011). 普拉卡什在接下來的幾個月中繼續記錄，由於瘟疫和消除瘟疫的措施，大批的邦貝居民離去，邦貝因此變成了一座「死亡之城」。

3 Myron Echenberg, Plague Ports: The Global Urban Impact of Bubonic Plague 1894–1901 (New York: NYU Press, 2007).

4 在報告中，邦貝的市政專員 P. C. H. 史諾陳述：「威爾博士試圖根據人們從瘟疫肆虐地區遷徙的理論推斷出疫情傳播的可能原因。」 Snow, Annual Report of the Municipal Commissioner of Bombay for the Year 1896–97.

5 Malini Roy, "Bombay Plague Visitation, 1896–97," Asian and African Studies (blog), British Library, July 22, 2020, https://blogs.bl.uk/asian-and-african/2020/07/bombay-plague-visitation-1896-97.html.

6 史諾引述威爾建議採用檢疫「或者任何審查運輸、限制交流的手段可稱為的其他名目，嚴格仔細地檢查所有進入邦貝的人，仔細消毒所有的物品，然而這樣的措施可預期得到的結果卻是非常不確定。」 Annual Report of the Municipal Commissioner of Bombay for the Year 1896–97.

7 一八九六至九七年的市政專員報。Snow, Annual Report of the Municipal Commissioner of Bombay for the Year 1896–97.

8 衛生官員在市政專員報告中記述了祆教婦女圍繞著一名印度教男孩，阻止警察將他送往醫院。Snow, Annual Report of the Municipal Commissioner of Bombay for the Year 1896–97.

9 逃離救護車。這是一八九六年市政專員報告裡的一件可憐的案例。Snow, Annual Report of the Municipal Commissioner of Bombay for the Year 1896–97.

10 史諾在市政專員報告中寫道。衛生部門的官員遭人指控，帶著殘忍的快感將病人從家中拖出來殺害，並宣稱女王陛下要求五百個邦貝人的肝臟，以平息她對眾人侮辱

註釋

序

1 Saumya Roy and Gargi Banerjee, "Loan Approvals Depend on Borrowers' Address," Mint, April 8, 2008, https:// www.livemint.com /Money/ f0Rtetble3Chhd5PoAZ2KJ/Loan-approvals-depend-on-borrowers8217-address.html.

2 根據市政府委任的塔塔顧問工程師公司所寫的計畫報告，垃圾山區最高峰的高度據說是一百二十英尺，他們是利用無人機調查得到了這些測量數據。Tata Consulting Engineers, Development of Waste-To-Energy (WTE) Project at Deonar, Mumbai: Feasibility and Detailed Project Report (Mumbai, India: Municipal Corporation of Greater Mumbai, October 2016).

3 Alec Luhn, "Moscow Region Protests against'Rubbish Collapse' as Putin's Friends Look to Profit," The Telegraph, May 8, 2018 ,https://www.telegraph.co.uk/news/2018/05/08/moscow-region-protests-against-rubbish-collaps-putins-friends/.

4 AFP, "Delhi's Ghazipur landfill site to rise higher than Taj Mahal," Mint, June 4, 2019, https://www.livemint.com/news/india/delhi-s-ghazipur-landfill-site-to-rise-higher-than-taj-mahal-1559643893169.html.

5 Interview with Carol Ash Friedman, regional director New York City Region, New York State Department of Environmental Conservation, at the time. Also, Emily C. Dooley and Carl MacGowan, "Long Island's Infamous Garbage Barge of 1987 Still Influences Laws," Newsday, March 22, 2017, https://projects.newsday.com/long-island/long-island-garbage-barge-left-islip-30-years-ago/.

第一章　隨垃圾沉浮的小鎮

1 在各種官方文件中，垃圾鎮區的範圍從兩百七十到三百二十六英畝不等。據說在火災過後市政當局傾倒泥土，將鎮區進一步擴展到海裡。Sudhir Suryawanshi, "Soon, City Will Have No Place to Dump Trash," Mumbai Mirror, November 30, 2010, and from

國家圖書館出版品預行編目

家住垃圾山：孟買拾荒者的愛與失去 / 索米雅．羅伊 (Saumya Roy) 作 ; 黃意然譯 . -- 初版 . -- 新北市 : 木馬文化事業股份有限公司出版 : 遠足文化事業股份有限公司發行 , 2023.02
288 面 ; 14.8 x 21 公分
譯自 : Mountain tales : love and loss in the municipality of castaway belongings.
ISBN 978-626-314-345-6（平裝）

1. 貧民區 2. 報導文學 3. 女性 4. 印度孟買

545.39371 111020962

家住垃圾山：孟買拾荒者的愛與失去

作者 索米雅．羅伊 Saumya Roy
譯者 黃意然
社長 陳蕙慧
總編輯 戴偉傑
主編 李佩璇
責任編輯 涂東寧
行銷企畫 陳雅雯、林芳如
封面設計 Bianco Tsai
內頁排版 宸遠彩藝

讀書共和國集團社長 郭重興
發行人 曾大福
出版 木馬文化事業股份有限公司
發行 遠足文化事業股份有限公司
地址 231 新北市新店區民權路 108 之 3 號 8 樓
電話 02-2218-1417
傳真 02-2218-0727
Email service@bookrep.com.tw
郵撥帳號 19588272 木馬文化事業股份有限公司
客服專線 0800-221-029
法律顧問 華洋國際專利商標事務所 蘇文生律師
印刷 呈靖彩藝有限公司

初版一刷 2023 年 2 月
定價 420 元

ISBN 9786263143456